潜入ルポ

amazon帝国

横田増生

INSIDE STORY OF THE AMAZON EMPIRE BY MASUO YOKOTA

小学館

はじめに

いつのころからか、家の中が《Amazon.co.jp》のロゴが入った箱であふれるようになった。書籍や雑誌を買うのはもちろん、バックパックやワイン、洗剤や乾電池まで、アマゾンで買うようになった。

買い物をするときは、アマゾンの値段と比べる癖もついた。たとえば、常用しているビタミンB剤は、アマゾンで300円台後半から500円ぐらいで売っている。同じ商品が街のドラッグストアで500円を超えるなら、ドラッグストアでは買わず、アマゾンで注文し、翌日、宅配便で受け取る。ワインを買うときでも、いったんスーパーで銘柄と年代、値段を控え、アマゾンで検索してしまう。

悲しいかな、もう私の生活習慣の一部となった。

アマゾン・ドット・コムの創業者兼CEOであるジェフ・ベゾスは、90年代半ばに会社を立ち上げたとき、顧客を獲得するには3つの柱がある、と考えた。1つは低価格、もう1つは豊富な商品の品ぞろえ、最後は注文したら迅速に届くという利便性だ。私は、このベゾスの戦略にまんまとはまった顧客の1人だといえよう。

私がアマゾンで買い物をはじめたのは、05年に出版した『潜入ルポ　アマゾン・ドット・コムの光と影』（文庫化時に『潜入ルポ　アマゾン・ドット・コム』と改題）を書くため、JR京葉線沿いの市川塩浜にある物流センターで働いていたときのことだ。おっかなびっくりという感じで買いはじめた03年の買い物は、1年間でわずか5回。合計金額は約1万円にすぎなかった。

それが、12年に《アマゾンプライム》会員になって以降、タガが外れたように買い物の頻度が増えた。この書籍を書きはじめようと思った17年は70回を超え、金額も20万円を上回る。サイト上の買い物のカートには、常に600個近い商品が入っている。もう何の躊躇《ちゅうちょ》もなく、アマゾンで注文することができる。

私がアマゾンを使うのは、買い物だけにとどまらない。

テレビを置いていない我が家では、朝起きると、アマゾンが開発したAIアシスタント《アレクサ》に頼み、ラジオのニュースを聞く。仕事をしていない間は、《アレクサ》からBGMを流す。映画も、映画館で観るより《アマゾンプライム》で観る方が圧倒的に多い。コンピュータの画面で観るため、映画館で観るのと比べると迫力の点で劣るが、無料だし、家から出る必要もないので、手軽に楽しめる。漫画や小説を読むときは、電子書籍端末の《キンドル》を使う。

アマゾンが立ち上げ当初から大きな変貌を遂げていることは、利用者の立場から肌で実感できる。しかし、実際にどのような変容を果たしてきたのか。その全貌は、アマゾンが大きくなりすぎて、新聞や雑誌報道だけではなかなかつかみづらい。

そこで、もう一度、アマゾンについての書籍を書いてみようと考えた。私が潜入取材をした15年前と比べ、アマゾンはどのように変わったのか。現状のアマゾンは一体どのような企業に変化したのか。

手がかりとして、もう一度、アマゾンの物流センターに潜入してみよう。潜入取材に必要な道具として、メガネ型ビデオカメラやSDカード、歩数計つき腕時計やノートなどをアマゾンで買い込んだ。

しかし、今回の取材の対象は、物流センターだけにとどまらず、アマゾンの利益の源泉となっている《アマゾン・ウェブ・サービス（AWS）》や租税回避の戦略、《マーケットプレイス》の出品者やアマゾンのサイト上で横行するフェイクレビューなどを考えている。できるだけ多角的にアマゾンをとらえたい。

懸念材料は、アマゾンが取材に対して後ろ向きな企業であるということだ。ニューヨーク・タイムズ紙のコラムニストは、アマゾンのことを「最も秘密主義のテクノロジー企業」と呼んだ。

しかも、私には、アマゾンの秘密が詰まった物流センターに半年間潜入して書籍を書いたという〝前科〟がある。加えて、その後、ユニクロやヤマト運輸などの企業物のノンフィクションを書くうち、私には〝企業から嫌われるジャーナリスト〟というレッテルが貼られるようになった。

今回も、取材にアマゾンの協力は期待できそうにない。相当な時間が必要となるだろう。出版するのは、アマゾンが創業25周年を迎える19年夏を目標に据えて、取材にとりかかろう。

潜入ルポ amazon帝国◉もくじ

※1ドルは110円で換算。丸めたところもある。
※敬称略。年齢や肩書きは、取材当時のまま。
※出典については、最後に参考文献一覧として表記する。

第1章

15年ぶり2度目の巨大倉庫潜入

私が２度目に潜入したのは、日本国内で最大の小田原物流センター。「東京ドームの４個分」というセンターの中には、アルバイトの働きぶりを見張る仕組みが張り巡らされていた。

巨象に立ち向かうアリ

「とてつもなく大きくなったなぁ……」

と気圧《けお》されるような思いに陥ったのは、２０１７年10月14日のことである。

私がアマゾンの物流センター内部に足を踏み入れるのは15年ぶり。

再度潜入した先は日本で一番大きな小田原（神奈川県）の物流センターだった。そこでピッキング作業を開始したときの第一印象である。ピッキングとは、顧客が注文した商品を指示に従ってセンターの中から探してくる作業のこと。前回の潜入でも同じピッキング作業が割り当てられた。

私が私服の上に身に着けているのは、前後に名前が入ったブルーの襷《たすき》。その襷の上に掛ける新人であることを示す赤いリボン。支給されたゴム手袋。首から、名前と写真入りの入館証をかけるというスタイルだ。この姿でカートを押しながら、一日中商品を探して回る。

私が『潜入ルポ　アマゾン・ドット・コム』を書くため、２００２年の年末から約半年にわたり潜入したのは、市川塩浜（千葉県）の海辺にある物流センターだった（その後、市川塩浜駅前に移転）。

05年に書籍を出版したときまで、日本ではアマゾンジャパンに関するまとまった情報がほとんどなかった。私は約半年、アルバイトとして働きながら、物流センター内の作業工程や内部のレイアウト、人間模様などを細かく観察した。アルバイトの時給は９００円で、契約は2カ月ごとの更新という条件だった。

同時に、国内外の新聞や雑誌記事のほとんどに目を通し、アマゾンについて話してくれる人々に話を聞いて回った。そのころ、創業者であるジェフ・ベゾスからの買収話を断ったブックサービス（16年、楽天ブックスに統合）の元社長や、アマゾンの物流センター業務や宅配便を一手に引き受けることで、ベゾスと話し合ったことのある日本通運の元役員、当時、アマゾンのライバルと目されていたｂｋ１（12年、《ｈｏｎｔｏ》に統合）の社長などだ。

書籍では、アマゾンがほとんどだれにも気づかれず急成長をつづけているのに加え、その労働現場にはアマゾン社員を頂点とした〝カースト制度〟にも似た身分制度があることも指摘した。アマゾン社員の次には現場を仕切る日本通運、そして最下層には時給９００円で働くアルバイト。ルポライターの鎌田慧が70年代、期間工としてトヨタ自動車に潜入して書いた『自動車絶望工場』と比べ、私はアマゾンとの違いについてこう書いた。

「トヨタの工場が『絶望工場』たりえたのは、当時はまだそこに〝希望〟があったからにほかならない。おそらくそれは、工員でもいいから大企業の社員となれば一生家族を養っていくことができる、という希望だろう。アマゾンのような職場にはそんな希望さえ求めることは難しい。この〝希望〟の有無こそが、トヨタとアマゾンを隔てる決定的な違いである」

15年ぶりの再潜入は、アマゾンの物流センターには未だに希望がないことを、この目で確認するために行った。

その当時、アマゾンが日本国内に持つ物流センターは市川塩浜の１カ所だけだった。２階建てで、延べ床面積は約１万６０００平方メートル。それに比べ、今回潜入した小田原の物流センターは、13年稼働した。規模は５階建てで延べ床面積は約20万平方メートル。１階ごとの床面積を計算すると、市川塩浜が８０００平方メートルに対して、小田原は４万平方メートル。その差は５倍である。

加えて、小田原以外にも10カ所以上の物流センターが日本中で稼働している。現在、すべてのアマゾンの物流センターの延べ床面積を合計すると、70万平方メートルを超え、ネット通販事業者としては最大だ。日本での立ち上げ時期と比べ、50倍以上の面積となっている。アマゾンを長年観察してきた私は、私が潜入した当時、同社がここまで成長するとは、だれも想像しえなかった、と断言することができる。

02年当時のアマゾンの日本での売上高は約500億円（推定値）。それが18年の売上高は、約1兆5180億円（約138億ドル）。30倍以上に成長した。国内の小売業者の売上高ランキングでいえば、5位のユニー・ファミリーマートHDを抜き去り、4位のヤマダ電機と肩を並べるまでに成長している。当然、通販のバックヤードである物流センターの数も、その床面積も大きくなる。

アマゾンは、小田原センターの広さを「東京ドーム約4個分」と表現している。それと比べると、市川塩浜のセンターは、せいぜい「小学校の体育館1個分」。どれぐらい違うかといえば、市川塩浜の場合、朝礼で顔を合わせたアルバイト仲間とは、1日のうちに何度も棚の間で行き違い顔を合わせた。しかし、小田原の場合、朝礼で顔を合わせたアルバイトと、そのあとの作業中に顔を合わせることはほとんどない。みんな広いセンターの中を散り散りになって、それぞれの作業に没頭する。

作業するセンターの面積が広いだけではない。小田原のセンターは空間密度も濃かった。

小田原のセンターでは、多くの列は片側に3つの棚が一組となり並んでいた。1列の左右に3棚ずつ並んでいるということは、左右あわせて6棚から商品をピッキングしなければならない。たとえば、1と2、3という棚が右側にあると、左側には4と5、6の棚が並んでいる。1番手前の棚ならそのままピッキングできるが、その奥の2番目、3番目となると、前の棚を左右に移動してピッキングすることとなる。3棚となる分、同じ1列の棚のスペースであっても収納する商品量は3

倍になる。

先に、市川塩浜の物流センターに比べ、1階当たりの面積は5倍になったと書いたが、それに1列当たり3倍の商品量であることを考えると、収納された商品量は、単純計算で15倍になる。その物量には、相当の威圧感があった。1列にある6つの棚に押し込まれた数多くの商品の中から、注文されたたった1個の商品を探し出すのは、考えただけで気持ちが萎える作業だった。巨象に立ち向かうアリの心境といったところか。

だれでも合格する面接

ネットの求人情報を探して小田原の物流センターのアルバイトに申し込んだのは、10月上旬のこと。

どうして10カ所以上あるアマゾンの物流センターから、小田原を選んだかといえば、1つはアマゾンの物流センターで一番大きいということと、もう1つは、ある物流企業の経営者から、「小田原の内部は、相当がちゃがちゃしているらしいよ」という話を聞いたからだ。業務の水準は低いし、アルバイトを集めるのにも苦労しているのだという。

自宅からの通勤だけを考えるなら、電車で15分のところにある市川塩浜駅前にある物流センターの方が断然便利だ。しかし、日本で一番大きな小田原の物流センターが「がちゃがちゃしている」のなら、おもしろい取材ができるのではないかと思った。それが小田原に潜入しようとした動機である。

ネットでアルバイト情報を調べ、小田原の物流センターのバイトを募集している派遣会社に電話をかけた。3件電話をかけ、翌日面接ができる《エヌエス・ジャパン》に決め、横浜支店に足を運んだ。

面接は横浜駅から歩いて10分のところにある雑居ビル内の一室で行われた。8畳一間の部屋に入ると、従業員3人が働いていた。私がアルバイトの面接できた旨を告げると、漫才コンビ《インパルス》の堤下に似た30代の男性が、揉み手でもしそうな恵比須顔で迎えてくれた。

「通常、アマゾン様での時給は1000円なのですが、今は特別に時給にプラス500円をお支払いすることができる大変お得な期間なんですよ」

折り畳み式のベニヤ机をはさんだパイプ椅子に腰をかけるやいなや、彼はそう言った。

時給が5割増しになるという話は、ネットで下調べしていたときには見落としていたが、相手は私がそれを目当てでアルバイトに応募してきたんだろう、と言わんばかりの態度だったので、それに調子を合わせる。

〝堤下〟は、時給が5割増しになることを、「ホリデープレミア」と呼び、クリスマスの12月25日までが対象期間だという。当時の神奈川県の最低賃金が956円。そこで、時給を1000円として、さらに500円上乗せしようというのだから、何とも気前のいい話だ。豪気といってもいい、と感心していたら、堤下がつづける。

「ただし、いくつかの条件があるんです。まずは、週20時間以上働いてもらわないといけません。また、1カ月間で当日の電欠（電話連絡による欠勤）は、1日までとなっています。ですので、絶対出勤できる確実なところでシフトを提出してください。アマゾン様は、欠勤により働く人が足りなくなることを非常に嫌います。この2つの条件をクリアすると、ホリデープレミアを支払わせていただきます。これまでアマゾン様で買い物をしたことがあるでしょう?」

「あぁ、まぁ……」

「ご存じのように、アマゾン様の荷物はすぐに届くんです。ということは、それを準備する人が必要ですよね。そのアルバイトの人たちが休んだら予定通りに配送できなくなるんです。最後になりますが、このホリデープレミアに敗者復活はありません。10月がダメだったら、そこで終わりです。11月、12月にもう一度ということにはなりませんので、その点もご了承下さい」

民家に隣接した小田原物流センター（時事通信）

私が気になったのは、「アマゾン様」という尊称だ。

最初の潜入時、アマゾンのことを、当時の下請け業者であった日本通運は、「アマゾンさん」と呼んでいた。時がたち、今や「アマゾン様」に格上げである。その後に私が会うアルバイトたちも、「アマゾン様」と呼んでいた。個人的には、「アマゾンさん」までは、なんとか許容範囲であったけれど、「アマゾン様」となると気色が悪い。「いったい何様のつもりなんだよ！　アルバイトから見たら雲の上の存在ということかよ！」というツッコミを、面接用の笑みを浮かべたままで、どうにか飲み込む。

堤下の説明によると、アマゾンの下には、《ワールドインテック》という下請けの人材派遣会社があり、さらにその下にエヌエス・ジャパンを含む30社ほどの孫請け会社がぶら下がっている。

どうしてこれだけの数の下請けと孫請け会社が必要かといえ

ば、アルバイトを細かく管理するためだ。小田原のセンターで働いているアルバイトは、通常1000人ほど。ホリデーシーズン前は、それが2000人に膨れあがる。これだけの人数のアルバイトを細かく管理するには、30社強の派遣会社が必要になってくる。

たとえば、アルバイトは全員、出勤日には必ず、出勤時間の2時間前に、エヌエス・ジャパンの現場の担当者である深谷大二郎（仮名）の携帯電話に、ワンコールを入れて切るようにと指示される。その日はちゃんと出勤しますよ、ということを確認するためだ。また毎朝、物流センターの2階の休憩室で、顔を合わせての出勤確認もある。

さらに、働きはじめて数日後、私が私物を入れたロッカーの暗証番号を忘れ、ロッカーが開かなくなるという事故があった。先の深谷に電話すると、すぐに物流センターまで飛んできてロッカーを開けてくれた。それもすべて、アルバイトが出勤日に休むことなく、かつアマゾンの手を一切煩わせることなく勤務させるため、労働者の細かい管理を派遣会社に丸投げしているのだ。これだけの人数のアルバイトをアマゾンの思い通りに管理するには、30社強の派遣会社が必要なのだろう。

私のシフトは午前9時から午後5時までで、拘束は8時間だが、45分の昼食時間と15分の休憩が2回あるので、実労働は6時間45分となる。時給1500円を手にするには、週3日以上出勤する必要がある。月間労働時間は80時間強となり、時給1000円なら8万円となるところを、ホリデープレミアがつくと12万円になる。

この差は大きい。

それが夜勤となれば、2割5分増しだから、時給が1875円まで跳ね上がる。時給としては相当高い。しかし私は、過去の潜入取材で夜勤を何カ月かつづけた結果、体調を大きく崩したことがあるので夜勤はやらない、と決めている。

当時の日経新聞のこんな記事を見つけた。

「時給1875円+週1万円　倉庫作業がリッチバイトに」

「人材派遣のワールドインテックは9月から、倉庫内作業のアルバイトを異例の高時給で募集を始めた。週40時間以上働き、夜勤をする場合の時給は1600〜1875円。他の勤務形態も1470円以上と、通常と比べ500円引き上げた。無欠勤などの条件を満たせば、追加で週1万円が支給される。〈中略〉派遣先は電子商取引（EC）大手が神奈川県小田原市に持つ物流センターだ。同様の業態の平均時給は首都圏で1000〜1100円程度。ここまで高い『リッチバイト』になったのは年末商戦に向け短期で300人を集める必要があるためだ」（日本経済新聞、17年10月2日付）

アマゾンという社名こそ書かれていないが、「電子商取引（EC）大手が神奈川県小田原市に持つ物流センター」が、アマゾンの小田原センターを指すことは間違いない。アマゾンの下請けであるワールドインテックの社名が記事に入っていることからもわかる。

しかし、それまで物流センターで働いていたアルバイトの時給は、900円台後半というのが相場だった。前からいるアルバイトの方が仕事ができるのに、年末前に入ってきたばかりのアルバイトの方が、5割も時給が高いことに異論はないのか。

ネット掲示板《5ちゃんねる》のアマゾン小田原物流センターのスレッドをのぞいてみると、そこには不平不満が渦巻いていた。

「俺たちはなんで時給が970円なのに新規の奴らが1850円なわけ？」

「久々に求人サイト見たら時給1500円の倉庫バイトがゴロゴロあってワロタ　こんなん乗り換えるに決まってるやろ」

「年末くらい従業員の時給あげやがれ　アホが」

「ノンキに仕事して疲れたら棚間に座ってサボってる新人は時給1800円」

従来から1000円以下で働いているアルバイトの怒りや憤りは理解できる。しかし同時に、クリスマスまで1500円で働いた新規のアルバイトは、その後に時給が1000円に下がることに違和感はないのか。アマゾンにすれば、書き入れ時の頭数合わせなのだから、そうしたアルバイトが全員辞めたとしても、問題はないという前提なのか。

ホリデープレミア以外にも、物流センター内で、いろいろなインセンティブのポスターを見かけた。夜勤、日勤、連続勤務などいくつものパターンがあったが、いずれも労働時間、労働の曜日、遅刻・欠勤の回数などの細かい縛りが、漏れなくついていた。私自身はインセンティブが目的で働きに来たわけではないが、アマゾンが提示する好条件を鵜呑みにできないのはすぐにわかった。馬の鼻先に人参をぶら下げ、走るだけ走らせて、最後に人参＝インセンティブを渡すというやり方なのだ。

たとえば、11月26日から12月23日限定で、「4週間、全部、プラチナシフトで出勤したら8万円！」という張り紙をセンター内で見つけた。アマゾンが決めたいくつかの〝プラチナシフト〟、その一例は午前8時から午後7時までの11時間（休憩1時間）を週6日働いたら、1週間に2万円の手当が出る。それを4週間つづけると、最大で8万円の手当が出る。

しかし、それには但し書きがついていた。「それぞれの1週間の間で当日欠勤、遅刻、早退があると、その週のボーナス支給はありません」。

実労働10時間を6日働けば、60時間勤務。それに対して、2万円の手当を支給するということは、時給に換算すれば333円上がるということ。その額を手にするには、10時間勤務を週6日こなさないとならない。なんとも気の遠くなる話である。

このポスターを見詰めていた女性のアルバイトが、

「よーっし、やってやろうじゃないの!」

と独り言をつぶやいていたのが私の耳に入ってきた。声を出すほど気合を入れないと、この厳しい条件で4週間働きつづけるのは難しいのだ。

堤下の説明が一通り終わると、私が持参した持ち物を出す。証明写真1枚に身分証明書、印鑑に銀行通帳のコピーである。この4点を持参せよということは、はじめから採用することが前提の面接なのだ。性別も、年齢も、性格も問われない。時給を5割増しにしてまで募集したいこの時期、働くアルバイトを選んでいる余裕はなかった。来るもの拒まず。

「交通費は一切出ませんので、お近くのシャトルバス乗り場から物流センター行きのバスに乗っていただくのが一番いいと思います」

と堤下。

センターで働く日には、私は平塚駅前から出発する午前7時40分台のバスに乗り、帰りはセンターを午後5時40分台に出発するバスに乗って平塚駅まで戻ってくる、と堤下に伝え、面接は終了した。

まったく別の会社になった

私が小田原物流センターで働いたのは、17年10月14日から同月27日までの約2週間。その間の出勤日数は合計で8日間という短期の潜入取材だった。

今回の取材を短期間としたのには、3つの理由がある。

1つは、アマゾンの物流センターの潜入ルポは、すでに15年前に書いている。今回、潜入するのは、そのときとの比較のためであり、前回と同じ潜入ルポを書くつもりはないからだ。

2つ目の理由は、前著『ユニクロ潜入一年』の原稿を書き終えて、17年10月27日に書籍が発売されるまでに取材を済ませたいという思いがあった。

前著では、名前を合法的に変え1年以上にわたり、ユニクロの3店舗で働き、その実態を詳細に描いた。その書籍の中では、どのように名前を変更し、ユニクロの店舗に潜入したかも書いている。今回のアマゾンの潜入にも前回と同じ名前を使い、ブルーの襷につい ている名札にも改名後の名前が記されている。

また、書籍の発売に合わせ、ネットメディアを含む多くの媒体から著者インタビューを受けていたので、書籍が販売されると同時に多数の顔写真入りのインタビュー記事がネット上に出回る。これまでの潜入取材の経験から、そうした著者インタビューによって、潜入取材がばれることはないだろうという思いはあったが、善は急げである。多くの顔写真がネットに出回る前に、潜入取材を済ませた方がよさそうだ、と判断した。

最後の理由は、アマゾンの大きな変貌にあった。

ピッキングをはじめると、すぐに取り扱う商品が多種多様になっていることに気づいた。

作業をはじめるとすぐに、4階にあるビン（棚の1つの間仕切り）に何が収納されているのかを、取り出して調べてみた。

「カモ井加工紙　マスキングテープ」

「3連フラットLED」

「タカラトミー　ベイブレード」

「メンソレータム　ハンドベール　濃厚こってりクリーム」

「ドゥケア　化粧筆　山羊毛　フェイスブラシ」

「大阪あべの　たこ焼一番、やまちゃん　オリジナルたこ焼き粉」

――といった具合だった。

そこには、文房具から車用品、おもちゃや美容品まで、ありとあらゆる商品が、棚の中に詰め込まれている。隣のビンを探せば、まったく別の商品が次々と出てくる。その商品の種類の数は想像がつかないぐらい多い。書籍のネット通販としてスタートしたアマゾンが、今では、どんな商品でも取り扱う〝エブリシング・ストア＝Everything Store〟となったことを改めて実感した。

同時に、

「これは大変なことになったたな」

と私は思った。

『潜入ルポ　アマゾン・ドット・コム』を書いたときは、アマゾンと出版業界に的を絞って取材することができた。「長年の不況にあえぐ出版業界vs.急伸するアマゾン」という図式に沿って、その背景や意味を取材することで書籍を書くことができた。

しかし、今やアマゾンは、まったく別の会社になったといっても過言ではないほど変貌を遂げている。年次報告書を見れば、今や同社の稼ぎ頭は、クラウドサービスを提供する《アマゾン・ウェブ・サービス＝ＡＷＳ》であることがわかる。以前のように、物流センターで働きながら、その合間に出版業界の取材をすれば書籍を書くことができるという単純な構造ではなさそうだ。

今回の場合、潜入取材はあくまで導入であり、その後、かなり腰を据えて取材しない限り、現在のアマゾンの全体像に近づくことはできない、と思った。加えて、海外でも取材したい、と考えていた。今や世界を代表するグローバル企業となったアマゾンは、日本以外ではどうとらえられているのかを取材し、比較することで、日本の中でのアマゾンの立ち位置がよりはっきりするのではないかと思った。よって、潜入取材を早めに切り上げ、アマゾンについて幅広く取材していくことに決めた。

これが、今回の取材を短期間で終わらせようと考えた、3つの理由である。

アルバイトがアルバイトを管理する

送迎バスに乗って、初日の午前8時半すぎに物流センターに到着すると、2階の休憩室でエヌエス・ジャパンの女性担当者が、私の顔を見つけて声をかけてくる。

「おはようございます。今日からよろしくお願いします」

彼女の態度に威圧感はない。言葉も丁寧である。こちらも同じようにあいさつを返す。

私がカットソーの上にセーターを着ているのに気づくと、彼女は「それじゃ作業をはじめるとすぐに暑くなりますよ」とアドバイスしてくれた。純粋な親切心から出た言葉であることは、その表情からわかった。

しかし、以前に潜入したときは冷暖房完備という触れ込みであったにもかかわらず、冬はまったく暖房が効かず、下着を重ね着しても、凍えながら作業をした記憶が鮮明に残っていたので、彼女の言葉を無視してセーターを着たまま作業現場に入った。

しかし、結果は、ピッキング作業を30分もしていると、セーターを脱ぎ、カットソーの袖をまくらなければならないほど暑くなった。長期で働いているアルバイトによると、「冬に汗ばむのはどうにかなるのだが、夏になると救急車で搬送される人が出るほど暑くなる」という。

そういえば、米ペンシルベニア州の地方紙が、地元にあるアマゾンの物流センター内の気温が、夏には華氏１００度（摂氏38度）を超え、一夏の間に15人以上が熱中症で倒れて、救急車がセンター付近に待機しているという記事を書いていたことを思い出した。以前は寒さとの戦いであったが、今は暑さとの戦いに変わってきているのだろうか。

作業現場に行くと、青のビブス（ゼッケン）に《リーダー》と書かれた40代のおかっぱ頭でメガネをかけた女性が、作業初日のアルバイト約10人を集めてこう言い放った。

「ＰＴＧで85％以上は必達の目標値です。皆さんは作業開始の10日後にはこの数値が75％に達するよう努力して下さい。目標値を超えられない場合、われわれリーダーと、どうすれば生産性が向上するのかという話し合いを持たせていただきます」

この人は、陰気で、かつ権柄《けんぺい》尽《づ》くな態度である。

偉そうに語るこのリーダーとは何者なのか。

アマゾンの作業現場には、「ワーカーさん」と呼ばれる私のような一番下っ端のアルバイトがいて、その上が《トレーナー》、さらにその上に《リーダー》がいる。一番上となるのは《スーパーバイザー》である。全員で４００人いるピッキングのアルバイトのうち、トレーナーが20人、リーダーが10人、スーパーバイザーが５人といった感じか。

いずれも時給で働くアルバイトに過ぎない。

時給は「ワーカーさん」が１０００円とすると、トレーナーは１０５０円、リーダーは１１００円、スーパーバイザーは１２００円――という程度だ。いずれも派遣会社と半年契約を結ぶアルバイトであり、アマゾンとの直接の雇用関係はない。要は、同じアルバイト同士である。そのアルバイトに序列をつけ、アルバイトがアルバイトを管理するようになっている。

小田原に100人ほどいるというアマゾンの社員の多くは4階の作業現場の外にあるアマゾン専用オフィスに詰めており、そのうち何人かが現場に出てきているらしい。

おかっぱ頭のリーダーが語るPTGとは《パーセンテージ・ツゥー・ゴール》の略語である。ピッキング作業にはモトローラ製のハンディー端末を使うのだが、ピッキングのたびに、「次のピッキングまであと何秒」という表示が出る。たとえば、100回のピッキングで、100回ともハンディー端末が指示する時間通りにピッキングできれば、PTG100となる。その時間を、5回上回ればPTG105となり、5回下回ればPTG95となる。

ここでは毎日、アルバイト全員の名前と順位、PTGの数字が一覧表となって張り出される。私は何度も、自分の名前を見つけようとしたが、出勤日数が少なかったからなのか、自分の名前をランキングに見つけることは一度もできなかった。ただ、アルバイトの作業が常に見張られており、作業が目標に達しないと叱責されるという点は、以前と変わらないんだなぁ、と思った。

リーダーの簡単な説明の後、アルバイトは各自、ハンディー端末を使ってピッキング作業をはじめた。ハンディー端末の上半分には画面がついており、その下半分には、1から10までの数字と、アルファベットなどのボタンがついていた。前回の潜入時には、100件ほどの注文が紙に印刷された《ピッキング・スリップ》と呼ばれる用紙を手に持って、そこに印刷してある商品を探してきた。手作業だったのである。

現在は、まず、カートの上に緑色のトートと呼ばれるプラスチック製の折り畳み式のカゴを載せる。トートに貼ってあるバーコードを端末で読み込むと、作業開始である。端末の画面上にピッキングすべき商品が表示される。

「P－4　A241　C448

キジマ　ボルトセット」

ピッキングの作業で重要なのは1行目である。

P－4というのは、4階を指す。2階から5階までの各階は、AゾーンからHゾーンに分けられている（1階は、入出庫と梱包用のスペースであるため商品は在庫されていない）。次の「A241」は、Aゾーンの241番目の棚を意味する。各列には、下から順にAからJまで（棚によって若干の違いがある）の棚がある。この場合の「C448」ならば、棚の下から3番目である。その「448」番目の間仕切りに自動車部品のキジマ社製のボルトセットが入っているという意味だ。

そのビンの中に入っているいくつもの商品の中から、ボルトセットを探し出し、端末でその商品に貼ってあるバーコードを読み込む。ピッキングした商品が正しければ、緑の画面のまま、次にピッキングする商品が表示される。間違った商品のバーコードを打ったら、「ピーィピーィピーィ」という甲高い警告音とともに、「商品が間違っています」という赤い画面に切り替わり、正しい商品を探すまで、次の作業には進めない。

つまり、端末を持った作業では、ピッキングでの間違えは起こりえない。人為的な作業ミスが極力発生しないようになっている。ハンディー端末がなかった15年前、このピッキングミスが物流センターの作業効率を大きく落としていた。

ボルトセットを正しくピッキングした後に出てきた商品は、

「P－4　A241　A347

神田食品研究所　無糖レモン1・8L」

という飲料水である。

スキャナーの商品表示の下には、常に「次のピックまで●●秒」という文字が現われ、横棒が段々とゼロに向かって減っていく。

たとえば、ボルトセットの「A241　C448」と無糖レモンの「A241　A347」は、同じ棚なのだが、ビンが違うということである。こうした場合、「次のピックまで15秒」というように表示され、1秒ごとに、横棒が右の15秒から左の0秒に向かって縮んでいく。これが女性のリーダーが言ったPTGに使われる数字だ。

次の場所までの距離によって、「15秒」や「20秒」、「30秒」や「45秒」から、「1分30秒」など様々な数字が表示される。15年前のピッキングの目標は、「1分で3冊」という大雑把なものだったが、今は移動距離が反映されている分、より正確になったともいえる。しかし、アルバイトの視点からすると、見張られる精度が、秒単位になったという窮屈な気持ちになる。

毎回のピッキングのたび、早く作業をしろ、とお尻を叩かれている感じだ。しかし、その時間内に次の商品をピッキングすることはほとんど不可能に思えるほど、その設定時間は短い。

次に出てきた商品は、

「P－4　A251　D185
キャリアウーマンブルゾン ちえみ
おかっぱかつらブラウス スカート メイク シール ネタ帳付き 5点セット
コスプレ用 小物 男女共用」

これは、10月末のハロウィンの仮装パーティー用であろう。

その次は、

「Ｐ－４　Ａ２５１　Ｅ４６４
ＭＯＬＤＥＸ　耳栓
Ｓｏｆｔｉｅｓ　８ペア　６６００」

――というように、作業指示が途切れることはない。

トートが満杯になれば、《Ｆ（Ｆｉｎｉｓｈの意味）》を押してから、《Ｅｎｔｅｒ》ボタンを押した後、ベルトコンベヤーに流し、新しいトートをスキャンする。作業時間が終わるまで、この同じ作業の繰り返しである。

消費者がアマゾンで注文した商品を翌日に受け取ることができるのは、こうした現場の厳しいノルマと密接に関係している。

消費者が、アマゾンの画面で《注文を確定する》をクリックすると、その注文は、いったんはアメリカのアマゾンのサーバーに飛んでいく。そこをへて、届け先から近い日本国内の物流センターに割り振られる。物流センター内で、ピッキング指示がハンディー端末を経由してアルバイトに伝えられる。注文した商品は数時間以内にピッキングされる。ピッキングされた商品は、ベルトコンベヤーに載って、１階の梱包・出荷エリアへと向かう。ここでも商品は短時間で梱包され、アマゾンの物流センターから宅配便業者の中継センターへと運ばれる。

注文した日の夜、宅配便業者のセンターで、商品は地域ごとに細かく仕分けされる。届ける住所をカバーする宅配便センターへと商品が運び込まれるのは、注文の翌朝となる。配達員が朝から１日かけ、その荷物を届けることで、日本におけるアマゾンの翌日配送は成り立っている。

物流センターの数や場所さえ非公表

休憩時間の11時45分となったので、ハンディー端末を詰所に戻し、2階の食堂に向かった。その日、私が食べたのは350円のメンチカツ定食と100円のサラダ。定食についてくるお味噌汁とご飯はセルフサービスである。

安いなぁ。

食堂での安価な定食は、アマゾンのアルバイトに与えられた数少ない福利厚生である。この定食が、クリスマス前後になると200円となり、正月三が日となると無料になることは、あとで知った。

ご飯のはいった炊飯器の横には、「おかわり厳禁」の文字がある。周りを見ていると、大半の男性アルバイトは、茶碗に3杯分ぐらいのご飯をよそっていく。いくら体力勝負の作業とはいえ、それでは炭水化物のとりすぎとなり糖質管理という面からは問題なんじゃないの、とこちらが心配になるほどだ。

一緒に食べる相手もいないので、メンチカツをほおばりながら、私はあれこれと考えを巡らせていた。

まず、アマゾンの物流センターは、いったい日本に何カ所あるのか、ということである。

アマゾンのウェブサイトによると、13年5月時点の数字として、「日本国内には9ヶ所のFC（筆者注・物流センターのことを指す）が存在しています」と書いてある。しかし、すでに情報が古すぎて使えない。小田原の物流センターの入り口付近には、16年10月時点の物流センターの一覧表が張り出してある。それによると、13カ所の物流センターと4カ所のプライム専用の小規模な物流センターがあると書いてあった。

この原稿を書いている時点で、アマゾンのキャリアサイトで確認すると17カ所の物流センターがあると記してあるが、しかし、ここには北海道で稼働しているはずのセンターが抜け落ちている。

つまり、アマゾンは、自社の物流センターの正確な数や場所さえ、公表していない。かりに同社のコールセンターに電話して訊いても無駄であろう。物流センターはいくつあって、どこにあるのか、などと訊いても、「そうした情報は開示しておりません」、「企業秘密です」といった木で鼻を括ったような答えが返ってくるのが関の山である。アマゾンにかかると、物流センターの立地場所という基本的な情報までが企業秘密となる。

話は若干ずれるが、アマゾンは、物流センターを、フルフィルメントセンター（FC）と呼ぶ。アマゾンの社内用語である。アマゾン以外にフルフィルメントセンターという呼称を使う企業はない。なぜ、アマゾンは物流センターをフルフィルメントセンターと呼ぶのか。

入り口にこんなポスターが貼ってあった。

「物流センターは一般的に、配送センター（DC）と呼ばれますが、アマゾンのセンターはフルフィルメントセンター（FC）と呼びます。アマゾンのセンターも操業当初はDCと呼ばれていたのですが、1999年に〝FC〟という呼称に変更されました。／これはアマゾンのセンターが単にモノの出し入れをするだけでなく、お客様の高い要望に応える『サービス』を提供する場所だからであり、他の部署と連携して、顧客満足度を生み出す場所であるからです。すなわち、お客様の『満足』を『満たす』場所だからです」

「あーそうですか。ご立派なことですね」

というのが私の感想である。

アマゾンのこだわりはわかったが、それに付き合うつもりはない。この書籍ではわかりやすいように物流センターと表記する。

このFCの説明に限らず、小田原のセンターでは、壁に隙間さえあれば何かのポスターが貼ってあった。アマゾンの方針の説明であったり、アルバイトへの連絡事項や、健康に関するもの、労災事故に関するものや、作業ミスに対する警告――などさまざまなポスターが貼ってあった。

私には、アマゾン社員と言葉を交わす場面など一度もなく、リーダーやスーパーバイザーと話をする機会もほとんどなかった。黙々と作業するしかなかった私は、物流センター中に貼ってあるポスターを熱心に眺め、アマゾンの意図を読み取る手段としようとした。

他の作業現場と同じく、アマゾンの物流センターでも、アルバイトへ懇切丁寧に説明しようという態度は欠けていた。しかし、そのポスター群を見ているとアマゾンの意図が透けて見えてくるようだった。一番目立ったのは、作業者に警告し、プレッシャーを与えるような威嚇《いかく》的なポスターだ。

たとえば、「重大品質事故が発生しました」として、棚入れ作業で最下段にあった商品を、アルバイトが勝手に最上段に移動し、最下段にできたスペースに別の商品を棚入れしたため、もともと最下段にあった商品が見つからなくなった、という事例を挙げ「このような違反行為は絶対にしないでください。違反行為が発覚した場合は、調査を行い厳正に対処します」と赤字で書いてある。

ほかにも、「重大事案発生連絡」として、「故意の商材破損・故意の倉庫内飲食。■食品を食べてゴミを放置、■フタを開けて液体を散らかす」。その下には、トンカツソースとマヨネーズが逆さまになり、床に大量の液体が流れ出している写真が2枚添付されていた。最後には「＊不審者を見たら、すぐに報告してください。私たちは、このような犯罪行為を絶対に許しません！」と締めくくってある。

私はその写真を見ながら笑いそうになった。単調な仕事に嫌気がさしたアルバイトが腹いせにやったのだろうか、それとも苦々しく思っているリーダーやスーパーバイザーなどへの仕返しのつもりだったのだろうか、と想像した。

ロッカーには「最後にもう一度確認してください！　ポケットの中などに携帯電話が入っていませんか？　持ち込みは絶対ダメ。携帯電話の持ち込みは、即退社していただくことがあります」。

作業スペースに携帯電話の持ち込みは厳禁だった。

うっかり持って入ったら、警備員が携帯電話のなかの私的な写真や動画、メールの内容や電話番号などを全部確認して、問題がないと判断したうえでないと返却されない。返却までに2、3日かかることもあるという。携帯電話内の情報を見せることを拒めば、その場で解雇となる。

15年前と違い、今は携帯電話さえあれば、アマゾンの物流センター内のレイアウトや作業風景を写真や動画に撮って、外部に流すこともできる。しかし、アマゾンにとって物流センター内は、すべて企業秘密に相当する。

ポスターにある「厳正に対処」や「不審者」、「犯罪行為」や「即退社」といった刺々《とげとげ》しい言葉が含まれたいくつもの権高なポスターを目にすることは、働く側の気持ちを委縮させる効果がある。作業でミスをしてはダメなんだ、いつもアマゾンに見張られているんだ、という陰鬱《いんうつ》な気持ちになる。

万歩計は2万5306歩

あれこれ考えているうちに、あっという間にお昼休憩は終わり、私は12時30分前、再びピッキングエリアに戻ってきた。

午後からは、リーダーの指示はなく一人ひとりでの作業となる。

午前中の作業が終わっただけで、すでに私の足は重く感じられた。ピッキングは、カートを押して歩くというより、カートに体重を預けながら、カートに引きずられるように両足を前後に動かす感じだ。

このアルバイトのために、アマゾンで万歩計付きの時計を買っていた。作業エリア内に持って入れるのは、時計と財布、ボールペンとメモ帳、眼鏡にハンカチと非常に厳しかったからだ。

その万歩計で計ると、午前10時台の休憩までに6256歩で、5・00キロを歩いた。昼食の休憩までには1万5593歩で、8・47キロ。このあたりから、ふくらはぎが痛くなってきた。この日、午後5時に上がった時の歩数は2万5306歩で、距離は20・24キロだった。アルバイトがはじまるまでの10日間ほど、毎日数キロ歩いて足慣らしをしていたつもりだったが、ピッキング作業をしながらの20キロはさすがにこたえた。

息も絶え絶えである。

20キロという数字を見ながら、今朝のおかっぱ頭のリーダーの言葉を思い出した。

「皆さんには1日で10キロほど歩いてもらいます」

誰も歩行距離なんて測らないと思っているのか、半分もサバ読んでるやん！　10キロと20キロでは全然違うよ！

最初の潜入取材でも、おそらく同じぐらいの距離を歩いたのだろう。しかし、当時は30代だった私も、今では50代。年老いたというほどではないが、もう肉体労働の現場に潜入するほど若くはない。

この土曜日を含め4日連続のアルバイト勤務となっていた。果たして大丈夫か、という不安が頭をよぎる。

5時のチャイムを聞くとすぐ4階の詰所にハンディー端末を返却して退勤する。その後、1階に降りると、空港にあるような厳重なセキュリティーゲートを通る。財布や時計、ベルトなどの金属製品は、プラスチックのカゴに入れ、ゲートの横の滑り台から流し、本人だけがゲートをくぐる。ゲートが金属に反応すると、4、5人駐在している警備員が、厳重なボディーチェックを行う。ボディーチェックとなると、5分か10分は余分に時間がかかる。

セキュリティーゲートの横で、警備員が繰り返しこう叫んでいた。

「ゲートのブザーが鳴りますと、即、犯人検査となります。お帰りの際、お時間がかかってしまいます。時計、ベルトなどの金属類は必ずカゴに入れてお流しください」

犯人検査だってさ。

15年前にセキュリティーゲートはなかったが、退社の際に持ち物検査を受けるというのは同じだ。それが一層厳重になったわけだ。

セキュリティーゲートを無事通り抜けながらも私は、米ネバダ州にあるアマゾンの物流センターの労働者たちが数年前、退勤後に、このセキュリティーゲートを通るのにかかる時間にも時給を払え、と裁判に訴えていたことを思い出した。ネバダのセンターでは最長でセキュリティーゲートを抜けるのに30分かかる場合もあったという。もし毎回30分もかかるのなら、裁判を起こしたくなる気持ちもわかる。

私自身はまさに這《ほ》う這《ほ》うの体《てい》で、更衣室で着替え、帰りのシャトルバスに向かった。しかし、どこからバスに乗ればいいのかわからずに、周りのアルバイト男性に訊くと、「平塚駅行きだって? あそこのカナチュウのバスだよ」。彼の指さす先には神奈川中央交通と書かれたバスが停まっていた。神奈川中央交通を略してカナチュウ。地元の人には、それだけで通じるのだろう。

潜入取材のたびに、いろいろなことを覚えるなぁ。

あなたのおサボリ見ています

10月16日の月曜日。小雨。

平塚駅南口から、朝7時45分出発のカナチュウの送迎バスに乗る。

バスはほぼ満員。40人強が乗っている。これまでも私は潜入取材のため、ヤマト運輸や佐川急便の送迎バスに乗ったが、乗っている間、ほとんどの人は寝ているか、スマホをいじっているかのどちらか。アルバイトの送迎バスには、会話や笑い声がない。

カナチュウのバスは、西湘バイパスという相模湾沿いの高速道路を進んでいく。週末にはたくさんのサーファーが波をとらえようとする姿を見たが、週明けのこの日、サーファーはほんの2、3人。小田原のセンターには8時15分すぎに到着した。

アマゾンで働きはじめて最初に抱いた疑問は、いったい、いつからが始業時間なのか、ということだ。言い換えれば、いったい、いつから時給が発生するのか、ということだ。

派遣会社から、業務がはじまる2時間前に携帯電話にワンコールを入れて切るように指示されている。9時がアルバイト開始なら、7時前に電話を入れる。うっかりワン切りを入れ忘れると、8時前後に「今日の出勤は大丈夫ですか？」という確認の電話が入る。

小田原のセンターに到着すると、入り口でIDカードをかざし、回転アーム式のゲートを通ってセンターに入る。入り口正面にハロウィンの人形を見ながら、右手に曲がって更衣室に向かうと、更衣室の前に置いてある出勤名簿から自分の名前を探してチェックを入れる。更衣室でロッカーに荷物を入れ、準備をしてから2階に上がる。2階のホワイトボードに貼ってある名簿から自分の名前にチェックを入れる。そのあと、同じ2階に6台あるパソコンの静脈認証に手のひらをかざして出勤となる。さらに、8時50分あたりに、4階の詰所に設置してあるコンピュータでIDカードのバーコードをスキャンする。

センターの入り口でIDをかざすところから数えて、5回も出勤していることを伝えている。それにもかかわらず、あとで給与明細を見ると、午前9時からの出勤となっているようだ。このあたりの時間管理は杜撰《ずさん》である。遅くとも4階の詰所でIDカードをスキャンした時点で、出勤とみなすべきではないか。

アルバイトの多くがそれ以上に不満を持っていたのが、4階の詰所から2階の食堂までの距離が遠い、ということだった。

この朝も、同じ日に働きはじめた阿部秋絵（仮名）という40代の女性が話しかけてきた。

「ちゃんとお昼ご飯食べられています？　私は、4階の詰所から2階の食堂まで往復するのに10分は取られるから、その分、お昼ご飯を食べる時間が短くなっちゃって、困っているの」

おそらく地元の主婦ではないかと思われる彼女はそう嘆く。

「何をおおげさな」と思われるかもしれない。しかし、小田原の物流センターは、東京ドーム4個分の大きさに匹敵する。移動には時間がかかるのだ。

お昼休み前、最後の終了時には、4階の詰所にハンディー端末を返却しなければならない。また、休憩の前と後にもIDをスキャンして、休憩時間の記録を残す必要もある。その4階の詰所は、物流センターのほぼ中心部分にあって、そこから、四隅のうちの1カ所にある階段まで移動して2階の食堂に降りていく。片道5分は確実にかかる。それほど、このセンターは大きいのである。

結果として、本来45分あるお昼の休憩時間が、実質35分になる。これではゆっくりお昼ご飯を食べることができない、というのが、先の女性の主張だ。これは彼女だけの不満ではなく、その後に出会った、小田原のセンターで働く多くのアルバイトから、異口同音に憤りをもって語られた。

労働基準法では、雇用者は、労働者に「休憩時間を自由に利用させなければならない」（34条3項）とある（労働時間が6時間を超える場合は少なくとも45分、8時間を超える場合は1時間の休憩を与えなければならない）。45分の休憩のうちの10分の移動は、労働者が休憩時間を自由にしていることにはならないのではないか。かりに、4階の詰所にお弁当を持ってきて、そこで食べてもいいという選択肢があるのならまだしも、作業エリア内での飲食は一切禁止となっている。センター内では、2階でしか飲食できないのだ。10分の移動は、不可欠な時間であり、決して、アルバイトが自由に休憩時間を利用していることには決してならない。この点からみても、アマゾンの休憩時間には問題ありといえそうだ。

9時ちょうどから朝礼がはじまる。朝礼の前には、白いペンキで床に12人で1列になるラインに並ばされる。そこに10列分の人が並んでいれば120人のアルバイトがいることが一目でわかる。なぜ10人で1列ではなく、12人で1列なのかは不明。1ダースを1つの単位にして数えているということなのかもしれない。

リーダーの男性が、マイクを持って話す。

「昨日、川崎で左手を20針も縫う重大事故が発生しました」として、事故の模様の詳細と、どうすれば事故が防げるのかについて説明した。梱包時に、段ボールカッターで梱包材を強引に切ろうとしたため、カッターの先端部分が折れ、その勢いで梱包材を押さえていた左手を切って、縫ったという。

あとで知ったのは、この程度の事故やケガならアルバイトと情報を共有するのだが、作業中に人が亡くなった、というようなもっと深刻な事故となると、たとえアルバイトがウワサで知っているときであっても、情報は伏せられるのだ、という。

そのあと、「昨日の成績は、Fエンター漏れが21件、過剰過少が5件、高さオーバーが13件。また、PTGの平均は81%でセッション率は80%でした。PTGとセッション率は、いずれも目標に達していませんので、目標を達成するよう努力して下さい」

私はわからないながら、言葉と数字をメモする。言葉の意味は後々わかってきた。

Fエンター漏れとは、ピッキングの終わりに、《F＝Finish》の次に《Enter》を押さずに、トートをベルトコンベヤーに流してしまうミスのこと。

過剰過少というのは、同じビンの中の同じ商品を複数個ピッキングするとき、最初の1つだけバーコードを打って、あとは、2個なら「2」、3個なら「3」というハンディー端末上のボタンを押す手順になっている。それが1キロの液体洗剤なら、個数を間違えることはない。しかし、携帯電話のSIMカードのような極薄の商品だと、数え間違えて、10個しか取らないでいいところを11個取ってしまい、10個と入力してしまう。そうしたミスのことである。

高さオーバーは、トートの内部の約8割の高さのところにビニールテープが張ってある。それを超えて商品を入れると、ベルトコンベヤーが止まってしまうらしい。

PTGは先に説明した通りだが、セッション率とは何ぞや？

もちろん、こうした作業現場では、細かい説明を求められる雰囲気ではない。

ピッキングのランキング表を熱心に見ていた女性のアルバイトに訊いてみた。

「セッション率？　私もよく知らないのよ。このセンターの立ち上げ直後からずっと働いているんだけれど、一度も説明してもらったことはないわね」という返事だった。

毎日、朝礼で発表されるけれど、どうでもいい数字なのか。

そのあと、5階で作業をしているとき、張り紙を見つけてその意味がわかった。セッション率を説明する張り紙には、

「あなたのおサボリ見ています!!」

という見出しがついていた。

「セッション率とは、稼働時間から朝礼・15分休憩・移動時間を差し引いた純粋な稼働時間のことです。基準時間を算出すると、セッション率86%以上が適正値となります。セッション率異常者は、作業履歴を確認してヒアリングをさせて頂きます」

ピッキングの数が少ないだけでなく、ピッキングしている時間が短いと、「サボっている」とみなされヒアリングの対象となる。しかし、この「セッション率86%」というアマゾンが掲げる目標値は、ずいぶんと高い数字なのである。毎日の平均のセッション率の折れ線グラフが一緒に張り出されているのだが、その数値は常に86%を下回っていることからもわかる。この数字も、またアルバイトを限界まで仕事に駆り立てるのに使われる道具である。

一挙手一投足を見られながら、作業に駆り立てられる、逐一監視されているような感じこそが、アマゾンのアルバイトの大きな特徴である。私は前著で、英国作家のジョージ・オーウェルが書いたディストピア小説『１９８４年』に言及した。彼が描いた監視社会のなかに身を投じたような空恐ろしさを感じたことを書いている。

作業ミスは、いったいどれくらいの頻度で起こっているのだろうか。

これもセンター内に張り出されている「品質状況報告」という棒グラフからわかる。全体の配送件数を分母にして、返品された商品数が分子となって、数値が算出されている。

１週間当たりの目標値は、１００万回の出荷件数に対し、返品が50件。アマゾンは１００万回の出荷件数に対し、返品数をｐｐｍ（１００万分率）という単位で表し、目標は１週間で50ｐｐｍとなる。

実際に、17年の返品頻度は以下のような状況だった。

第36週（９月３日〜９日）　１１７ｐｐｍ
第37週（９月10日〜16日）　１０６ｐｐｍ
第38週（９月17日〜23日）　81ｐｐｍ
第39週（９月24日〜30日）　98ｐｐｍ
第40週（10月１日〜７日）　94ｐｐｍ
第41週（10月８日〜14日）　１２０ｐｐｍ

１００万件に１００件前後ということは、１万件に１件前後という返品数となる。ほとんどないに等しいミスの数字だ。15年前もほとんど同じ数字だった。入荷からピッキング、出荷から配送までの作業精度が非常に高いことがわかる。

アマゾン・エフェクト

朝礼は、最後に簡単な体操をして終わり。それぞれ担当の階に散らばっていく。

私は4階のピッキングからスタートした。

私が何度目かのトートをベルトコンベヤーに流した後、10時半過ぎに、車椅子に乗せられた女性のアルバイトが、救急隊員に車椅子を押され、出口へと向かっている光景に出くわした。女性は40代ぐらいにみえた。作業中にケガをしたのだろうか、それともめまいや頭痛が起こったのだろうか。見ているだけでは、もちろんわからない。加えて、後日の朝礼でも一切説明がなかった。

その後、5階のピッキングとなって、はじめて書籍とCDの置かれた一角に身を置いた。

他の商品と比べると、私にとっては書籍をピッキングする方が楽しい。この日、ピッキングした商品は以下のようになる。

『依頼人　ジョン・グリシャム』

『猫医者に訊け！』

『賢者の書』

『綺麗なハダカ　今宮いずみ』（DVD）

『あなたも落語家になれる』

おもしろそうな書籍を見つけると、あとで読むためにメモをすることにしている。その日、書名をメモしたのは、

『天皇家の密使たち　占領と皇室』

『どんなに体が硬くても背中でギュッと握手できるようになる肩甲骨ストレッチ』
『旧約聖書を美術で読む』
『薬を使わずに胃を強くする方法』
『悪魔の日記を追え　FBI捜査官とローゼンベルク日記』
——など。

ピッキングをしながら痛感するのは、私はこの作業がつくづく苦手だな、ということだ。ピッキングに肝心なのは、ハンディー端末に表示されるビンに正確に、かつ素早く行きつくことである。

たとえば、5階で「H342　G412」にある書籍を探せという指示が出たとしよう。まずは、H342の列まで行って、Gの棚の412番目を探すのだが、しかし私の場合、このアルファベット2つと6つの数字が簡単には頭に入ってこない。自分では覚えているつもりでも、H432に行き、間違いに気づいてH342に戻ってきて、再び間違ってG421の棚を探す——というような失敗を何度も繰り返す。違うビンの中では、どれだけ探しても、見つけるべき商品は見つからない。ハンディー端末でピッキングの指示が出るたびに、神経をすり減らして、やっとの思いで、指定されたビンまでたどり着く。これでは、ピッキングのスピードが上がるはずがない。

私には、軽度の《ディスレクシア（識字障害）》という学習障害があるためなのか、数字や平仮名などが、視覚から脳に正しく伝わらないことが多々ある。そのためか、このピッキングという単純なはずの作業が、私にとっては相当難度の高い作業となる。

5階で書籍をピッキングしていると、書籍を運ぶのに使う空のパレットが積み上げてあるのを見つけた。パレットで納品するということは、アマゾンとの取引量が大きいことを意味している。

《日本出版販売》、《大阪屋EC専門》、《文祥流通センター》、《京葉流通倉庫》、《日本物流企画》、《技術評論》、㈱ホビージャパン》、《医歯薬出版》、《KADOKAWA》、《河出興産》——の10種類のパレットを見つけた。取次大手である日販と大阪屋（厳密には大阪屋栗田）のパレットは、市川塩浜の物流センターで働いているときも見た。文祥流通センターと京葉流通倉庫、日本物流企画というのは、調べてみると倉庫業者のようだった。

ここで最も注目すべきはKADOKAWAだ。

アマゾンが、取次を中抜きして、出版業界と直取引を進めようとしていることは、出版業界内では周知の事実だった。中でもKADOKAWAは、アマゾンとの直取引においては業界の先頭を走っている。

KADOKAWAは15年4月、アマゾンと直取引していることを公表した。大手出版社として、アマゾンと直取引していることを公にした最初の出版社だった。

日経新聞にはこうある。

「角川は従来は主に取次大手の日本出版販売（日販）とトーハンを経由して、アマゾンに商品を卸していた。アマゾンに在庫がないとアマゾンへの配送に5〜8日かかる場合もあり、物流費もかさんでいた」が「アマゾン側に在庫がない場合は、角川が最短1日で商品をアマゾンに送るので、消費者の手元にも早く届くようになる」（日本経済新聞、15年4月22日付）

アマゾンの小田原センターに山積みされたKADOKAWAのブルーのパレットは、両社の蜜月関係の証左といえよう。アマゾンは、KADOKAWAに限らず、できるだけ多くの出版社と取次抜きの直取引を進めようとしている。その数は、全国に約3000社ある出版社のうちの300社弱に上るという新聞報道もある。

《アマゾン・エフェクト》という言葉がある。「売上高が急伸するアマゾンが、同業他社をなぎ倒し駆逐していく」ぐらいの意味で使われる。アマゾンの脅威をことさらおおげさに言い募るために《デス・バイ・アマゾン》が使われることもある。しかし、アマゾン・エフェクトがたしかにあるとするなら、それは日本を含む各国の出版業界である。アマゾンと日本の出版業界をめぐる確執や駆け引きについては、第10章で詳述する。

パレット以外で私の目に留まったのは、通常3列の棚を1列にして、奥行きを深く取り、ベストセラーを並べている箇所だった。そこに並んでいるのは、その時々の旬の書籍だ。

『西郷どん！』
『狼陛下の花嫁　17巻』
『蜻蛉　3巻』
『賢者の孫　5巻』
『Ｂｌａｃｋ　Ｂｏｘ』
『ボクは地球と歌う　3巻』
――などで、その多くはコミック本だった。

驚いたのは、その反対側の棚に全巻がそろった中古本が並んでいたことだった。

『エースをねらえ！』
『匠三代』
『進撃の巨人』
『天下一!!』
『煩悩パズル』

『蒼の封印』

『巨人の星』

——などなど。

書籍に限らず、アマゾンは、《マーケットプレイス》という外部業者が出店する仕組みを使い、他社の商品をアマゾンのサイトで販売している。アマゾンが日本でマーケットプレイスを開始したのは、02年のこと。現在では、アマゾンで売られている商品の半数以上が、マーケットプレイス経由の商品だ、といわれるまで成長している。

このサービスが02年に開始した当時、出品者の多くは、書籍を《せどり（中古本を安値で仕入れ、アマゾンで高値で転売することを指す）》をする人達だった。そのころは、ブックオフなどで仕入れた書籍を自宅に並べ、アマゾン経由で注文が入れば、書棚から取り出して1冊ずつ出荷するという方法を採っていた。

アマゾンジャパンは09年、《FBA＝フルフィルメント・バイ・アマゾン》というサービスを開始した。これはマーケットプレイスの出品者が、一定の手数料を支払えば、アマゾンの物流センターに商品を保管して、そこから出品できるというサービスだ。マーケットプレイスの開始で、アマゾンは、ウェブサイトの商品ページを外部の業者に開放し、さらにFBAでは、物流センターの使用も開放した。中古本に限らず、すべての商品の出品者はFBAを利用できるようになった。アマゾンへ出品することのハードルを一気に下げた。中古本の全巻本がアマゾンの物流センターの棚に並んでいるのも、その一例である。

物流センター内にあるすべての商品には、ASIN《エイシン》というアマゾン特有の10桁の認識番号が振られている。しかし、マーケットプレイスの出品者の商品にはその頭に《X》を付されることから、

XASIN《エックスエイシン》と呼ばれる。しかし、その商品の扱いは、ASINの商品と比べかなり雑である。

私が外の袋が破れかけた商品を、詰所に持っていって、ダメージ商品として扱うのかどうかをリーダーに尋ねたとき、

「XASINの商品ならそのまま発送してください。返品作業は出品者の責任で、アマゾン様とは関係がないから」

と、複数回告げられたことからもわかる。

おむつを流さないでください

この日のお昼休憩は、正午から12時45分まで。

2階の食堂は窓が広く取られ、軽く500人は座れそうなスペースがある。

私はこの日、ヒレカツ定食とサラダを注文し、食堂の端にあるホワイトボードを見るともなく見ていたら、「おはじき週間ランキング」と書かれているのを見つけた。

「BEST
1位　ポークハヤシ　4・47点
2位　しらす丼　4・35点
3位　ポークカレー（14日）　4・33点
WORST
1位　肉野菜炒め　3・00点
2位　カレーうどん・そば　3・22点

3位　和風醤油ラーメン　　　　　　3・40点」

BEST2位のしらす丼には、「定食化します」とあり、WORST1位の肉野菜炒めには「再考します」との吹き出しがついている。

定食を受け取る場所に、色のついたおはじきが置いてある。アルバイトは、定食と一緒におはじきを1つ取り、食べ終わったら、5の「また食べたい」から1の「改善を」までの5つの瓶の中におはじきを入れ、それが集計されるのだ。

アマゾンの食堂業務は、外部業者に委託されているのだが、そこにまでも厳密な点数主義が行き渡っているのに失笑せずにはいられなかった。これは、アマゾン側の要請によるものなのか、食堂の運営業者の自主的な発案によるものなのか、その点ははっきりとしないが、アマゾンの物流センターならではだろう、と感じ入った。しかも集計する数字は、小数点2桁までという厳格さ。BEST2位のしらす丼と、3位のポークカレーの間の0・02点の差は果たして必要なのか、と思えて再度笑いをかみ殺す。

相変わらず一緒に食べる相手もいないので、1人で食べていると、食堂にあった大きなテレビ画面に映し出された映像が目に入ってきた。

地元の小学校や中学校がアマゾンの物流センターを見学したり、世耕弘成経産相（当時）や石井啓一国交相（当時）を物流センター内に案内している映像が流れている。映像を見ていると、〝カンバン方式〟で広く知られる物流最先端企業のトヨタ自動車とは、お互いの現場を行き来して、物流センターの運営に関する意見交換会も開いているようだ。外部に開かれたアマゾンを演出したいための映像なのだろうか。

しかし、数年前、最新のロボットが配置された川崎の物流センターを取材した全国紙の記者は私にこう言った。

「見ることができる場所も、写真を撮ることができる場所も全部、アマゾンの広報に細かく指定されていて、あんなに窮屈な取材ははじめてでしたよ」

小学校や中学校が相手ならば、そうした態度は通用しても、トヨタ自動車や経産省や国交省の大臣にもそんな態度で臨むのだろうか。流れている映像だけでは何とも判断のしようがない。大臣が帰るときは、アマゾンジャパンのトップであるジャスパー・チャンが、腰を折って見送っている映像が映っていた。

昼食後、4階に戻って午後のピッキングをはじめ、3時15分から15分休憩となる。ずっしり重たくなった足を屈伸しながら、休憩室に入ると、髪を金髪に染めた30代の体格のいい男性が先にいた。窓から重たい雲を見ながら、

「雨がやみそうにありませんね」

と私から声をかけると、

「なかなかやみそうにないですね。ぼくは自転車で通っているので、雨の日は難儀するんです」

という予想外に長い返事があった。これは脈ありか、と思って世間話をつづけた。

彼が両親と一緒に住んでいる自宅はセンターから自転車で20分ほどのところにあり、雨の日は合羽を着て自転車に乗る。働きはじめたのは、小田原センターの立ち上げと同時とのことなので、4年間働いていることになる。

オレンジ色に黄色の縦縞が入ったビブスを着ているので、どんな意味だろうと思って訊くと、片手で引けるハンディー・パレットにトートなどを積んで必要な場所に運んだりするフィールド・コントロールという役目だから着ているのだ、という。4年間働いて時給は950円からこの10月に

970円に上がったばかりだという彼に、新入りのアルバイトの時給が1500円というのはどうですか、と振ってみる。

「いやぁ、仕方ないんじゃないですか。それもこの2、3カ月だけのことなので……」

と投げやりな答えが返ってきた。どうしようもないと言えば、どうしようもないことではあるが、このようなアルバイトの冷めた姿勢は、以前に潜入したときと変わらないなぁ、と思った。中には《5ちゃんねる》に不平不満の声を書き込むアルバイトもいるが、多くのアルバイトは、アマゾンの物流センターに期待していない分、怒りも喜びもわかないのである。

休憩後もピッキングをつづける。

午後4時37分に、ハンディー端末にポップアップのメッセージが送られてくる。

「お疲れさまです。残業申請してくれた方、本日、実施しますのでよろしくお願いいたします」

アルバイト全員宛に送っているようだ。残業申請していない私にとっては、残り時間20分強。重りがついたような足を励ますように、5時までピッキングをつづけた。

最後に入ってきたのは箱入り飲料水のピッキング作業。箱に入ったミネラルウォーターやペットボトルのお茶、缶ビールなど。1回ごとのピッキングでトートが一杯になり、そのたびにベルトコンベヤーまで流しに行く。合計で10回は飲料水の棚とベルトコンベヤーを往復しただろうか。飲料水の重さと作業効率の悪さが、疲れを倍増させた。

この日の万歩計は、午前10時台の休憩までに6873歩で5・49キロ、お昼休憩までに1万2880歩で10・30キロ、5時に上がるときには、2万8761歩で23・00キロ。初日と比べると1日に歩いた距離が3キロほど延びている。これは、足が少し慣れてきたためなのか、それとも作業に慣れてきたためだろうか、などと1階のロッカーで考えながらメモをしていたら、長椅子の隣に座っている40代の男性が、声を抑えて携帯電話で話すのが聞こえてきた。
「ケアマネジャーの本村さんは、いらっしゃいますか。はい、川田です。明日、家に来ていただけるとのことなんですが、大勢の人が家の中に入ってくると母親がひどく怒りだすもので。……はい、すみません。ベッド搬入の方だけなら、問題ないと思います。どうぞよろしくお願いいたします」（名前はいずれも仮名）と電話を持ったまま頭を下げる。

男性は、黒のポロシャツに、黒のジーパン、黒のジャケットに、黒の靴という黒ずくめの服装。年老いた母親のために介護サービスを利用しながら、ここで働いているのだろう。果たして、ここの時給だけで介護サービスの費用は間に合うものなのか。口に出せるはずもない質問を飲み込んで、私は送迎バスに向かった。

しかし、介護が必要なのは彼の母親だけではない。

物流センターの男子トイレの個室には、「おむつを流さないでください」という張り紙があった。「おむつを流すことによって詰まりが発生！　利用できなくなることがあります。これ以上、続く場合は、やむを得ず、費用を請求することになりますのでご承知おきください」。張り紙の横には、おむつを入れる専用のゴミ箱が置いてあった。

つまり、この物流センターでは何らかの事情で大人用のおむつをしている人も、アルバイトとして働いているのだ。

見取り図まで企業秘密

10月22日（日曜日）、天気予報では、大型台風21号が接近しており、朝から雨。昼過ぎには関東も暴風雨に入る可能性がある、という。

朝の送迎バスでは、ドライバーの真後ろに座る。右隣の席には、20代後半の男性が先に座って、スマホに見入っていた。見るともなく彼のスマホの画面を見ると、数人の女子高校生が、バレエ部に入り、かっこいい長髪の男性のコーチが出てくるアニメを見ている。昔あった《アタックNo.1》のラブコメ版なのか、と思っていると、バスが出発するとすぐに、その男性は眠りこけてしまった。

バスに乗っている間、雨脚は強まった。センターに着いたとき、傘をさしているにもかかわらず、バスからセンターの入り口まで歩くだけで、スニーカーがびしょ濡れになった。

アマゾンの物流センターでの仕事が、台風などの自然災害が発生しそうだからといって、中止になったり、時間が短縮されたりすることはない。1年365日、1日24時間、作業がつづけられるのだ。8人の死者を出したこの台風21号が、関東に上陸したこの日も普段と何の変わりもなくルーティンが淡々と繰り返された。また、この日は衆議院選挙の投票日でもあった。アマゾンの社員や、下請けの会社の社員、それにアルバイトたちは、投票に行くのだろうか。それとも事前に投票を済ませたのだろうか。

朝礼前に、私は自分の休憩時間をボールペンで左手の甲に書いておく。作業に没頭して、大事な休憩時間を間違わないためである。単純作業のアルバイトにとって、休憩時間だけが唯一の楽しみなのだから、忘れるわけにはいかない。

朝礼の前に、山崎慎二（仮名）と言葉を交わす。派遣会社も、勤務時間も同じなので、これまでも何度か言葉を交わしたことがあった。身長170センチぐらいの中肉中背。クリーム色のワイシャツにスラックスというでたちは、元サラリーマンだったのだろう、と思わせる。

「毎日、家にいて女房と顔を突き合わせていてもおもしろくないんで」と、アマゾンで働いている理由を教えてくれた。年齢は70歳近くにみえるので、もう年金生活に入っていてもおかしくないように思えるのだが、午後5時以降の残業も申請しているのだという。残業はしんどくないですか、と尋ねると、「そんなに一生懸命やっていませんから」という返事。

本当か。

大丈夫か。

「あんまり無理すんなよ！」という乱暴な言葉が口から出そうになる。

朝礼では、大型の台風が接近していることも、選挙の投票日であることもまったく触れられない。朝礼担当のリーダーから、いつものように、前日の作業ミスの数や、ＰＴＧの数値、セッション率などが発表された後、リーダーの後について、みんなで声出し。

「腰を曲げないひねらない。

階段では走らない。

食事前、トイレのあとは、手洗い励行。

慌てるな、忙しい時こそ標準作業。

トートの片手運転は事故の元」

この日の私の作業は4階でのピッキングだが、《トランスファー・アウト》と書いてある。何のことかの説明はない。おそらく、アマゾンの他の物流センターに移動させる商品のピッキングのことを指しているのではないだろうか。物流業界用語でいう、〝横持ち輸送〟である。

それまでのピッキングは、1つの商品から次の商品までの距離が短かった。短い時は、同じ列で4個、5個をピッキングすることも少なくなかった。近い商品群をピッキングした方が、作業効率がいいからだ。
しかし、このトランスファー・アウトになると、一つ一つの距離が遠くなる。
ハンディー端末の画面に出てくる作業指示はこんな感じである。
注目すべきは、最初に表れる棚の数字が大きく離れていることだ。
「F342　F461
携帯&メガネスタンド」
「F405　E321
スピニングリール」
「G524　D643
ステンレスオイルポット　3L」
「G503　D123
キャンピングマット　Mサイズ」
「H226　H401
LED　ナイトライト」
このトランスファー・アウトの作業では、1つの商品をピッキングするごとに、カートをゴロゴロ押して10メートルも20メートルも移動する。また、1個だけで他のセンターに転送するときは、「トートを交換してください」という指示が出る。そのたびに、ベルトコンベヤーまで移動して、トートを流す。
ピッキング指示の効率がよかろうと、悪かろうと、私にはどうしようもないことなのだが、この非効率な作業では、通常のピッキングに比べ疲れは倍加する。

加えて、4階のFエリアからGエリアをへてHエリアへのピッキングだったのだが、このセンターのレイアウトというか、アルファベットの打ち方は不思議で、F、G、Hのエリアが順番に並んでいない。Fエリアの隣はHエリアであって、FエリアからGエリアに行くにはHを通り過ぎていく必要がある。

各階の地図を新人アルバイトに印刷して渡してくれれば、それを見ながら簡単に移動できるのだが、アルバイトは、センターに貼ってある地図を探して、自分のピッキングエリアを見つけることになっている。センターの見取り図まで、企業秘密ということなのだろう。アルバイトが全部の地図を頭に入れ、ハンディー端末の画面を見ただけで、体がすぐに反応するようになるまでには、1、2カ月はかかるのだろうか。

ようやくお昼の時間となって私は食堂に向かった。鶏の唐揚げ定食と単品サラダを頼む。鶏の唐揚げの上にカイワレが載っていると思っていたら、私が最も苦手とする青ネギであることがわかり、がっくりする。

ついてないときは、ついてないのである。

自分の新刊書をピッキング

昼食を終え、午後の作業を開始してすぐにハンディー端末の画面に、

「No more work: Unable to get job for picker」

という英語がポップアップで現れる。

アルバイトの間では、《ノーモア》と呼ばれている。

はじめて見る画面だったので何のことだろう、と思っていたら、ピッキングのアルバイトが次々と詰所に帰っていくのを見て、私もついていく。詰所には、ピッキングのアルバイトが全員帰ってきていた。システムがうまく作動しないので、作業指示が出せないということのようだ。

アルバイトは所在なげに時間をつぶす。果たして、台風が影響しているのだろうか、と勝手なことを考えるが、しかし、こういうとき、詰所にいるリーダーやスーパーバイザーからは何の説明もない。まぁ、休憩時間が追加で増えたと思うことにした。

20分ほどで、作業再開。

ピッキングに戻ると、2時39分にハンディー端末の画面にポップアップのメッセージが現われる。

「お疲れさまです。本日、残業実施します。申請された方はよろしくお願いします」

もちろん私は5時上がりである。とりあえず、ＯＫボタンを押してやり過ごす。

その10分後、再びポップアップのメッセージが現われる。

「お疲れさまです。本日の残業ですが、梱包作業との出力が合わなくなったので無しになりました。申請された方、申し訳ありません」

センターの中で何かがうまく回っていないようだ。

しかし、何がおかしいのかなど、アルバイトには知る由もない。

4時32分、再び、「No more job」のメッセージが現われる。

ラッキーと思って、詰所に戻ると、20代の男性アルバイトが隣にいたので話しかけてみた。

――ノーモアってよくあるんですか。

「多いときで、月に2、3回ありますね。原因ですか？　それは全然わかんないですね。台風の影響なのかどうかも」

話をつづけていると、藤沢にある大学の3年生で、情報処理とコンピュータについて勉強しているという。大学3年生ということは、そろそろ就職活動もはじめようかという時期である。大学の専攻からいって、アマゾンに就職したいという気持ちもあるのだろうか。

「いや、たまたま、自宅が小田原駅近くにあるので、1年以上前から、週3日のペースでバイトしているんですよ」

話を聞いて、さばさばしていておもしろい、と思ったので、その場で携帯電話の番号を交換する。アルバイトを辞めた後に取材できないか、という下心からである。

そんな雑談をしている間に、午後5時となり、その日の作業が終了した。

ロッカールームに戻って万歩計を見る。10時の休憩までに、5397歩で4・23キロ。お昼の休憩までに1万1412歩で9・12キロ。5時までに、2万6662歩で20・52キロを歩いた。2回の《ノーモア》が入ったことを考えると、歩行距離はこんなものだろう。ここでは一日の作業が終わると、ため息が連続で出るほどホッとする。できるだけ、周りに聞こえないように、ため息を何度もつく。そうすると、そのため息に疲れが溶け込んで、一緒に体の外へと出ていく感じがするのだ。

その日、エヌエス・ジャパンの担当者に電話して、その週の27日（金曜日）の勤務を最後に、アルバイトを辞めることを伝える。短い間ながら、無遅刻無欠勤であった。

最終勤務日におもしろい体験をした。

その日、発売となった『ユニクロ潜入一年』を2冊、私自身がピッキングしたのである。ヨーロッパやアメリカには、アマゾンの物流センターに潜入した記者が数多くいるのだが、自分で書いた書籍を自分でピッキングしたのは私だけでないだろうか。

アマゾンのセンターの中は一通り見たな、という気持ちと、『ユニクロ潜入』が発売となる27日以降、複数のネットメディアが私の写真入りのインタビュー記事を配信する。できるだけ早く立ち去るのが賢明だと判断した。

偶然にも、私がアルバイトとして働いている間、大手週刊誌の読者からの情報提供サイト経由で、小田原の物流センターで働いているアマゾンの正社員から、小田原の過酷な労働環境について告発をしたい、というメッセージが送られてきていた。

その人物に会うのが、27日だった。

第2章

アマゾンではたらく社員の告発

小田原物流センターでは、稼働から５年で５人のアルバイトがセンター内で死亡していた。こうした事実が報道されることはほとんどなく、死亡事故は葬り去られてきた。亡くなる直前のアルバイトたちの様子を、遺族に訊いた。

何でもかんでも隠し通そうとする

私のアマゾンでのアルバイトの最終勤務日が終わった後の夕刻、平塚駅前の個室居酒屋で西川正明（仮名）に会った。アマゾンの小田原物流センターが稼働したときから働いている古参社員だった。

席に着くとまず、西川の社員証を見せてもらった。アマゾンの正社員であることを表すブルーバッジに、顔写真が貼ってあり、名前が記してあった。私を含めたアルバイトのバッジが緑色であるのに対し、アマゾンの正社員はブルーバッジとなる。アマゾンの正社員がブルーバッジをつけるのは、世界共通だ。

私は最初に、どうして週刊誌の情報提供サイトにアマゾンを告発するメッセージを送ったのか、と尋ねた。メッセージは、Ａ４用紙で４枚分あった。アマゾンという会社は、どこもかしこも秘密主義で貫かれており、こうした内部告発をする社員は皆無に等しいことを、これまでの取材で骨身にしみて知っていたからだ。

西川は一気にこう答えた。

「ボクは、アマゾンが自分たちに都合の悪いことは何でもかんでも隠し通そうとする姿勢に嫌気がさしたんです。小田原では作業中に亡くなった人を何人も知っています。けれど、亡くなった翌日に、花瓶に入れた花を飾るだけで、ワーカーさんには何も説明しないんです。ボクが、死亡事故の後で、ワーカーさんにもちゃんと説明した方がいいんじゃないですか、と社内で言っても、みんなに話してもたいして意味がないから、といったわけのわからない理屈をつけて、説明することから逃げたことがありました。

　また、自分たちがセンター運営に関する大きなミスをしてワーカーさんに迷惑をかけても、それを謝るわけでもなく、ひたすらごまかそうとします。さらに、社員間やワーカーさんに対する、セクハラやパワハラもあります。アマゾンの秘密主義のため、こうした話が、マスコミで報道されることなく、ネットの2ちゃんねる（現在の5ちゃんねる）ですら、ほとんど見つけることができません。果たしてこれでいいのか、ボクたちは日々ワーカーさんの信頼を失っているんじゃないのか、と悶々としながら働いているんです」

　話している間でも、居酒屋の店員が引き戸を開けて注文を取りにくるたび、西川がピタリと口を閉じる。誰かに聞かれるかもしれないという警戒心を感じた。

　西川が確実に知っている範囲でも、小田原の物流センターの立ち上げの直後の13年から16年にかけて3人死亡したという。いずれも夜勤の男性で、1人はピック作業中に倒れ、20～30分間動かないでいたところを、発見されたが亡くなった。もう1人は、夜勤明けのロッカールームで倒れていた。私服に着替えた後だったので、どこの派遣会社の所属かわからず、それを調べるのに手間取ったのもあり、救急車で搬送中に亡くなったという。翌日に花瓶の花を飾ったというのはこのときのことだ。最後の人は、夜勤の勤務中に倒れて亡くなった、という。

　これはちょっと情報が古いかな、と私は思っていた。亡くなった人のことを確認しようとしても、入れ替わりの激しいアマゾンのような職場では、当時のことを正確に覚えている人は多くないのではないか、と考えていたら、次につい最近亡くなったアルバイトの話を聞いて驚いた。

　私がアマゾンで働きはじめる直前の10月上旬に亡くなっているのだ。亡くなったのは10月10日の午前9時過ぎ。50代の女性が、ストー（棚入れ）の作業中に倒れ、そのまま亡くなったという。女性の名前は内田里香（仮名）で、派遣会社の名前もわかっている。これなら、遺族までたどり着ける可能性があるな、と思いながら話を聞いていた。

次に西川が語る「ワーカーさんへの迷惑」というのは、私が働く半年前に起こった。アマゾンが現状の派遣会社経由でのアルバイトの契約を打ち切り、時給を300円近く引き上げ、アマゾンとの直接雇用に切り替えようとした。しかし、思い通りにアルバイトが集まらず、計画を打ち切ったことを指している。最後のワーカーさんへのパワハラは、体調を崩して休みがちになったアルバイトを無理やり自主退職に追い込んだことなどを意味している。

救急車が来るまでに1時間

そのなかでも重大に思えたのは、働いている最中に亡くなった人が複数いるということだ。まずは、10月10日に亡くなったという内田について取材を進めた。

複数の関係者に話を聞いた結果、内田が亡くなったのは次のような経緯だった。

内田の勤務時間は朝9時から夕方6時まで。そして、9時半ごろに、4階の物流センター内で〝Bトンボ〟と呼ばれる調達用品の置き場の近くの棚の間に内田が倒れているのが発見されたという。発見したのはピッキングのアルバイトの男性だった。その男性は、倒れた内田が発するいびきみたいな音を耳にしている。男性が、そのことをアウトバウンド（商品のピッキングから梱包・出荷までの作業）のリーダーに連絡すると、それをインバウンド（商品の納品から棚入れまでの作業）のリーダーに引き継いだ。ピッキングというのはアウトバウンドの一部で、内田の担当していたストーはインバウンドの一部だからだ。インバウンドのリーダーは、「あとは、オレがやっておきますんで」と言って引き継いだ。

ちなみに、この〝Bトンボ〟は、4階の詰所から歩いて1、2分の位置にある。

このインバウンドのリーダーは、上司のスーパーバイザーに携帯電話で連絡してから、内田が倒れている現場からいったん離れた。第一発見者のアルバイトに加え、内田が倒れていることに気づいたもう1人の男性アルバイトも、事の成り行きを見守っていると、リーダーが電話してスーパーバイザーがやってくるのに10分近くかかったという。その間、内田のいびきのような音も徐々に小さくなっていくのに気がついていた、と彼らは口をそろえる。

スーパーバイザーは、警備員と一緒に車椅子を持ってきたが、とても車椅子に乗せられる状態ではない、ということで、今度はアマゾンの社員を携帯電話で呼んだ。10人ほどのアマゾン社員とセンター内の救急隊がAED（自動体外式除細動器）を持ってやってきた。しかし、AEDによる応急措置をほどこすと、内田は吐血した。

ようやく救急車が呼ばれ、物流センターの1階に到着したのは10時30分過ぎのこと。内田が倒れてから1時間前後がたっている。その後、搬送された病院で息を引き取る。

享年59。

死亡届に記入された死因は、くも膜下出血だった。

亡くなった当日の朝、内田と言葉を交わした庄司恵子（仮名）は、こう話す。

「9時の始業前に、2階の静脈認証のコンピュータの前で顔を合わせると、おはよう、っていつも通りにあいさつしたんです。今日の作業はどこなのって、内田さんに訊かれたので、2階でストーですって言うと、私はいつもと変わらず4階のBトンボだよ、って返事があったんです。じゃあまたお昼にね、って言って別れたんです。出勤日が同じときは、いつも仲間数人で一緒にお昼を食べていましたから」

しかし、正午のお昼休憩になっても、内田が食堂に姿を現すことはなかった。庄司は仲間と、「どうしたんだろうね」、「休憩時間がずれることはめったにないんだけどね」などと話していた。

庄司が、内田が倒れたことを聞いたのは、午後5時ごろのこと。作業場所が移動となったので、配置表を見ているとき、別のアルバイトから「今朝、内田さんが倒れたのを知っている?」と言われ、はじめて内田が病院に運ばれたのを知る。内田が亡くなったのを知るのは、翌日、出勤してからのこと。アルバイト仲間が教えてくれた。

庄司はこう語る。

「びっくりしたのはもちろんのことですが、信じられない気持ちの方が大きかったですね。その日の朝、お昼を一緒に食べようね、って話していた人が突然いなくなるなんて。生まれてはじめて経験しましたが、こんな別れ方もあるんだな、って呆然としました」

冒頭の西川が嘆いたように、内田が亡くなったという事実が、物流センター内の朝礼で語られることはなかった。内田が亡くなった翌日に出勤したアルバイトはこう話す。

「朝礼では、緊急に病院に搬送された人がいるんですが、倒れたワーカーさんを発見してから病院に搬送するまでに時間がかかりすぎた、とは言っていました。けれど、誰かが亡くなったという話は一言も出てきませんでした。とはいえ、毎日顔を合わせている仲間が亡くなればすぐに伝わります。亡くなったのが内田さんであることは、彼女と面識のあった人ならほぼ全員知っていたんじゃないでしょうか」

朝礼で「搬送するまでに時間がかかった」という話が出たということを聞く前から、私が内田の亡くなった経緯を聞いていて私が繰り返し疑問に思っていたのは、なぜもっと早く救急車を呼ばなかったのか、ということである。

アルバイトは、作業場への携帯電話の持ち込みが許されていない。しかし、アルバイトでもリーダー以上となると携帯電話を持っている。内田が倒れているという報告を受けた最初のリーダーが、すぐに救急車を呼んでいれば、もしかしたら内田は助かっていたのかもしれない、との思いが憤りとともに何度も頭を駆け巡った。なぜ、電話をかける先が、スーパーバイザーやアマゾン社員である必要があったのか。

死因となった、くも膜下出血についてネットで調べると、倒れたらすぐ救急車を呼ぶことが重要だ、とあり、「できるだけ早く治療を始めると、より効果が高く、後遺症もより少なくなる」と書いてある。

死因が何であろうとも関係ない。

話は簡単である。

目の前で意識を失って倒れている人を見たら、119番に連絡する。

なぜこれができなかったのか。

私が物流センターで働いていたとき、いろいろなポスターが貼ってあったことは第1章で述べた。労働者の働きぶりを監視しているようなポスターが数多く貼られていると書いたが、それと同じぐらい多いのが健康に関するポスターだった。

トイレに貼ってある、おしっこの色で自分の健康を確認しましょう、というポスターから、機械の巻き込み事故や転落事故の最新の労災認定の国内の統計数字や、熱中症対策のために水分を補給しましょう――などなど。

アマゾンは、アルバイトの健康に大きな関心を寄せていますよ、というメッセージにも読める。

さらに、休憩室には、「倒れている人を発見したら」というポスターもあった。「発見者は、すぐ近くにいるリーダー、スーパーバイザー、アマゾン（携帯電話保持者）に連絡」、「リーダー、スーパーバイザー、アマゾンは、呼吸をしてない、返答がない（意識がない）場合は、すぐに119番通報を行う」とある。加えて、「呼吸停止10分で、蘇生可能性50％。救急車は8分で到着（全国平均）。救急車の手配と心臓蘇生法開始が救命の鍵」と書いてある。

人が倒れたら、その後の迅速な対応が、生死の分かれ目になることは、アマゾン内で情報として共有されていたわけだ。しかし、現実に内田に行われたことは、これとはまったく逆のことである。

言行不一致の理由は何なのか。

アマゾンの正社員として首都圏の物流センターで13年から16年まで働いた山本英樹（仮名）は、ポスターの文言と現実の間に横たわる大きな溝についてこう説明する。

「アマゾン社内では、物流センターでアルバイトの方が倒れたときの連絡系統というのが厳格に決まっているんです。発見者からリーダー、次にはスーパーバイザー、その次は〝アマゾニアン（アマゾン社員を指す）〟に連絡を上げていかなければなりません。そのうえで、センター内にある、安全衛生部やセンターのトップであるサイトリーダーに報告して、はじめて119番に電話して救急車を呼ぶことができるんです。

アルバイトであるリーダーやスーパーバイザーが、アマゾニアンの頭を飛び越して救急車を呼べば必ず叱責の対象となります。内田さんが倒れたという報告を受けたとき、リーダーやスーパーバイザーが考えたことは、おそらく、内田さんの生命のことより先に、アマゾニアンへ報告しなければならないのが気が重い、ということだったでしょうね。センター内で人が倒れれば、どうやって改善するかという書類を書かされるのです。内容がアマゾンの気に入らなければ、何度も突き返されます。それに、アマゾンの承諾なしに救急車を呼べば、電話した本人がつるし上げられるだけでなく、派遣会社の責任も問われます」

人命救助よりアマゾンの決めた手順を守る方が大事だというのは、にわかには信じがたい。しかし、山本はこうつづける。

「各センターが気にしているのは、怪我人や病人などの数字です。たとえば、夏になるとどこのセンターでも熱中症のアルバイトが出るのですが、各センターの安全衛生部には、何人以下に抑えるという目標が本社から降りてくるんです。私は、2度ほど、熱中症にかかったアルバイトと一緒に救急車に乗ったことがあるんですが、その間、何度も、安全衛生部の担当者から、医師から熱中症という診断は出ましたか、それともほかの理由ですか、と電話で結果を催促されたのを覚えています。彼らが気にするのはアルバイトの体調ではなく、本社に報告する書類に記載する数字だけなんです。お亡くなりになった内田さんのことは残念ですが、小田原での対応を聞いても、私は何の不思議も感じません。アマゾンの社風がよく現われているな、と思うだけです」

アマゾンからの連絡はない

内田の母親をアパートに訪ねたのは11月中旬の小春日和の午前中のことだった。

小田原市内にある団地の4階のドアの呼び鈴を押すと、80代の三橋佳代（仮名）が出てきた。内田との二人暮らしだったという部屋の間取りは2DKだった。部屋に上がると、懐かしい石油ストーブの匂いがした。

居間にある内田の仏壇に焼香をさせてもらってから、亡くなった当日の朝の様子を三橋に訊いた。

「いつも通りで、全然変わったところはありませんでした。残業があるならやってくるから、と言って家を出ていきました。体調を崩していたかですか？　それはなかったですね。いたって健康な子で、アマゾンで働いて4年ぐらいになるんですが、その間、病気で休むこともありませんでした。ただ、ちょっと歯が弱かったぐらいですかねぇ」

内田は、地元の高校を卒業後、最初は生命保険会社に勤めたが、その後、藤沢市にある家電メーカーの工場で20年以上働いた。その間に、同僚の男性と結婚。だが、夫は北陸にある実家を継ぐために単身で藤沢を離れた。10年以上前のことだ。それからは、母親と二人暮らしをしていた。内田のアマゾンでの収入は月14～15万円で、それに三橋の年金の約10万円を合わせて暮らしていた。

内田が所属したのはワールドインテックの下請けの《日本郵政スタッフ》という派遣会社で、内田は、週5、6日間、働いていた。勤務時間通りの午後6時に終わるとき、自宅に到着するのは7時半ごろ。1時間残業して7時に終わるときは、8時半ごろに帰ってきた。自宅から鴨宮駅まで市バスに乗り、鴨宮駅からアマゾンの送迎バスに乗って、物流センターまで通った。直線距離にすれば5キロ弱のところを、片道1時間以上かけ通勤していた。

内田の9月の出勤時間が書かれたタイムシートによると、8時間労働が23日。それに1時間の残業をした日が5日ある。亡くなる前月の労働時間は、189時間となる。

母親の三橋はこう語る。

「コーヒーが大好きでね、あの日も、朝食に食パンとコーヒーを飲んで出かけましたが、こんなことになるなんて、本当にびっくりしました」

内田が亡くなった当日、どのような連絡を受けたのだろう。

「娘が倒れたって、日本郵政スタッフの方から電話があったのが午前10時半ごろでした。容体を訊いたら、はっきりはわからないということだったんで、とりあえず、バスとタクシーを乗り継いで、娘が搬送された小田原市立病院まで行ったんです。到着したのは12時前でしたね。治療室に行ったら、もうダメだ、って先生に言われました。私が到着するのが間に合わなかったんですね。日本郵政の人からは、娘が職場で倒れたので、応急措置をして、急いで救急車を呼んだ、という説明を受けました」

見せてもらった死亡届には、「死亡したとき　平成29年10月10日　午前11時50分」とあり、「発病（発症）又は受傷から死亡までの期間　約3時間」と記載してあった。亡くなる3時間前にくも膜下出血を発症したということなら、9時前後に内田は倒れたことになる。

死亡届を見ながら、私が取材で聞いた話を三橋に伝えた。内田が倒れてから、複数の人間が物流センター内で電話をたらいまわしにして、救急車を呼ぶまでに1時間前後かかっていることなどを。

「そんな話は聞いてないねぇ……」

アマゾンからの連絡は一切なく、日本郵政スタッフの担当者が、9月分と、10月分の給与を持ってくるからという連絡があっただけなのだという。そのほかに受け取ったのは、香典の3万円だけ。

「娘が亡くなってから毎週1回は、お寺に行って、花を供えているんですよ。もうすぐ四十九日が来ます」と言って三橋は薄く微笑んだ。アマゾンを恨むでもなく、娘の死に悲嘆にくれるわけでもなく、その淡々とした口調が印象に残った。

その1カ月後にもう1人

内田の取材をつづけていたころ、小田原の物流センターをめぐる新たなニュースが、私の耳に飛び込んできた。

11月中旬にも、物流センター内で作業中の男性アルバイトが倒れて亡くなったのだという。内田が亡くなってから1カ月後のことだ。

ピッキングを担当する中原純子（仮名）はこう話す。

「11月18日の午後4時半ごろ4階でピッキングの作業をしていたら、ハンディー端末の画面に〝ノーモア〟の表示が出たんで、することもないんで顔見知りのワーカーさんと立ち話をしていたんです。そしたら、近くで人が倒れているっていうんで、見に行ったの。顔を見たら、冬場でも上はTシャツ一枚で作業している人だ、とわかりました。体格のいい方で奥さんと一緒に働きにきていたので、よく覚えていました。顔を合わせると、あいさつするような感じでした。

私が気づいたのが、4時40分ごろだったかな。そこにはリーダーがいて携帯電話で話していました。すると、ワールドインテックの上の人がきて、そのあとでアマゾン様が2人きたのね。『キタジマさん、キタジマさん』って倒れていた人に呼びかけるのが聞こえてきたんです。

仰向けに倒れているのが見えたので、これは危ないので、すぐに119番に電話すべきだ、って思っていたら、警備の人が来て、ＡＥＤの処置をしていました。近くにいた別のワーカーさんが、キタジマさんのハンディー端末を拾って、画面で確認すると、4時20分のピックが最後だったと言っていました。ということは、キタジマさんが倒れているのに気づくのに20分近くかかっています。周りのみんなで、倒れるときは、人目につきにくい棚の間じゃなく、通路まで出て倒れようね、って話していたんです。いやぁ、冗談じゃなく。私は5時上がりだったので、そのまま作業場を出ていったんです。1階に救急車が来たのに気づいたのは、2階の指紋認証のパソコンで退勤を押した後だったので、5時15分か20分ぐらいだったと思います」

亡くなったのは北島正人（仮名）だった。

冒頭の西川に訊くと、「同僚からは、その日のうちに、警察が来て現場検証をしたと聞いています。けれど、北島さんが亡くなったことは、ワーカーさんに朝礼や昼礼で伝えることはありませんでした。ボクは、北島さんが亡くなった数日後に、上司との面談があったんですが、そのときに、北島さんが亡くなった話を持ち出しても、救急車で運ばれたのは聞いていたけれど、亡くなったとは知らなかった、と言っていました。センター内で起こった死亡事故を知らないなんて、信じられない気持ちでした」と語った。

中原も、北島の話が朝礼などで語られることはなかった、と言う。

「仲間内で話していたんですけど、作業中に亡くなった人の話が、一切出ないなんて不自然ですよね。そうやって都合の悪いことは隠されちゃうんだなぁ、と思うと、そういう職場で働いていることが怖くなってきました」

亡くなった北島の妻の京子（仮名）に会えたのは、事故後1年以上たった翌年のクリスマス直前のことだった。忘年会の酔客でごった返す小田原駅前の居酒屋で話を聞くことができた。

「夫が亡くなった当日の朝、顔色が悪かったんで、私は、大丈夫？　会社休んだ方がいいんじゃないの、って言ったんですが、行ってくるよ、と言って、朝7時すぎに出ていきました」

と京子は述懐する。

横浜で生まれ育った正人は、中学卒業後、神奈川県下のガラス工場で20年近く働いた。その工場の経営が左前になったとき、工場を辞めた。そのころ京子と結婚する。お互い38歳のときだった。

「口下手のおとなしい人でした。人付き合いも得意ではありませんでしたが、ちょっとでも話したことのある人なら、おもしろい人だね、って言ってくれるような人でした」

結婚直後は、リーマン・ショックなどの影響もあり、派遣や日雇いの仕事をするが、どれも長くはつづかなかった。2人の生活が行き詰まり、数年間は生活保護を受けていた。

その生活保護から抜け出すことができたのは2人で一緒にアマゾンで働くようになった14年のこと。正人が雇われたのはワールドインテックだった。2人の定時の勤務時間は、午前9時から午後6時までで、週5、6日働いた。2人の合計収入は手取りで30万円前後になった。

その後、京子は上司との折り合いが悪くなり、16年にアマゾンを去り、百貨店の食品売り場でレジ打ち仕事に切り替えるが、正人はアマゾンで働きつづけた。

正人が亡くなった日、京子は百貨店でレジ打ちの仕事が入っていた。午後5時すぎの休憩時間に、携帯電話を見ると、LINEの電話に正人からの着信が、3、4件入っていた。

「具合が悪くて早退でもしたのかな、と思って電話すると、(ワールド)インテックの安全担当者が電話に出てきて、びっくりしました」

と京子は言う。

安全担当者からは、正人が勤務中に倒れて、すでに小田原市立病院に運ばれたので、すぐに病院まで駆けつけてほしい、と告げられる。

しかし、京子の所持金は2000円足らず。病院までのタクシー代が払えるのかは、心もとなかった。仕方なく、バスと電車を乗り継いで小田原駅まで行き、そこからタクシーに乗った。病院に到着したのは、6時半ごろだった。救命救急室で心臓マッサージを受けている正人を見ると、意識はないし、心電図モニターに表れる脈拍もほとんどなかった。体に触れてみると、体が冷たくなっている。

「病院の人から、心臓マッサージをつづけますか、って訊かれたので、もういいですよ、と答えたんです。それが死亡時間の午後6時44分となりました」と京子は言う。

司法解剖の結果、死因は解離性大動脈瘤破裂。

享年50。

「私は泣くこともできず、ただ茫然としていました。この人の葬儀や役所での手続きなどで、仕事を2週間ほど休まなければならない。我が家にある蓄えは4万円だけ。どうやって、この人を送り出しながら生活をしていけばいいのか、と途方に暮れました」（京子）

受け取ったのは3万円の香典だけ

この死亡事件もまた、センターで働くアルバイトには共有されなかった、と以前のアルバイト仲間から京子は聞いた。

「インテックは、ずっと隠蔽体質で、夫のことも公表しなかったみたいです。隠そうとすればするだけ、噂が広まってよくないとは思っています。夫が亡くなった同じ年に、女性が2人亡くなったという噂がアルバイトの間で囁かれていました。1人はロッカーで倒れて亡くなり、もう1人は喫煙室で倒れて亡くなった、と。真偽のほどはわかりませんが、噂に尾ひれがつくのは、インテックの隠蔽体質のせいだと思っています」

京子がワールドインテックから受け取ったのも、3万円の香典だけ。

京子は、正人の病院の治療代や葬儀にかかった費用をいまだに払うことができないでいる。2人で働いてようやく成り立っていた生活は、夫の死によって崩壊の一歩手前まで追い込まれ、京子はこのとき、月4万円の家賃を滞納して10カ月になる。身近には金銭的に助けてくれる身内もいない。

京子の話を聞きながら思い出したのは、社会活動家である湯浅誠が書いた『反貧困―「すべり台社会」からの脱出』だった。セーフティーネットが不十分な現代の日本の社会では、うっかり足をすべらせたら最後、社会の最底辺まで転げ落ちてしまう危険性があることを説いた書籍。京子自身、すでにすべり台の一番下まで転げ落ち、そこから抜け出せなくなっているようにみえた。

働いていた百貨店が閉店になり、京子はいくつかの職場を転々としたが、18年10月から派遣会社を以前と違う会社に変え、再びアマゾンの小田原物流センターでのアルバイトに戻った。正人が亡くなってから体重が20キロ以上減ったことから、以前を知る仲間から、「人相が全然変わった」と驚かれる。だが、京子自身はダイエットをしたつもりもなく、日々の生活に追われているうち、いつの間にか体重が落ちていたのだ。

夫が命を落とした職場で再度働くことに葛藤はなかったのか、と私は尋ねずにはいられなかった。

「小田原付近では仕事が少ないので、困ったときのアマゾン頼みって言われているんです。給与が日払いでもらえるのもいいところです。夫が亡くなったことへのわだかまりが全然ないと言ったらウソになりますけれど、生活のためだと割り切ることにしました。年末もお正月の三が日も働くつもりです」

そう言う京子の声にかぶさるように、隣のテーブルから、20代と思われる男性の「これから、ラーメン食いに行こう！　ラーメン！」という素っ頓狂な声が聞こえてきた。

私が小田原の物流センターで働いた後、《しんぶん赤旗》が2018年7月から、アマゾンについての連載である「資本主義の病巣　君臨するアマゾン」を掲載した。連載では、私が取材した2人以外にも、小田原の物流センターで3人が亡くなった、と書いてある。

1人目は、2013年12月29日で、夜勤の20代前半の男性。2人目は、14年3月のことで、夜勤の男性がロッカールームで倒れて亡くなった。３人目は16年6月、夜勤の男性が勤務中に緊急搬送され亡くなった、とある。この３人は、冒頭の西川が話していた夜勤の労働者の死亡事故とピタリと重なる。

同紙の取材に対し、アマゾン側は３人の死亡を認めたという。ということは、私が取材した内田と北島以外の人たちも作業中に亡くなっていたのだ。

小田原の物流センターの開設から4年で、わかっているだけでも5人が作業中に亡くなっている。センターで労働者が倒れて亡くなるまでの対処方法に、アマゾン側の落ち度はまったくなかった、と言い切れるのか。

『ジェフ・ベゾス　果てなき野望』の筆者であるブラッド・ストーンは、アマゾンと物流センターが必要とするのは、安価な労働力だと説く。

「アマゾンはソフトウェアとシステムを特に重視しているが、現実には物流システムを支える大事な要素がもうひとつある——低賃金で働く作業員だ。〈中略〉そのほとんどは実入りのいい仕事がほとんどない地域で働く非熟練労働者で、時給は10ドルから12ドルといったところである。彼らにとってアマゾンは冷酷なマスターだと言えるだろう」

直接雇用の計画中止

西川が、アマゾンのセンター運営に関し、２番目に憤っていたのは、アマゾンが派遣会社と契約しているアルバイトを直接雇用しようとして募集したが、思うように人が集まらず計画を中止したという話だ。17年1月に物流センターのトップである《サイトリーダー》が人事異動で交代になった後にはじまった。現在は、アウトバウンドもインバウンドも、ワールドインテックがアマゾンの元請けとなっているが、その当時は、アウトバウンドの元請けが日本通運で、インバウンドの元請けがワールドインテックとなっていた。それを、アウトバウンドから、これまでの元請け、下請け経由での雇用をやめて、全部アマゾンの直接雇用にしようとした。

想定していたメリットは3つあった。最初は、時給を今より高い1200円に引き上げても、元請けや下請けに払っている手数料を考えると、人件費のコストダウンになること。2つ目は、直接雇用になれば、アマゾンが作業指示の命令をアルバイトに出すことができること。法律上、派遣社員に対して作業指示が出せるのは派遣会社だけとなり、アマゾンがやれば、労働者派遣法違反となる。3つ目のメリットは、アルバイトにもアマゾンのパソコン作業をさせることで、作業効率を上げること——というものだった。

西川はこう説明する。

「日通の下で働いている200人のワーカーさんのほぼ全員が、直雇用の話に乗ってくるだろう、というのが新しいサイトリーダーの考えで、会議でもそのように発言していました。けれど、ふたを開けてみると、集まったのは40人前後にすぎませんでした。たしかに時給は950円から1200円へと大幅なアップとなりますが、労働条件が厳しすぎたので、ワーカーさんにそっぽを向かれたのです。

1週間の勤務は、4日連続勤務の3日休暇。1日の実労働時間は10時間。何曜日に働くのか、休むのかは、アマゾン側で決めるので、ワーカーさんが選ぶことはできないというのです。忙しいときには残業もあり、ワーカーさんは残業もこなさないといけない、という条件でした。時給だけを見れば、たしかに好待遇ですが、ワーカーさんの中には、家庭の事情で1日6時間しか働けない女性も少なくないんです。そうした事情を、時給が高いというだけで、変えようとしたところに無理がありました」

その当時、物流センターのいたるところに、「アマゾン地域限定正社員募集」というポスターが貼られた。アマゾン内では、アルバイトのバッジの色を緑から正社員のブルーに変えることから、〝ブルーバッジ計画〟と呼ばれた。2階の休憩所と、1階の出入り口付近には、アマゾンの人事担当者が常駐し直雇用に対する質問受付コーナーを設けた。

4階にあるアマゾンのオフィスで、連日のように説明会が開かれた。入り口では、アマゾン社員が、説明会の呼び込みを行った。普段、アルバイトが決して足を踏み入れることができないアマゾンのオフィスを説明会のために開放した。説明会場には、パンやお菓子、コーヒーやジュースなどが食べきれないほど用意されていた。机には、アマゾンのロゴが入ったノートやボールペンが準備されていた。普段のアルバイトに対する冷淡な態度とは打って変わって、至れり尽くせりの歓待ぶりだった。当初は、アルバイトに履歴書を提出させたうえで、アマゾンが人選して面接する予定だったが、人が思うように集まらないので、面接はなくなった。とりあえず頭数をそろえろ、と方針が変わった。

ピッキングを担当する田原映子（仮名）は、散々迷った挙句、アマゾンの直雇用に応募した。

「私のシフトは、午前8時から午後5時までの8時間労働で、週5日働いていました。当時の時給は950円。1日8時間でもピッキング作業をやるとへとへとになるので、1日10時間の4日連続の勤務は、体力的にきついな、と尻込みする気持ちがありました。それに、勤務日を固定されたら、用事があるときでも休めないなぁ。自由に自分のシフトを組めるのがこのアルバイトの数少ない魅力だったのに、それもなくなるのか、と。

けれど、週40時間働いたとすると、950円なら15万円強の手取りが、1200円なら19万円強に増えるんです。年間にすると、50万円ほどの収入増になります。最後はその金額の大きさに惹かれて、締め切りぎりぎりに履歴書を出しました」

17年3月半ばのことである。

しかし、その直後、センター内では、ブルーバッジ計画が頓挫《とんざ》したという噂が流れた。「履歴書が返却されてきた」という同僚の話が聞こえてきた。契約していた派遣会社に尋ねると、田原の元にも郵送で履歴書が返却された。

小田原のサイトリーダーだった田中康弘の名前で送られてきた「履歴書の返却ならびに履歴書作成等の補償食券の配布」という書面の内容は以下のようなものだった。

「先日は、弊社小田原FCの正社員募集に応募いただきありがとうございました。既に各所属会社様よりご案内があったかも知れませんが、この度、当初予定していた正社員採用計画を見送らせていただくことに致しました。お忙しい中、説明会にお越しいただいたにも関わらず、大変申し訳ございません。既に履歴書をご提出いただいた方につきましては、本書に同封し、返却させていただきます」

履歴書と一緒に、封筒には1カ月間食堂で使える350円の食券が3枚入っていた。

「心底がっかりしました」と田原は語る。「やっぱり私たちワーカーのことは大切に考えてないんだ、アマゾン様の都合が優先なんだ、って思いました。食券3枚渡して、全部なしにするなんて、バカにしてますよね」

私はそれを聞きながら、こんな仕打ちを受けた話をするときでも「アマゾン様」と尊称をつけて呼んでしまうことに、アマゾンでアルバイトとして働く悲哀を感じていた。

これからもアマゾンで働きつづけるのですか、という私の質問に対し、「自分たちの仕事は働きアリと同じと割り切ってやっています。職場に、愛情や愛着はありません。ほかにいい条件の働き口があれば、いつでも移りますよ」と田原は言う。

アマゾンの直雇用計画のせいで、一番割を食ったのは、それまでアウトバウンドを仕切ってきた日本通運である。売上高では日本最大手の物流企業であり、アマゾンとは、2000年の日本上陸時に、市川塩浜に最初の物流センターを作ったときからの付き合いである。

アマゾンは当初、日本通運との契約を打ち切る予定だったが、正社員計画の失敗により、再び、日本通運との契約を結びなおそうとした。しかし、アマゾンの気紛れなセンター運営に嫌気がさしたのか、日本通運の方から契約の延長を断って撤退した。2017年4月のことである。アマゾンは仕方なく、それまでインバウンドを専門に仕切ってきたワールドインテックに、アウトバウンドを仕切る仕事も任せるようになった。その後、私がピッキングというアウトバウンドの仕事で働きはじめたときの元請けの派遣会社が、ワールドインテックだったのはこのためである。

無理やり自主退職させられた

小田原の物流センターの問題として最後に取り上げるのは、無理やり〝自主退職〟させられたアルバイトの話である。

20代の田所美帆（仮名）は、15年の年末から小田原で働きだした。ワールドインテックの所属だった。はじめは順調に職場になれていったが、徐々に、センター内での人間関係や上司との付き合いが、うまくいかず、行き詰まりを感じるようになった。強引に自分の都合よく仕事を進めようとする同僚に振り回され、また上司からは達成不可能なノルマを課せられた。

田所は次第に体調を崩すようになり、病院に行くと、うつ病と診断された。それ以降、欠勤する日が多くなった。

2017年10月下旬、ワールドインテックの男性の担当者から呼び出され、欠勤が多い理由を問い詰められた。

田所はこう語る。

「私は同僚の名前や彼らのわがままな仕事ぶりを説明し、私がどれだけ息苦しく感じているかを説明しましたが、ほとんどわかってもらえませんでした。いつの間にか、私と私の家族との間の問題に話がすり替えられて、そのことを誓約書に書かされました」

派遣会社の担当者が口述する通りに書かされた田所の手書きの誓約書には、「家族とのトラブルによる精神的なストレスと体調不良で、病院に通っていますが、トラブルが解決しないで、ずるずると自分を甘やかしてしまっていました」や「自分が出勤すると言った以上、必ず出勤し、欠勤する場合には、必ず前日連絡します」とある。「必ず前日連絡します」の箇所には、担当者の文字で、「前日が休みの場合は、15時までに連絡。勤務の場合は、退勤の18時に必ず伝える」と書き加えてある。さらに、「一・就業するにあたり、10月27日~11月10日の期間において、遅刻、早退、欠勤を致しません。二・上記が守られなかった場合、自身より退職いたします」とある。

その自筆の誓約書を読みながら私は、中国共産党が引き起こした文化大革命に出てくる反省文や、推理小説に出てくる警官が無実の容疑者に無理やり自白させて作られた調書に似た陰湿さを感じた。

田所は誓約書に書かれた期間を、シフト表通りに勤務した。しかし、12月になり再び体調を崩した彼女は、当日に電話連絡を入れて欠勤した。すると数日後、先の担当者から、「今日づけで退職してもらいますので、退職届を書きにきてください」という電話がかかってきた。

まだ働く意欲があることを意思表示する田所に対し、担当者はこう話している。

「何のために前回、面談したんだっけ。身体不調で休むともう後がないよね、ということだよね。要は、口頭じゃなく、書面で約束したんだよね。そこのところは、どう考えているの？」

田所が、契約書に書いてある期間中は休まず働いていたにもかかわらず、12月に入って休んだことで、即退職となることは法的に通用するのか、と訊くと、

「通用するよ。誓約書に自分で何て書いてあるの？　欠勤や早退について、自分で守れなかったら、自分で退職するって書いてあるよね。今までは、担当の僕が田所さんをかばってきたところもあるんだけれど、これ以上は会社でも難しいと判断したんだ。というか、逆に、どうしてまだ働きたいって、田所さんが言えるのかが、僕には不思議だよ」

田所がどの種類の退職にあたるのかと尋ねた。

「私って懲戒解雇ってことになるんですか？」と。

「うーん……。それも自分でわかってないんだよね。なんでわからないの？　なんで自分で書いた文面が読めないの？　勤怠不良だから、自主的に辞めることになるんでしょう」（担当者）

会話が録音された音源を聞きながら、ひどい話だな、と私は思った。派遣会社のやりたい放題である。労働法については素人である私が聞いても、不当解雇にあたる可能性がきわめて高いことがわかるほどお粗末なやり取りである。

ネットで調べると、東京労働局の発行するパンフレットを見つけた。「解雇のルールを確認しましょう」として、「（雇用主は）解雇事由を明示しなければなりません」とあり、次に「解雇権の濫用による解雇は無効です」とある。

そこには、「『体調が悪く連絡できないまま無断欠勤をした』といったやむを得ない理由があった〈中略〉だけで解雇することはできません」と明記してある。まさに、田所はこれに当てはまる。

さらに懲戒解雇ではないのなら、企業は、労働者に30日前に解雇を告げるか、あるいは、30日分の解雇予告手当を払う必要がある、と書いてある。この解雇予告手当は、私が前著『ユニクロ潜入一年』を書いたとき、潜入取材がユニクロの知るところとなり、急遽、解雇されたとき、私自身が受け取っていたので実体験としても知っている。

田所が約1カ月後、ワールドインテック宛に「退職勧奨の拒否等に関する通知書」という書面を送ると、すぐに返事があった。同社の小田原事務所の所長である岩田和也の名前でこう書いてあった。日付は、平成30年2月1日。

「貴方より会社宛にお送り頂きました平成30年1月27日付の通知を拝見しました。会社は、同通知内容につき事実関係を調査しました結果、解雇予告手当相当額をお支払いさせて頂くことに決定いたしましたので、ご通知申し上げます。お支払いにつきましては、あなたの平均賃金の30日分、金152、460円を平成30年2月15日までに貴方の給与振込口座へ入金いたしますのでご確認ください」

解雇予告手当を支払うということは、田所の担当者が強引に押し切ろうとした自主退職というやり方は間違っており、解雇権の濫用にあたることを自ら認めたようなものである。

「それがどうした！」

アマゾンの物流センターにおいて、田所のような不当解雇が、ほかに一件もなかったとは考えづらい。派遣会社は、労働者が労働法などに精通していないことを逆手にとって、似たようなやり方で、これまでも労働者を解雇してきたのではないか、という疑問が残る。彼女の例は氷山の一角に過ぎないと考える方が自然であろう。いったいこれまでアマゾンの物流センターで何件の不当解雇が行われてきたのかは、知る由もない。

17年に起こった2件の死亡事故と田所の不当解雇について、私はワールドインテックに見解を求めた。

私が19年6月2日、ワールドインテックのアマゾンの小田原事務所に電話すると、30代と思われる男性が、こちらの説明を面倒くさそうに聞き、わずか10分足らずの会話の間に、何度もため息をついた。こちらの質問に、「そういうのは、こちらからはお答えできませんよ」や、貴社で労働していたアルバイトの死亡事故が起こってますよね、という私の問いに、「それがどうした!」という答えが返ってきた。

私は、会社登記簿に記してある同社の会長である伊井田栄吉の住所に、電話でのやり取りも書いたうえで、書面にて2件の死亡事故と不当解雇に対する見解を求める手紙を書留で送った。

その数日後、同社の小田原事務所の担当者からメールで次のような返信があった。

「先日6/3(月)に頂きましたお手紙の件につきまして、ご返答いたします。『アマゾンの小田原のフルフィルメントセンターでの事案について』頂戴しました3点のご質問につきましては、当社としてはいずれも個人情報であるため詳細については申し上げることが出来ません。今後、本事案に関する取材につきましては、アマゾンジャパン合同会社広報部までご連絡いただけますようお願い致します」

個人情報を守ることを口実に返答をしないというのは、愚の骨頂である。

私は、彼らが守ろうという個人や、鬼籍に入った個人の家族から直接情報を得ているのであり、彼らの言う「個人情報であるため」というのは言い訳にもなっていない。個人情報を盾に彼らが守りたいのは、会社の体面や評判ではないのか。

次に、アマゾンジャパンのパブリックリレーションズに、ワールドインテックに尋ねた3点に加え、その前に起こった3件の死亡事故についてと、加えて、アマゾンジャパン創業以来、物流センターで作業中や作業の前後にセンター内で亡くなった人は何人いるのかなど20項目以上にわたる質問を送った。

アマゾンジャパンのPRマネージャーである今井久美子からは、次のような返信がきた。

「ご依頼内容につき検討させていただきましたが、弊社といたしましては、横田様の今回の取材企画を進める上でのご質問内容につきまして、具体的な回答を差し控えさせていただきたく存じます」

いつものごとく、木で鼻を括ったようなアマゾンジャパンの対応だ。小田原の物流センターで少なくとも5人もアルバイトが亡くなっていることについて、どう思っているのかすらわからない。

ホワイトカラーも過酷な労働環境

物流センターの労働者、ブルーカラーがひどい扱いを受けているのはわかった。ならば、アマゾンの正社員や本社勤務といったホワイトカラーとなれば、バラ色の労働環境が待っているのかといえば決してそんなことはない。アマゾンのホワイトカラーには、物流センターの労働者以上に過酷な労働環境が待ち受けていることもある。

現在、6000人以上の正社員が働くアマゾンジャパンで、13年から数年間、正社員として働いた高田豊（仮名）は、上司のパワハラによって自殺寸前まで追い込まれた経験がある。

入社して1年後、首都圏の物流センターに勤務していた高田の担当が突然、アウトバウンドからインバウンドに切り替わった。アメリカ本社の指示で、それまでは派遣会社が仕切っていたインバウンドを、アマゾンが仕切ることになった。いきなり仕事内容が変わったことで、高田は戸惑った。何のトレーニングもなく、引継ぎ資料もない。

上司に教えを乞うと、

「甘ったれたことを言うな。自分でやれ」

「オレに教えてほしかったら、家庭教師代を払え」

といった暴言が返ってきた。

何かのヒントになるのではと、自分から現場に入って、作業全般を学ぼうとすると、

「そんなことはアルバイトがやることだ！」

と同じ上司にこき下ろされる。

その後、2カ月にわたり、高田は始発に乗り、帰りは終電に乗って職場に通う日々がつづいた。それでも上司から、どうしたら業務効率が改善するかという計画案を提出しろ、と要求された。進退窮まった高田は、再び上司に教えを乞うた。

なんでもやりますから、どうしたらいいのか教えてください、と。

上司は、「なんでもするというのなら、このビルの屋上から飛び降りろ」と言い放った。「アマゾンでは毎年、人事評価でパフォーマンスの下位10％から20％は、首を切られることになるんだ。お前もそこに含まれているんだ」とその上司はつづけた。

これと酷似した話が、『ジェフ・ベゾス　果てなき野望』にも出てくる。ストーンは、こう書く。

「50人以上の部署をたばねるマネジャーは、一定のカーブで部下を並べ、成果を一番挙げられてない社員をクビにしなければならない。アマゾン社員は常に評価され、処分の恐怖にさらされているのだ。高い評価結果をもらうと、皆、とてもびっくりする。上司にほめられることはめったになく、今日はクビになるか明日はクビになるかと思いながら仕事をする人が多いからだ」

どんな職場であれ、毎年、一定の割合の従業員が能力が低いことを理由に首を切られるとすれば、その職場はどれだけぎすぎすした雰囲気となるだろう。

高田はその後、食欲もなくし、眠ることもできなくなった。

毎朝の出勤時、「このまま電車に飛び込んだら楽になれる。けれど、俺が死んだら残された家族が困るなぁ。それとも生命保険でなんとか暮らしていけるのかな」と何度も自問自答した。

病院に行くと、うつ病と診断され、2カ月会社を休んだ。

しかし、休職後も、上司のパワハラは止まらなかった。高田が業務効率化の計画案を作ることを告げても、「お前には絶対無理」と上司から言われた。何度、計画案を提出しても、そのすべてが突き返された。

上司との一対一の面談がつづき、袋小路に陥ったように感じた高田が本社の人事部と産業医に相談すると、「現状では高田さんを健常者として雇用できない。障害者としての雇用になる」と言われた。給与は半分か3分の1に減額され、職階も2、3段階落ちる、という。

高田は再度の休職後、ようやく別の部署に異動することができた。しかし、前任の上司が下した人事考課が低かったことがたたり、異動先でも業務改善案の提出を執拗に求められた。改善しなければ、降格や退職になるという。これは、社内で悪評高い《PIP（Performance Improvement Plan

＝業務改善計画）》だ、と思った高田は、すぐに東京管理職ユニオンに加入した。

アマゾンジャパンの正社員が複数名加入した《アマゾンジャパン労働組合》が東京管理職ユニオンの中にできたのは15年11月のこと。それから、2年ほど活動をつづけ、現在は休眠状態にある。私が組合員たちの話を聞いたのは16年のことだった。

アマゾンジャパンで働く大村達志（仮名）の場合、入社半年あたりから〝ど詰めのミーティング〟がはじまった。研修を受けることもなく仕事がはじまったにもかかわらず、職場での実績や生産性の低さが上司から問題視された。上司とは、一対一で会議室という密室で話し合う。話し合うというより、上司が一方的に怒鳴り、大村を威嚇した。

大村の実績が上がったら、「たまたまか」とけなされ、うまく計画が立てられないときは「出たとこ勝負か」と揚げ足を取られた。大村が事情を説明しようとすると、「謙虚じゃない、素直じゃない」と責め立てられた。

アマゾンには14項目の《リーダーシップ理念》というのがあり、上司の判断を仰げば、〝Ownership（「それは私の仕事ではありません」とは決して口にしません）〟という項目を挙げ「リーダーシップに欠ける」と批判され、自らの意見を述べると、〝Vocally Self Critical（自分の欠点や間違いを率直に認めます）〟を使い、「自己批判ができてない」とやり込められる。（筆者注・この14項目の理念は、毎年のように少しずつ文言が変わっており、現在、〝Vocally Self Critical〟という項目はなくなっており、代わりに〝Bias for Action〟＝「行動あるのみ」が、リストに入っている）

大村はこう語る。

「アマゾンの掲げるリーダーシップ理念は、非常にあいまいで、どうにでも取れるような単語や短い文章の集まりです。上司は、気に入らない部下を相手に、社内の理念を恣意的に使って、辞めさせるように追い込もうとするのです。僕の上司はその典型的な例でした」

辞めざるを得ないような状況

窮地に陥った大村に、異動の話が持ち上がった。

これで救われるかもしれない、と思い、わらにも縋《すが》る気持ちで新しい現場を見学に行くと、大村の作業内容には、アルバイトがやるような単純作業に「∞＝無限大」のマークがついているのを見て意気消沈した。ここでもまたパワハラの標的になりそうな危険を感じた。

その不安を上司に伝えると、「辞めてくれ」と退職勧奨を受けた。大村が断ると、「《ＰＩＰ》に入ってもらいます」と言い渡された。目標値が達成できないと、降級・降格・解雇などの是正措置が取られることもあると知り、恐ろしくなった大村は、書類にサインをせず東京管理職ユニオンに駆け込んだ。

東京管理職ユニオンでは、150項目にわたる質問をアマゾンジャパンに投げかけ、徹底的に争った。《ＰＩＰ》に関して本人と同意があったのか、《ＰＩＰ》で挙げられている項目に合理性はあるのか、その評価は事実に即したものなのか——など質問は細部にわたった。何度目かの団体交渉の末、和解協定書を結ぶに至り、大村の別の部署への異動が決まった。

東京管理職ユニオンの執行委員長である鈴木剛は、これまで数多くの現役アマゾン社員の労働相談に耳を傾けてきた。

「通常、上司が部下に仕事を教えるのは当たり前です。だけど、アマゾンの労務管理の思想というのは、もともとアマゾンに入社してくる労働者は最初から完全で、即戦力じゃないといけない、というもの。上司が指導しなければならないということは、会社に損害を与えたことと同じなので、処罰の対象になるというものです。その方法が、《ＰＩＰ》なのです。

《ＰＩＰ》は、とても達成不可能な高い目標を立てさせ、それが達成できないと自主退職を迫るというものです。まったくの茶番です。アマゾンとしては、不法行為にあたる退職強要は行っていない。配置転換と業務命令を組み合わせて、辞めざるを得ないような状況を作るのが特徴です。多くの労働者は、退職勧奨の前に、心が折れて去っていくんです。だけど、日本の労働法令からいえば、アマゾンの就業規則自体が違法の疑いもあります」と鈴木は語る。

本国アメリカのアマゾンの正社員の労働環境については、長い間、アマゾンが社員に結ばせる守秘義務契約が壁となり、これまで分厚いベールに包まれてきた。そこに風穴を開けたのが、《ニューヨーク・タイムズ紙》が15年8月に放った、「アマゾンの内幕：残酷な職場で壮大な事業計画と格闘する（〝Inside Amazon: Wrestling Big Ideas in a Bruising Workplace〟）」という長文の調査報道だった。１００人以上のアマゾンの現役・元社員に取材して書かれたこの記事によって、アマゾンのホワイトカラーの過酷な労働環境が白日の下にさらされた。

記事の中では、同社の出版部門で2年間働いた男性が「ほとんどの同僚が、デスクで泣いているのを見たことがある」と証言している。キンドル部門で働いた女性は、「もし週80時間働くことができないなら、それはアマゾンでは弱点とみなされる」と語っている。また、5年間働いた男性は、「ライフワークバランスについていえば、仕事が1番、私生活が2番、そのバランスを取るのは3番目になる」と話す。

さらに、双子の赤ちゃんを流産した女性が、手術の翌日に出張を命じられたという逸話も紹介されている。上司は彼女に向かって、「申し訳ないが、君にやってもらわなければならない仕事があるんだ。もし君が家庭を持ちたいのなら、この職場が君にふさわしいとは思えない」と言い放った。

先の《PIP》については、「もうすぐ首になりそうだ」というアマゾン社内の暗号のようなものだと紹介してある。


ベゾスは、ニューヨーク・タイムズ紙の記事に対し、アマゾン社内のメールで、

「（記事は）私が知っているアマゾン、あるいは私が一緒に働いている献身的な〝アマゾニアンたち〟を記述したものではありません。もし、報道されたようなことを知っていたら、人事部に報告してほしいし、あるいは、私のメールアドレスであるjeff@amazon.comに直接連絡してもらいたいのです」と主張し、「この記事は、例外的なエピソードの紹介を超えた過剰なものです。われわれが意図的に取り組んでいることについて、何の楽しみもなく、笑い声も一切聞こえないような、無情な暗黒の職場をつくり出していると主張しています。私はこのようにアマゾンという職場を認識していませんし、皆さんもそうであることを強く望んでいます〈中略〉本当にニューヨーク・タイムズ紙に述べられているような会社で働きつづけるのは、正気の沙汰ではないと確信しています。私ならそんな会社は辞めるでしょう」

と反論している。


しかし、その翌年にも、《PIP》をめぐる悲劇が起こっている。

シアトルのアマゾン本社で働く男性が16年11月下旬、本社ビルの12階から飛び降り自殺を図った。幸いにも一命を取り留めるが、男性は飛び降りる前に、数百人の同僚らに一斉にメールを送っていた。


男性は、そのメールで、異動願を出したが、その希望は受け入れられず、代わりに《PIP》に入れられたので、過度なストレスを抱えることになった、とアマゾンを批判している。メールの宛

先には、ベゾスのアドレスも入っていた（「ブルームバーグニュース」16年11月29日付）。（筆者注・記事では〝employee improvement plan〟と表記されているが、その直後の「業績の改善がみられない場合、馘首につながる」という記述から、筆者が《ＰＩＰ》のことだと判断した）

ワークライフバランスなどうそっぱち

アマゾン本社の苛烈な労働環境が語られるのは、ニューヨーク・タイムズ紙の記事が最初ではない。

ベゾス自身も「読んだ」と言い、一定の評価を与えている『ジェフ・ベゾス　果てなき野望』によれば、著者のストーンは、アマゾンを辞めてグーグルに移ったあるエンジニアが、「アマゾンについては、ゲロを吐かずに当時のことを書けるかどうか自信がない」という文章をネット上で公開している。また、ベゾスの意見に異を唱えた社員が、ベゾスに「オレの人生を無駄使いするとはど・・・・・・・・・・・・・ういう了見だ？」とすごまれた、という。

さらに、採用面接で「ワークライフバランスを重視すると口を滑らせた候補者は、それだけで落とした」。では、何と言えば、面接を合格できるのだろう。ワークライフハーモニーである。同書に幹部社員はこう話している。「ジェフは、ワークライフバランスなどうそっぱちだと思っていました。彼が信じたのはワークライフハーモニー。やろうと思えばすべてを一度にできる、とでも言いたかったのではないでしょうか」。

数々のエピソードを紹介したうえで、ストーンは「アマゾン社内では、いま、スティーブ・ジョブズやビル・ゲイツ、ラリー・エリソンなどと同じようにベゾスも共感の能力が一部欠けていて、だから貢献度を考慮することなく消耗品のように社員を扱えるのではないかと言われている」と述べる。さらに、ストーンは「ベゾスはボロぞうきんになるほど部下をこき使うし、社畜なら得られるはずの特典はほとんど与えない」とも書く。

さらにさかのぼって、創業して数年後の99年には、現在はベゾスが社主を務める《ワシントン・ポスト紙》も「アマゾンの職場は笑顔ばかりじゃない（〝Not All Smiles Inside Amazon〟）」という見出しで、労働者の人間性が軽視され、生産性ばかりが重視されている様子を描いている。アマゾンがまだ、ネット書店だった時代の話である。

カスタマー・サービス部門で働いていた男性は、電話口で、南北戦争時代のおもしろいフィクションを読みたい、という顧客からの問い合わせに、有名作家が書いた『リンカーン』はどうですか」と勧めた。しかし、その後、上司から叱責される。彼がその顧客と無駄話をしていたというのである。

その直後にアマゾンを去った彼はこう語る。

「お客さんは本を買うのに、親切な案内を求めているのに、上司は、まるでファストフードでも売るようにやれって言うんです」

eメールでの顧客対応を担当していた20代の別の男性は、「ここはすべて、何通のメールに返信を書いたかで評価が決まるんです」と話している。

1時間で12通ならトップクラスの労働者となり、1時間で7・5通以下なら生産性の低い労働者とみなされ、馘首の対象ともなる。この男性は、メールの返事の数がアマゾンの基準を満たすことができず首にされた。

記事には、軍隊式で動くアマゾンの組織を「毛沢東が率いる中国共産党のようだ」とたとえる現役社員も出てくる。カスタマー・サービス部門の部長だった女性は、「仕事を猛スピードでこなせない人には、ここはつらい職場となるわ。心地よい職場で働きたい人には、アマゾンは向いていないわよね」と語っている。

要するに、アマゾンで働くということは、末端の物流センターのアルバイトであれ、カスタマー・サービス部門であれ、ベゾスの近くで働くような高い立場であれ、いずれの場合でも心休まるときがないことを意味している。

第3章

宅配ドライバーは二度ベルを鳴らす

ヤマト運輸による多額の未払いサービス残業代が発覚した17年以降、アマゾンは配送戦略を変えざるを得なくなった。私はヤマトと《デリバリープロバイダ》と呼ばれる中小業者の助手席に乗り、ドライバーの話を聞いた。

ヤマトのサービス残業問題

17年12月中旬の朝9時。

首都圏にあるコンビニの前でヤマト運輸のセールスドライバーと待ち合わせた。

この日の天候は晴れ。天気予報によると、最高気温は10℃まで上がるとのこと。12月にしては暖かい1日となりそうだ。

近くの宅急便センターで午前中の荷物を積み込んできた小谷厚司（仮名）が運転する集配車両が、9時少し前にコンビニに現れた。

「おはようございます。今日はよろしくお願いします」

と私があいさつした。

荷台の積み荷を見せてもらうと、15個以上あるアマゾンの箱や、ＺＯＺＯＴＯＷＮやジャパネットたかた、北の味覚やショップジャパンなどの通販の箱に加え、炭酸水やウーロン茶などの重量物も交じっていた。この日の午前、持ち出した荷物111個のうち、アマゾンの割合は1割強だった。加えて、車両の左右についた冷蔵庫と冷凍庫にもクール宅急便の荷物が積んであった。

「12月にしては、多くない荷物量ですね。お歳暮の配達がはじまる12月1日、2日には、朝200個以上を積んで、出発することも少なくありませんから」

と小谷は笑う。

「今は、労働時間の管理がうるさくなって、朝8時半すぎにならないと、作業用の端末を立ち上げてはいけなくなったんです。端末で打ち込めないので、とりあえずその前に、荷物を積み込むだけ積み込んで、時間になったら、端末で荷物のバーコードを打ち込むようにしています。本当は、7時半には端末が使えるようにしてほしいんです。そうすれば、8時には出発できて、午前中の配達に時間の余裕ができますし、終わりの時間も早くなります。ドライバーの本音は、早く出てきて、早く帰りたいんですけれど、働き方改革がはじまってから、会社の時間管理は厳しくなって、その分、仕事がやりにくくなってきました」

宅配便のドライバーの1日のスケジュールを簡単に説明すると、まずは午前中に1回目の配達を行う。午後からは2回目の配達と同時に、コンビニや薬局などの集荷所から荷物を集めてくる。夕方から、3回目の配達に回る。それを1便、2便、3便と呼ぶ。ドライバーは1日、同じコースを3度回って、配達と集荷を行うのである。

宅配ドライバーが顧客に届けることを、業界ではラストワンマイルと呼び、アマゾンをはじめとする各通販企業は顧客との唯一の接点として重要視している。ラストワンマイルで時間に遅れたり、荷物が破損したり、荷物が行方不明になったりしたら、それまでのおぜん立てはすべて水の泡となる。

ヤマト運輸で、約230億円の未払い残業代の問題が発覚して、そのブラックな企業体質が広く世に知れ渡ったのは17年春のこと。その前段には、16年に、同社の神奈川県下の支店が、残業代の未払いなどによる労働基準法違反で、労基署から是正勧告を受けていたことがある。さらにその支店の元ドライバー2人が、ヤマト運輸に対し、未払い賃金の支払いを求める労働審判を起こしたことがあった。

サービス残業問題が発覚した際、ヤマト運輸は、アマゾンを中心とする通販荷物の激増で、現場に負荷がかかりすぎていたことを認め、受け入れ荷物の数量を抑制する総量規制と、それまで20年近くにわたって下落傾向にあった運賃の値上げ交渉、さらにドライバーの人員増員などを主軸とする改革案を打ち出した。

小谷が、未払いのサービス残業代として受け取ったのは40万円台。

「サービス残業代を正直に全部申告したら、倍の80万円にはなっていたでしょう。だけど、そんな高額を請求すれば、すぐに支店長に目をつけられて、最悪、別の支店に飛ばされることもあります。辞めるつもりの人じゃないと、全額は請求できなかったと思いますよ。だから、みんなが全部請求していたら、総額は200億円台じゃ利かなかったんじゃないですか」と小谷は言う。

その後、多くの荷主がヤマト運輸から強引な運賃の値上げを迫られ、〝ヤマトショック〟と呼ばれた。

運賃を従来の2倍に値上げする、とヤマトから一方的に通告された、あるケーキ店のオーナーは「もう、やっていけないよ」と雑誌の取材に答えている（「週刊ダイヤモンド」2018年5月26日号）。

〝ヤマトショック〟の裏側にあったのは、アマゾン発の個人宅向けの荷物だ。その個数は、業界トップであるヤマト運輸の総取扱個数である18億個のうち、3・5億個ともいわれた。個数の多さ以上に問題だったのは、その安い運賃だ。1個当たり280円といわれ、どれだけ運んでも利益が出ない低水準の運賃だった。そのため、ドライバーの増員や委託のドライバーと契約することもできず、そのしわ寄せが、ドライバーのサービス残業となって表面化した格好だ。

「あれ以来、本社はマスコミに対し、カッコのいいことを言っていますが、現場のしんどさは、ほとんど変わっていません」と小谷は言い切る。「上からは、残業はするな、休憩時間は取れ、委託のドライバーは使うな、そうして短くなった労働時間を埋め合わせるために生産性を上げろ――ですから。結局、僕らのようなフルタイムのドライバーを増やして、営業所に増員しない限り、忙しい現実は変わらないのに、ドライバーの数は増やさず、表面だけを取り繕おうとするから、余計にややこしくなっている気がします」

小谷が10年以上担当している配送エリアは、民家や団地がほとんど。企業などの法人顧客はほとんどない。ということは、1軒に1個ずつ運んでいくしかない。

「僕の手にするインセンティブ給の額は、月に多くても6万円ですかね」

と小谷は苦笑いを浮かべながら教えてくれた。

ヤマト運輸のセールスドライバーの給与は、大きく分けて、基本給とインセンティブ給と呼ばれる運んだ個数に応じて支払われる能力給、それに残業代の3本柱から成り立っている。このほかにもいくつか手当はあるのだが、先の3つで全体の7～8割を占める。

ヤマトのドライバーの給与額にとって、大きな変動要因になるのはインセンティブ給である。もし、法人顧客の多い東京の丸の内のオフィス街が担当エリアなら、1カ所で10個以上の荷物を降ろすことも少なくない。そうなると、午前中だけで、200個どころか、300個の配達も可能になる。そうすれば、インセンティブ給が最大で20万円前後に跳ね上がる。

小谷を含めたヤマトのドライバーが口をそろえる理想の配送エリアは、品川区の海側にある大井埠頭の倉庫街だ。配送先が倉庫であるため、1軒の配達で数十個の荷物を降ろすこともある。こんな効率のいい配達はない。しかし、ドライバーに配達エリアを選ぶ権利はない。しかも、個人宅発個人宅着の荷物を基盤にして作られたヤマト運輸の宅急便のネットワークにおいては、小谷のような住宅地を担当するドライバーが多数を占める。この社内間の格差が、ヤマト運輸のドライバーの大きな不満の原因となっている。

正直言って勘弁してほしい

小谷がこの日、最初に運んだのは、冷蔵庫に積んでいた食材の入った段ボール4個。台車に積んで運んで行った。届け先は在宅しており、無事4個が《配完》となる。端末には、上から、《持出《もちだし》》、《配完《はいかん》》、《持戻《もちもどり》》、《受引渡《うけひきわたし》》――とあって、最後に《残《ざん》》がある。

持出111個で、完配が4個なら、残は107個である。

しばらく走ると、フォルクスワーゲンの赤いビートルが正面から走ってきて、小谷の集配車とすれ違いそうになる。その手前で、小谷が窓を開けて叫ぶ。

「○×さん、今日はクール宅急便のお届けがあるんですが、どうしましょう」

車を停めた50代の男性は、「じゃぁ、ここでもらっちゃいますよ」と言って、その場で3個の荷物を受け取る。

「あぁ、カニかぁ。これだけ多いと、いったん家に帰ります。タイミングよく小谷さんに会えてよかった」

それを見て、私はすごいなぁ、と感心した。

10年も同じエリアを配達していれば、配達先とは顔なじみにもなるだろう。私だって、家に荷物を運んでくれるヤマトや佐川急便のドライバーの顔は覚えている。しかし、今日運ぶ荷物と、運ぶ先まですべて頭に入っているとは恐れ入った。そう小谷に告げると、

「いやいや、今の荷物は、昨日、不在で運べなかった分で、しかもクールだったから、たまたまはっきり覚えていたんですよ。今日はどうしても〝落とした〟かったんで、出がけに会えて助かりま

した」

ドライバーは、荷物を相手先に届けることを〝落とす〟と呼ぶ。そして、彼らが一番嫌うのは、その日配達する荷物を翌日に残すことである。持ち戻りや残貨が多くなればなるほど、次の日の仕事がきつくなるからだ。許容量以上に残貨が増えれば、〝パンク〟して、荷物が運べなくなる、という緊張感をドライバーは絶えず抱えている。

10時半、車内のAMラジオからはビートたけしがだみ声で歌う《浅草キッド》が流れてきた。その音楽が流れるなか、小谷はこう言った。

「この時間は、まだできるだけ、端末に出てくる《残》の数は、見ないようにしているんですよ。見ると、どうしても焦る気持ちが出てしまうんで」

その後に、団地に配達に行くと、不在だった。外では住民総出で草刈りの真っ最中だった。

小谷はその草刈り作業の中に、荷物を抱えて入って行って、

「336号室の×△さんは、参加してませんか？」

と声をかけ、当人を見つけ、荷物を手渡す。

小谷が担当するコースは、坂が多く、道路も狭い。しかし、すべての道を把握した小谷は、一度も地図を見ることなく、次々に配達先に向かう。配達するときは、常に小走りだ。団地の階段も駆け上っていった。

私の腕時計が11時に、「ピッピッ」と鳴ると、小谷が「11時ですね」と敏感に反応する。正午までに午前中の時間指定の荷物を配達し終わらなければならないからだ。

小谷が車を運転する間、私はアマゾンの荷物について訊いてみた。

「アマゾンの荷物ですか？　正直言って、勘弁してほしいですね。ほとんど、午前中の時間指定で

すし。夕方に入ってくるアマゾンの時間指定の荷物は、働き方改革後は、デリバリープロバイダという中小の配達業者に任せることになっているんですけれど、うちの地域では、まだはじまっていません。アマゾンで注文するお客さん全体にいえるんですけれど、自分で指定した時間にいないことも平気ですし、その後で帰ってくると、30分しか家にいないのですぐに届けてほしい、という無茶な人もいます。タダで何度も配達してもらっても、それが当たり前という気持ちがあるんじゃないですかね」

ただ、小谷の担当エリアでもデリバリープロバイダを投入する計画は進んでいるようで、配送エリア内に、デリバリープロバイダが立ち上げている配送センターがあり、それを通り過ぎるとき、小谷がその存在を教えてくれた。

正午の段階で《配完》は55件、《持戻》は8件、《残》は48件。午前中の時間指定の荷物は全部運び終わった。小谷の表情が、心なしか穏やかになったように見えた。ヤマトには〝3悪クレーム〟と呼ばれるものが存在する。1・玄関先に荷物を放置する。2・時間指定を無視する。3・クレームの対応を誤る——だ。

ヤマトのドライバーの話を聞いて、いつも感じるのは、彼らが常に時間に追われているということ。それは、荷物のほとんどが時間指定となっているからだ。時間指定がなければ、たとえば、時計の右回りのように効率よく配達することができるのだが、時間指定を優先させるため、配達の順番が非効率になってしまう。

さらには不在率の多さもドライバー泣かせである。国交省の調査では、宅配便の不在率は2割という数字が出ているが、それは机上の数字に過ぎない。ドライバーは、不在の届け先には、1日に2度、3度、多いときにはそれ以上訪ね、それでも不在として残るのが2割なのである。

働き方改革とは逆の方向

午後になると、日本郵便のドライバーとすれ違う。

小谷はこう言う。

「日本郵便や佐川のドライバーとも結構、仲がいいんですよ。商業地区では、各社のドライバーの仲が悪いなんて話も聞くんですが、住宅地では、要注意のお客さんの情報なんかを交換しているんです。日本郵便のドライバーは、格闘技をやっていて、土日は、その試合があるんで休むんですよね」

そう言いながら、「お客様情報」と書かれたA４の用紙を見せてくれた。40件ほどの住所と名前の後に、それぞれの注意事項が書いてある。「オートロック鳴らさないとクレーム‼」、「庭にドーベルマン放し飼い。門開け厳禁‼」、「ご主人、アルコールを飲んでいるときは危険‼」、「奥さんへのZOZOからの荷物、ご主人には内緒。必ず事前に電話‼」——など。また、地域内の勤め先や、世帯を別にしながらも荷物を受け取ってくれる親子の情報までもが詳細に記載されていた。

一人ひとりのドライバーが、担当エリアに精通していることに加え、こうした長年の蓄積が、ヤマト運輸を宅配便最大手にしているんだろうな、と実感する。

結局、午後2時30分まで配達をつづけ、小谷は午後の荷物を積むため、宅急便センターへと戻っていった。そのとき、配完83個、持戻14個、残14個だった。

再集合は1時間後。レストランも喫茶店もないような田舎町である。私はコンビニでお弁当と十六茶を買って時間をつぶした。

3時30分に再会すると、持出は139個に増え、配完も96個に増えている。宅急便センターからコンビニにくるまでに10個ほど配達を済ませてきたのだという。残は24個。あとは、この残の個数をどこまで減らせるのかが勝負だ。

小谷が説明する。

「これまでなら、午後の便で積み増してくる個数は多くて15個ぐらいだったんですよ。それが今日は、30個近く積んでいます。これは、先月、下請けの委託業者を切ったからなんです。委託のドライバーは1個当たり200円前後で運んでくれるんですが、これを僕らが運べば、委託費が浮くという考えなんですよね。これって、働き方改革とは逆の方向に進んでいると思うんですけれど」

そう話しながら、小谷は1個ずつ配達業務を進めていく。

小谷と顧客のやり取りが、助手席にまで聞こえてくることもある。

「最近、小谷さんの顔を見ないんでさびしいと思っていたんですよ」

「今晩は寒くなるっていうので、奥さんも気をつけてくださいね」

戻ってきた小谷の手には温かい缶コーヒーが3本載っていた。そのうちの1本を私にくれる。

「あの家の奥さんは、IT企業で事務をしているんですね。ネコを4匹飼っていて、いつもは旦那さんが荷物を受け取るんです」

午後7時、小谷は最後の便の荷物を積みに宅急便センターに戻る。帰ってきたとき、持出は145個になっていた。配完が124個。持戻16個。残5個。

小谷は細い道に車を停め、荷物を手にしてこう言った。

「ここは、着物を縫っている50代の娘と、80代のおばあちゃんの2人暮らしなんだけれど、この数日いないんですよね。旅行にでも行ったのかな。大丈夫かな……」

結局、この日も不在で、荷物は持戻となった。7時30分前のこと。

その5分後に、小谷の携帯に再配達をしてほしいという電話が入る。ヤマトでは、働き方改革後、残業時間を抑制するため、午後7時以降になるとドライバーは再配達の依頼を受けなくていいようにしていた。しかし小谷はあえて電話に出て、配達を済ませた。明日運ぶ自分のために1つでも多くの荷物を〝落としたい〟のだ。

すべての配達が終わったのは8時前のこと。持戻14個に、残が1個。

「僕が、ある程度のスピードで配達できるのも、コースの道を全部知っていて、お客さんの家族構成や行動パターンまで頭に入っているからなんです。同じ営業所内のコースなら、交代で走ることもあるので大丈夫ですが、これが隣の支店に飛ばされると、これまでの蓄積が全部ゼロになるんです。ドライバーにとって、異動になるということは、まったく違う会社で一からはじめるのと同じで、最初はスピードが半分以下に落ちることもあります。だから、人事権を持った支社長などの上司には、言いたいことも言えない状態になってしまいます。異動させられたくないから、少々の理不尽なことには目をつぶろう、と。サービス残業代の問題の裏には、会社側がそんなドライバーの心理に付け込んだ面があると思っているんです」

宅急便センターに帰る道すがら、私を近くの駅まで乗せていってくれるという。

小谷は、最後にこんな話をしてくれた。

「10年ぐらい前、義兄が海外のお土産に手の平に載るぐらいの小さい金色のカエルの置物をくれたんです。風水では金運が上がるっていわれているんだ、って言って。僕は風水とか信心とかとは、縁遠いんですけれど、そのカエルをもらって以来、僕はカエルに向かって、毎朝、出勤する前に、手を合わせて祈るんです。今日も無事故、クレーム無しで帰ってこられますようにって。そう言ったあと、カエルを外向けにするんです。帰ってきたときは、そのカエルにお礼を言って内向けにします。毎日の儀式になりましたね。いつも綱渡りのような仕事をしていると何か頼れるものがないと、心細いんですよ」

午後8時すぎに駅に着き、私は丁重に礼を述べて、小谷と別れた。

うちはボランティア企業じゃない

17年春に表面化した宅配危機の原因の中心には、アマゾン発の宅配荷物があった。年間5億個といわれる出荷個数は、宅配市場全体で40億個ある荷物の1割強を占める。現時点で、アマゾンが宅配業界における最大の荷主であることは間違いない。

アマゾンが00年に日本で事業を開始したとき、配送業者は日本通運で、ペリカン便（現在、ゆうパックに吸収）を使っていた。千葉県の市川塩浜にある物流センター1カ所で、業務を開始したときのペリカン便の運賃は、1個300円。ほとんど発送個数もなかった当時のアマゾンが、これだけ安い運賃を手にすることができたのは、日本通運に物流センター業務と宅配業務を一緒に任せたためだ。

アマゾンとの取引を担当した当時の日通の役員はこう話している。

「相手企業の懐に飛び込むような、つまり企業のサプライチェーン（供給連鎖）を引き受けるような仕事がこれからの主流になるんだって（社内を）説得してまわった」

それが、09年に佐川急便に切り替えるときに、300円から270円に引き下げられた。このころの佐川には、企業発個人宅向けの荷物を取り込むことで、業界のシェアを拡大しようとする意図があった。当時の佐川の担当者は、「清水の舞台から飛び降りるつもりで、アマゾンの仕事を請け負った。それぐらい運賃は安かった」と話している。

しかし、採算が上がらないアマゾンを抱えたため、佐川急便の業績は低迷する。売上高と取扱個数は増加するが、利益が上がらないという〝豊作貧乏〟の状態に陥る。そのため、12年以降、それまでの個数重視から、採算重視へと舵を切る。そして、最大手の荷主であるアマゾンとの値上げ交渉に臨んだ。

アマゾンとの交渉を担当していた佐川の営業マンはこう話す。

「うちが当時、受け取っていた運賃がかりに270円だったとすれば、それを20円ほど上げてほしいという腹積もりで交渉に臨みました。けれど、アマゾンは、宅配便の運賃をさらに引き下げ、しかもメール便でも判取り（判子をもらうこと）をするようにと要求してきたのです。アマゾンの要求は度を越していました。いくら物量が多くても、うちはボランティア企業じゃない、ということでアマゾンとの取引は打ち切るという結論に達しました」

この交渉が行われたのが12年で、翌13年になると、佐川急便はアマゾンの宅配業務から撤退する。

取引業者を過度に競わせ、有利な条件を引き出すのはアマゾンの得意技だ。その最初の成功例となったのは、米ＵＰＳからの値引きである。宅配業界トップのＵＰＳを使っていたアマゾンは02年、突然、米国郵便公社やフェデラル・エクスプレスに大量の荷物を回すことで、ＵＰＳに脅しをかけた。運賃を引き下げないと取引を打ち切るぞ、と。そうして、安い運賃を手に入れた。

この交渉を担当した、社内で〝もう1人のジェフ〟と呼ばれる、世界顧客部門のＣＥＯのジェフ・ウィルケはこう話している。

「ＵＰＳなしでもなんとかなるのは事実です。でも、とても大変なことになってしまいます。それは彼らもわかっていました。私としてもＵＰＳを完全に切るつもりはなく、ただ、適切な料金にしてほしかっただけなのです」（『ジェフ・ベゾス　果てなき野望』）

宅配便の運賃は、経営の中軸であるアマゾンプライムの支出に直結するだけに、安ければ安い方がいいというのがアマゾンの考え方である。

その撤退した佐川急便からアマゾンの荷物を引き受けたのが、宅配業界トップのヤマト運輸である。ヤマトの受け取る運賃は２８０円だったといわれる。

同社社長の長尾裕（現在、ヤマトホールディングス社長）は17年春、経済誌のインタビューに答え、アマゾンの荷物を引き受けた理由をこう答えている。

「（アマゾンジャパンとの取引について）言っておくと、よく佐川急便さんが捨てたものを拾ったみたいな言い方をされますけど、そんなつもりはさらさらありません。私に言わせれば、一番無責任なことをやったのは佐川さんじゃないのという気がしてしょうがないんです。そもそもアマゾンさんの荷物は、日本通運さんがやっていました。日通さんがやっていたのを、全部安い値段でひっくり返したのは佐川さんです。／それを（佐川が）全部ほったらかして、（ヤマトがやらなければ）誰が運ぶのですか。（アマゾン側から）何とか助けてくれないかというお願いがあって、力になろうという判断をしたわけです」（「日経ビジネス」２０１７年5月29日号）

長尾は社会的な責任を感じてアマゾンの荷物を引き受けた、という。

では、宅急便１個２８０円という料金は、何を意味するのだろう。

私は「社外秘」と打たれたヤマト運輸の《旧運賃ハキダシ早見表》を持っている。17年10月に値上げする前の、旧運賃のハキダシ表である。ハキダシとは、宅急便１個にかかる固定費であり、このハキダシを超えた額の運賃を受け取ってはじめて宅急便の利益が出る。ハキダシとは、損益分岐点の運賃を指す。

値上げ前の運賃で、一番安いのは、関東発関東着の60サイズの荷物で、正規の運賃は700円だ。その最安値の荷物のハキダシは280円。これが関東発北海道着の140サイズの荷物だと、正規の運賃は1900円で、ハキダシは800円となる。つまり、アマゾンの荷物を全国一律280円で引き受けるということは、それが、関東発関東着の60サイズの荷物なら利益0円、関東発北海道着の140サイズの荷物なら520円の赤字となることを意味している。つまり、ヤマト運輸が280円でアマゾンの荷物を引き受けるということは、自殺行為に等しいのだ。

長尾は、社会的責任を感じてアマゾンの荷物を運ぼうと決断したと語っているが、営利企業同士の商取引なのである。佐川急便が手を引いたのなら、他にアマゾンの荷物を運べる宅配業者はヤマトしかいない。業界3位の日本郵便が引き受けるには、荷物量が多すぎたからだ。「(アマゾン側から)何とか助けてくれないかというお願いがあっ」たというのなら、なおさらである。運賃交渉の主導権は、ヤマト運輸にあったはずだ。にもかかわらず、ヤマト運輸は280円という低運賃でアマゾンから請け負っている。

それはなぜか。

その答えは、同社が11年に発表した経営計画の中核に、19年までに宅配便市場でシェア50%を取ることを目標に掲げていたことがある。シェア最重視の考えの背景には、シェアが高まれば、各配送エリアの荷物の密度が濃くなり、配送効率が高まるという考えがある。

ヤマト運輸の宅急便の00年の業界シェアが33%台で、そこからほぼ右肩上がりでシェアを増やしつづけ、17年には46%台と、目標の50%に王手がかかるところまで上り詰めてきた。シェアを上げる最も安直な手法は、安い運賃で荷物を取ってくることだ。佐川急便が、採算が合わなかったといって打ち切ったアマゾンの荷物を、ヤマト運輸が低料金のまま請け負った背後にはシェア重視の姿勢があった。

しかし、そのひたすらシェア重視の姿勢も、先に挙げた17年春にサービス残業問題が発覚すると、吹き飛んだ。ヤマト運輸は同年9月、アマゾンと1個当たりの運賃を280円から最大で460円へと大幅に値上げすることで合意した。最大の値上げ幅は6割強。しかも、ヤマトはアマゾンに対し、3便と呼ばれる、夕方にアマゾンの物流センターからヤマトの宅急便センターに届いた荷物は、ドライバーへの負担軽減から当日には運ばないことを決めた。

それに対しアマゾンは、個人事業者1万人を組織することで、ヤマトの値上げとサービス縮小に、対抗しようとした。日経新聞は、「アマゾン、独自の配送網　個人事業者1万人囲い込み」という見出しをつけ一面トップで伝えた。

ベゾスにヤマト買収を持ちかけた男

ここでよくある誤解は、アマゾン自身が物流業者となりラストワンマイルを押さえる、という話である。「ベゾスは『アマゾンはロジスティクス企業だ』と話している」とか、「アマゾンが自社でトラック配送に乗り出す」などという俗耳に入りやすいが、誤った言説が根強くある。

ベゾスは、16年のインタビューで、「自分たちでラストワンマイルのネットワークを作るつもりか？」と尋ねられ、はっきり「ノー」と答えている。各国の既存の物流業者や郵便局に頼んでも、足りない分をアマゾンが補っているに過ぎない、とベゾス自身が説明している。

加えて、私は、ベゾス本人にヤマトホールディングスを買収しないか、と持ちかけた証券マンの石井達郎（仮名）から話を聞いている。

石井はこう話す。

「私は16年10月にベゾス宛に、ヤマトホールディングスを買収して、ヤマト運輸を傘下に収めないか、という手紙を書きました。私の案は、当時のヤマトの時価総額が約1兆円だったので、アマゾンがその半分の5000億円に、最大で3割のプレミアを乗せても8000億円を出せば、株式の過半数を握りヤマトの経営権を手に入れることができる。その後は、ヤマト運輸以外の部門は売り飛ばし、後はこれまでの設備投資を縮小していけば、10年もあれば投資は十分に回収できるという買収案でした」

しかし、ベゾスからの返事は届かなかった。

石井は諦めず、アマゾンジャパンに同じ話を持ちかけた。だが、アマゾンジャパンは、石井の買収案に対し、「われわれに、ヤマトを買収するという考えはありません」と回答している。

一連のやり取りを通して、「アマゾンは、ラストワンマイルまでを自社でやるつもりはないんだな、と思いました」と石井は言う。

まったく同感である。

その代わり、アマゾンが進めたのは、デリバリープロバイダと呼ぶ中小の宅配業者をつなぎ合わせ、1つのネットワークを作るという手法だ。ここでは、中小の宅配業者が、担当地域を決めて、ヤマトが撤退した部分の穴を埋めようという戦略である。

デリバリープロバイダの中核の1つが、丸和運輸機関が運営する《桃太郎便》だ。同社の社長である和佐見勝は、18年5月に開いた決算会見で、私の質問に対し、「ヤマトさんのように、あれだけ性急に値上げを進めては、荷主との摩擦が生じると思う」と語り、自分たちがヤマトの作った穴を埋めるという意気込みを示した。アマゾンのサイトによると、ほかにも、SBS即配サポートや遠州トラックなど全部で9社の社名が《デリバリー・プロバイダ》として名前が挙がっている。

私の手元には、そのうちの1社が下請け業者に渡した料金表がある。「アマゾン配送業務に関する運賃は、以下の通りとする」とあり、

（1）「車建て運賃　配完90個　2万円」

（2）「割増運賃　200円／個　配完個数が1R（ルートの略）当たり91個／日以上の場合適用」

——とある。

これは配達だけの業務であり、クール宅配便の配達も代引き業務もない。集荷もないのである。それで、1日2万円は悪くない。

これは、デリバリープロバイダが下請け業者に支払う運賃。

これがドライバーの取り分となると、

（1）「車建て運賃　配完90個　1万2000円」

（2）「割増運賃　170円／個」

——となる。その代わり、車両や燃料費などは会社持ちとなる。

これまで宅配便業界の個人請負業者は、《個建て運賃》で運んでいた。1個配完するごとに、150円前後が支払われるのが、関東でのヤマト運輸や佐川急便の下請け業者の相場だった。しかし、これは自分で営業用トラックを持ち込むことが条件であったため、車両や軽油代などの諸経費を引いた手取りは7掛けか8掛けに落ち込む。ヤマトショック以降、《個建て運賃》では、宅配ドライバーを集めることができないほど、この業界の人手不足は深刻になっている。

それに比べ、《車建て運賃》となると、運ぶ側にとっては最低でも受け取れる日当がわかっているので、仕事を請けやすい。しかも、90個以上の配完分には割増運賃がつく。仮に110個を運べば、1万2000円+3400円で1万5400円を1日の配送で手にできる。このペースで月20日働けば、30万円を超える収入になる。

高めに設定された運賃に加え、デリバリープロバイダが配達する荷物のほとんどが、時間指定のない荷物であるというのも大きな利点だ。

デリバリープロバイダに横乗り

私は、ヤマト運輸の小谷に助手席に乗せてもらってから日を置かず、デリバリープロバイダのトラックにもドライバー見習いを装って横乗りした。

17年12月下旬の年の瀬のことである。

デリバリープロバイダの配送には時間指定の荷物がないので、午前11時からスタートすると聞いていたのだが、しかしドライバーの大崎邦夫（仮名）とJR総武線の駅前で待ち合わせたのは8時半だった。そこから大崎が運転する軽トラックに乗って1時間走って首都圏の住宅地にあるアマゾン専用の配送センターに到着した。

40代後半で髪を短く整え、左手に結婚指輪をしていた大崎は、

「以前は、配管工事の会社で働いていたんですが、その会社が廃業になったんで、3カ月前に、この仕事に移ってきたんです。はじめたばかりのころは、一つ一つ地図を見ながら運んでいましたから、1時間で5、6個運ぶのが精一杯でしたけれど、いまは、1時間で20個近くまで運べるように

なりました」

などと問わず語りに教えてくれた。

配送センターに到着した私が目を見張ったのは、すべての荷物がアマゾンの荷物だということである。センター内にあるすべての荷物に、アマゾンのロゴが入っている。

壮観である。

担当エリアのカゴ車に積んであった午前中の荷物は50個。これを30分かけて、荷台に積み込んでいく。

大崎はこう話す。

「今日は少ないなぁ。クリスマスのときは、朝の持ち出しだけで、100個近くありましたから。朝に持ち出す平均ですか？　60個から70個ぐらいかな。今日は年末ぎりぎりなんで、少ないみたいですね」

大崎はさらにこうつづけた。

「トラックの荷台を配送エリアごとに4分割するんです。4分割した場所に、積み降ろすのが一番遅い荷物から奥に積んでいくんです。そうすると、配達するときに手前から降ろせばいいでしょう。でも、それを考えるのに結構時間がかかるんですよ」

10年以上同じコースを運んでいるヤマト運輸の小谷と比べるのは酷かと思うが、大崎の手際は熟練というには程遠く、一つ一つの作業を確認しながら慎重に仕事を進めている、という感じがある。

配送センターを出発したのは午前11時。

配達エリアは狭く、一軒家やマンションが密集している。マンションのほとんどに宅配ボックスがある。これは、結構、楽なコースだなと、これまで何度か横乗りをした私は思った。

50個の荷物のうち、午前中の時間指定の荷物は5個。これは、前日の持ち戻り分の荷物で、受取人が不在票を見て午前中に時間指定してきた分である。1時間で、時間指定の荷物が5個というのは、楽勝だろう。

最初に一軒家に配達する。前日の午後8時台に不在だった荷物を届けに行くと、中年の女性が玄関に出てきて、

「昨日は、おばあちゃんがちょうどお風呂に入っていて、受けとれなかったのよ。ごめんなさいね」

と言う。

次のマンションに行くと、宅配ボックスに空きがなく、大崎は荷物を持ち戻ってきた。そのマンションの裏には、ヤマト運輸の宅急便センターがあるので、いつも朝の間に宅配ボックスを取られてしまうというのだ。

デリバリープロバイダの集配センターに
積まれたアマゾンの荷物（筆者撮影）

それから、午前中の時間指定を中心にしながら、配達していく。

最初の1時間で、大崎は、二、三度、車を停め地図を広げて配送先を確認する。「ナビを使った方が速いような気がするんですけど、住所を打ち込むのに時間がかかるんで、結局、地図を隅から隅まで覚えるしかないんです」と大崎。

正午になると、FMラジオから、「NTT東日本が12時をお知らせいたします」と時報のアナウンスがあ

る。それまでに時間指定を入れて19個が配完となっていた。

12時過ぎた時点で、お昼休憩。私はコンビニでお握りやほうじ茶を買った。大崎は、五目おこわと、和風シーチキンマヨネーズのお握りに、生どら焼きの小倉クリーム入りを買って、2人して車内で食べる。トイレは、公園のトイレを借りる。ラジオからは、安室奈美恵が伸びやかな声で歌う《Hero》が流れてきた。

私はこの間に、これまで疑問に思っていたことを訊いてみた。どうやって、90個のノルマをこなせるようになったのか。初日から90個を運べたわけではない、と思うのだが、と。

「ああ、そういうことですか。最初に4週間の研修期間があったんですよ。1週間目は、1日30個を運びましょう。2週間目は、45個を運びましょう、って、徐々に数字を上げていって、5週間目には90個を運べるようになりましょう。最初は、30個を運ぶのも1個ずつ、地図を見て運ぶんで、丸々1日かかりました」

その1週目に30個運んでいるときは、もらえる賃金も3分の1からスタートしたのだろうか。

「いやいや、1週目から1万2000円もらいました。その分は、アマゾンさんの持ち出しになったんじゃないですか。僕らは4週間の猶予をもらって、地図を覚え、荷台の積み方などの仕事のやり方を勉強していったんですね。最初は、荷物を積み込むだけでも、今の2倍以上の時間がかかりましたから。最初の4週間は、個数が少なくっても、全然余裕がなく、トイレに行く時間も、昼飯を食う時間もありませんでした。その間、何人ものドライバーがついていけずに辞めていきました」

なるほど、そんな仕組みだったのか。

アマゾンは1日30個の配達に1万2000円の日給（配送業者には2万円）を払ってでも、ヤマトに対抗できる配送業者のネットワークを作りたかったのだなぁ。

午後1時前に、配達再開。

大崎の運転する助手席に乗って気づいたのは、大崎が不在先であっても、不在票を入れないことである。

「不在票を入れると、相手から時間指定が入ってくるでしょう。そうすると、どうしても時間指定を優先しないといけないんで、配送ルートがぐちゃぐちゃになって時間がかかるんですよ。だから、不在票を入れずに、その後で何度も配達に行った方が効率よく回れるんですよ」(大崎)

それを聞いて、「あぁ、これだな」と私は納得した。

ヤマト運輸の小谷の配送が、常に時間に追われていたのは、大半の荷物が時間指定だったからだ。もし、ヤマトの荷物から時間指定が外れれば、ドライバーは、自分で効率的にルートを組んで配送できるのだから、負担はどれだけ軽減されるだろう。しかし、無料で宅配荷物の時間指定ができるというのは、90年代にヤマト運輸が自らはじめたサービスなので、今さら止めるわけにも、有料にするわけにもいかないのである。自縄自縛の状態。そのツケを払わされるのは現場のドライバーなのだ。

大崎は1時半すぎ、お茶のペットボトルが入った箱を持って、エレベーターのない古いマンションの4階まで走っていく。

しかし、不在。

「重たい飲料水やお米などを持って、4階まで上って不在だと、ぶん殴りたくなる気持ちになりますね。この仕事をはじめて、65キロあった体重が60キロに落ちました。毎日配達していると、足の裏側というか、膝に負担がかかってくるんですよ」

2時すぎには、朝持ち出した50個がほぼ配完となる。不在だったのは3個。不在だった荷物は、荷台に裏面が上に向くように置いてあった。一目で、不在の荷物とわかるための工夫だという。ここでいったん、配送センターに、荷物を積みに行く。

午後の便は、41個を持ち出して配達開始。マンションや一軒家を回って配達をつづける。

3時半前、大崎が一軒家に配達に行くと、ちょうど、男性が家から出てくるところだった。

「○×さんですか？」

「あぁ、オレだよ。いまは時間がないんだよ」

と横柄な言葉が口から飛び出してくる。

大崎が、「じゃあ、荷物はどうします」と訊くと、その男は受け取りにサインを書いて家に持って入った。

「こんな偉そうなお客さんは、そんなに多くはないんですが、こんな人に当たると、気分がへこみますよね」

5時にもう一度、配送センターに戻って、最後の積み込み。3便の合計の持ち出し個数は114個となった。

5時半すぎに、再配達の電話が入る。何度も、配達したけれど、どうしても〝落ちない〟ので不在伝票を入れた家から電話。

大崎は、「これから伺います！」と電話で答えた後に、私に向かって、「やっと電話が来ましたよ」とホッとした表情で話す。この時間になると日も落ちてくる。

残る荷物は40個強。

ここからは不在票を入れなかった荷物を中心にラストスパート。その結果、大崎は105個まで配完とした。配送センターに戻ったのは午後9時を過ぎていた。90個のノルマを超えて、15個運んだので、この日の大崎の収入は、1万4550円となる。しかし、ほぼ11時間拘束なので、時給換算すると1300円強。その後、後片づけをして、その朝、集合した駅に着いたのは午後10時を過ぎていた。大崎は、翌朝も8時すぎに配送センターに向かって車を走らせる。

「これから晩飯食って風呂に入ったら、寝られるのは数時間ですね」

と笑う。

果たしてこの人手不足の中、この給与水準で、宅配ドライバーになりたいという人材は確保できるのだろうか。ヤマト運輸のような既存の宅配業者であろうと、デリバリープロバイダのような新興の宅配業者であろうと、要するに一人ひとりのドライバーの力量の積み重ねが、配送のキャパシティーを作り出すのだから、今以上に賃金を含めた労働環境を改善する必要があるのではないか。いっヤマトショックの次は、早晩、デリバリープロバイダによる謀反も起こりえるのではないか。いったい、いつになったら、持続可能な宅配便の仕組みができるのだろう。

第4章

ヨーロッパを徘徊する
アマゾンという妖怪

イギリスとフランス、ドイツの３カ国を回り、アマゾンに対峙するヨーロッパについて尋ねて回った。私と同じくアマゾンの物流センターに潜入したジャーナリストや、ストを打ちつづける労働者たちに出会った。

潜入取材をするジャーナリストたち

私は小田原の物流センターで潜入取材が終わった後の18年3月、ヨーロッパに行き、イギリスとフランス、ドイツの3カ国を約1カ月かけて取材した。

アマゾンを海外で取材するのなら、本社があるアメリカだろう、というのは正攻法の考え方である。しかし、私は前著を書くとき、市川塩浜の物流センターに潜入したことを伏せ、「(本社のある)シアトルに行く用意がある」と、取材をお願いしたにもかかわらず断られている。文庫版を補筆するとき、再度、取材を申し込むが、当時の広報担当者から「あなたの本には、ウソばかり書いてありますので、取材は絶対に受けません」という名誉毀損まがいの言葉を吐かれていた。

今回もまたアマゾンジャパンへの正面からの取材のお願いは、あっさりと断られた。ベゾス本人にも、メールで取材のお願いをした。ベゾスのアドレスはjeff@amazon.comであり、公表されている。それについても、アメリカの広報担当者から断りの返事をもらった。

アマゾンの本社で直接取材できるのなら、取材先には迷わずアメリカを選ぶ。しかし、それがかなわないとなると、どうしたものだろうか……。

私はネットでさまざまな情報を調べてみた。

その当時、アメリカにおけるアマゾンの立ち位置をよく表していると思えたのが、アマゾンの第二本社の立ち上げにまつわる狂想曲である。17年9月から1年以上の検討期間をかけ選考を行った。アメリカだけでなく、カナダやメキシコを含む200以上の都市・地域が第二本社の候補地に立候補し、なかには既存の市の名称を《アマゾン市》に変更するとする候補地もあった。日本では、私企業の第二本社の獲得に、地方自治体同士がさまざまな優遇措置を提示し、競争することは考えられないが、各州の独立の度合いが強いアメリカでは頻繁に起こる。

結局、18年11月、ニューヨーク市と、ワシントンD.C.近郊のアーリントンの2カ所に第二本社が設立されることが決まった。

「新本社が来る2カ所には、平均年収15万ドル（約１７００万円）を超える計5万人以上の働き口と、合わせて50億ドルの投資が新たにもたらされる」と新聞は伝えた（朝日新聞、18年11月16日付）。

数多くの高給取りの雇用を生み出すアマゾンが手にした優遇措置は総額で約20億ドルを超えるとされた。この熱狂的な歓迎の中に、アマゾンに対する批判精神はほとんど感じられなかった。

その後、ニューヨークの州議会や市議会の議員たちが、州知事や市長がアマゾンに約束したその多額の優遇措置に強く反発し、トップダウンで進めた企業誘致にノーを突きつけ、アマゾンがニューヨークに第二本社を構えるのを諦めるのは19年2月のこと。しかし、少なくとも、私が海外の取材先を探している時点では、アマゾンの第二本社騒動の狂乱の最中で、それはアメリカが国を挙げてアマゾンを歓迎している証《あかし》のようにみえた。

それと比べると、ヨーロッパには、アマゾンのプラスの面だけでなく、マイナスの面も追及している人たちが多いことがわかった。アマゾンの租税回避の問題や不買運動、労働組合運動の必要性など幅広い問題意識を持ってアマゾンという企業をとらえている人たちが数多くいることを知った。

なかでも私が注目したのは、私と同じくアマゾンの物流センターに潜入したジャーナリストたちだった。

アマゾンが日本に上陸してから現時点まで、アマゾンの物流センターに潜入して記事や書籍を書いたのは、日本では私だけである。私はよっぽど変わり者なのか、とも思えるのだが、ヨーロッパに目を移すと同じような志のジャーナリストを探し出すのは容易《たやす》い。

〝潜入取材の先進国〟であるイギリスでは、夕方のニュース番組などで、違法に麻薬を売っているという町の個人商店に隠しカメラを持った記者が客を装い密売の事実を暴く、といったニュースが流れるほど潜入取材という手法が社会に浸透している。

私が、イギリスにおけるアマゾンの物流センターへの潜入取材について調べたところ、ネットで確認できるだけでも、13年11月のＢＢＣ放送を皮切りに、《オブザーバー紙》や《ガーディアン紙》、《フィナンシャル・タイムズ紙》などが10回以上にわたって、潜入ルポを掲載していた。強引に日本に当てはめるなら、ＮＨＫや朝日新聞、日本経済新聞といった大手メディアの記者が、アマゾンの物流センターに潜入し、それをニュースや記事にするという感じである。

ロボットが仕事から人間性を奪い取る

私はイギリスでアマゾンに潜入した2人のジャーナリストに話を聞いた。

1人は大衆紙《サンデー・ミラー紙》の記者で私とほぼ同じ時期に、ロンドン近郊のアマゾンの物流センターに潜入し、新聞に約2カ月にわたり連載記事を書いたアラン・セルビー（28）で、もう1人はフリーランスのジャーナリストでイギリスの底辺で生きていく実態を描いた書籍『アマゾンの倉庫で絶望し、ウーバーの車で発狂した』（光文社）の1章を書くために、バーミンガムの北部にあるルージリーという町にある物流センターで働いたジェームズ・ブラッドワース（35）だ。

セルビーに会ったのは、国会議事堂からテムズ川を挟んだホテルの1階の喫茶店だった。身長は170センチ以下と私より小柄なのだが、しっかりと鍛えられた体つきが印象的だった。

まずは、セルビーにどのようにして潜入取材をはじめたのかを訊いた。

「僕が働いたのは、17年10月半ばからで、場所はロンドンから車で東に走って1時間のところにあるティルベリーの物流センター。はじめたときに、働く期間は決めてなかったんだ。編集長とは、記事にするのに十分な材料が集まるまで働こうと話し合っていたので、最短で2週間、最長で3カ月ぐらいと考えていた。

アデコ（Adecco）という派遣会社のサイトから、僕は簡単な応募のアプリケーションに記入して、ネット上で送って、繁忙期の季節労働者として雇われた。ちゃんとした履歴書の提出を要求されることもなく、簡単な質問に答えるだけのアプリケーションだった。そのとき、応募していたバイトはほとんど全員雇われたんじゃないかな。募集のやり方から、労働者を選別している感じはまったくなく、来るものは誰でも雇う、というように思えた。誰であろうとも構わないというように感じたね。契約期間は3カ月。最初に説明を受けたとき、3カ月頑張って働けば、その後も契約を更新すると言っていたのを覚えている」

どのようなシフトで働いていたのだろう。

「僕のシフトは、朝7時30分から夕方の6時まで。週5日働いた。30分の休憩が2回あり、その間に昼食を食べる。といっても、食堂までの行き帰りに10分近くかかるので、30分の休憩といっても、実質20分ほど。せいぜい10分ぐらいで昼食を掻き込むように食べなきゃならなかった。実際に働いたのは5週間で、その間、60キロ台だった体重が6キロ減ったんだ。1週間に1キロ以上痩せたことになるね。僕は健康には自信があって、潜入取材直前に参加した9月のベルリンマラソンでも、3時間を切るタイムで完走している。だけど、そんな僕にしても、アマゾンでの仕事は非常に体力を消耗するものだったんだ」

フルマラソンで3時間を切るというのはすごいな、と思いネットで調べてみた。《runbritain》というサイトに、セルビーが17年9月24日のフルマラソンを、2時間59分53秒で完走しているという記録を見つけた。

派遣会社のアデコが支払った時給は8・2ポンド（約1213円）。セルビーが潜入した当時の最低賃金の7・5ポンドより高い。しかし、NGOなどが企業に求める最低限の生活水準を維持するために必要だとする生活賃金の8・75ポンドよりは低かった。

センターではどのような作業を担当したのか。その作業は肉体的に厳しかったということだが、精神的な辛さはなかったのか。

「僕は主に梱包部門で働き、時々、ピッキング作業に回された。肉体的にも辛かったけれど、それ以上に精神的にしんどかった。同じ単純作業を長時間にわたってやらなければならなかったからなんだ。そこには、考えたり、工夫したりする余地はない。ただ、目の前の作業を黙ってこなすだけ。それまで僕は大学を卒業してから新聞記者として自由に働いてきた。会いたい人に会って、話を聞き、記事を書いてきた。

もちろん組織のルールはある。だけど、アマゾンのようにただ前だけを見て、考えることをまったく許さないような仕事とは全然違う。最初の1週間は、ずいぶん気がふさいだよ。だけど2週目、3週目になると、脳が考えることをやめたんだ。それからは楽になった。というよりもロボットに近くなった感じかな」

ピッキングでは、歩き回ることなく、最新のロボットがピッキングする棚を目の前まで運んできた、と言う。日本では川崎と大阪の茨木の物流センターが、ほかのセンターに先駆け、このロボットを導入している。

米アマゾンは、12年に《キバ・システムズ》という未上場企業を約8億ドルで買収している。同社が作ったロボットは、カメラと画像処理システムを搭載し、物流センター内を自律的に移動して荷物を積んだ棚の下に潜り込み、棚自体を搬送する。アマゾンの買収史上では、17年の生鮮食品スーパーのホールフーズの約140億ドルと09年の靴の通販のザッポスの12億ドル、14年のオンラインゲームのTwitchの約10億ドルに次いで、4番目に大きな買収金額となっている。アマゾン社内では現在、《アマゾン・ロボティクス》という名前に変わっている。

この買収の件は知識として頭に入っていたが、私がこのロボットと仕事をした人から話を聞くのははじめてのことだった。

セルビーは、その様子をこう語る。

「ピッキングするときは、2メートル四方のスペースに押し込められ、そこに棚の方からやってくるんだ。棚の下にロボットが潜り込んでいて、ピッキングの担当者のところまで運んでくる。僕は、棚の上から下まで、何度もジャンプしたり、屈《かが》んだりする屈伸をつづけることになる。たしかに、これだと歩く距離は減るけれど、仕事の密度という意味では、こちらの方がはるかに濃くなる。つまり、大変疲れるんだ。狭い場所に閉じ込められ、そこで休む間もなく屈伸運動をつづける。ロボットが入ってきたことで、働く人間にはより窮屈になった。機械が仕事の主役となり、仕事から人間性をさらに奪い取っていく感じだったね」

セルビーが書いた連載記事には救急車で搬送されるアルバイトの話もあった。

「僕は救急車で運ばれる労働者を2人目撃した。1人は女性で、働いている間に精神的に追い詰められパニックに陥ったということだった。もう1人は、年配の男性で、朝から体調が悪かったけれど、その日の日銭がほしくって、無理して働いていたら倒れた、と聞いた。体調次第では、だれが倒れてもおかしくない職場だったんだ」

英国議会が公開書簡

イギリスでは、今までも数多くのアマゾンの物流センターへの潜入取材があったが、今回の潜入取材の読者の反応はどうだったのか。

「非常に大きな反響があった。編集部でも予想してなかったぐらいの大きさだったんだ。新聞の発行部数は60万部だけれど、ネットで記事が読まれた回数は数千万PVに達した。サンデー・ミラー紙の記事としては、最も読まれた記事になった。そして、何百人という人からメールや電話が寄せられた。その多くは、『私のアマゾンでの体験も聞いてください』というもので、僕が体験したことと瓜二つの内容だった。

どうしてこれだけ大きな反響を得ることができたのかといえば、理由はタイミング的には2つあると思っているんだ。1つは、記事が出る前々日に、ドイツとイタリアのアマゾンの物流センターで大きなストがあったこと。もう1つは、前日が〝ブラック・マンデー〟で、その直後に記事を発表したことにあると思っている。時期的なこと以外の理由を加えると、僕が時計型の隠しカメラを持ち込んで内部の映像を隠し撮りしたものをネットで流したことも、大きな反響につながったと思っているんだ」

どうやって隠しカメラを持っていったのだろうか。

「はじめはボタン式の隠しカメラを持って入ろうと考えたけれど、出退勤時のセキュリティーゲートに引っかかると思って、時計式のカメラに切り替えた。アマゾンのサイトで見つけて、30ポンド強で買った商品だ。これなら、セキュリティーゲートを通るとき、腕から外して小さなプラスチックのかごに入れ、セキュリティーゲートの横の坂をスライドさせることで、セキュリティーゲートのチェックを潜り抜けることができるんだ。この時計型隠しカメラを使って、動画も撮れば、写真も撮った」

セルビーはそう言って、左手に巻いていた腕時計を見せてくれた。私は商品名を教えてもらい検索してみると、日本では売っていない商品であることがわかった。ホテルに戻ると、すぐにイギリスのアマゾンで注文し、ホテルを受け取り先の住所にして、隠しカメラ付きの腕時計を日本に持ち帰った。こうした商品は、いつの日にか必ず役に立つことをこれまでの経験で知っているからだ。

セルビーへの最初の説明で、3カ月後には契約が更新されるとあったが、労働者たちの契約はその言葉通り更新されたのか。

「いや、更新されていないね。というか、契約が終わるのを待たずに首にされているケースもあったんだ。後日談として、新聞にその話も書いた。チャーリーという男性とクリスティーナという女性が12月末に、契約を1カ月残しながら、首を切られたという話なんだ。繁忙期のクリスマスシーズンが終わると、突然首を切られた。その日の朝礼では、もうちょっと頑張れば契約を更新するようなことを言いながら、その日の終業時間までに、100人ほどの労働者を会議室に集め、『今日で契約を終了する』と告げている。労働者自身が辞めたいときは、2週間前に派遣会社側に伝えなければならず、それを怠ればペナルティーがある旨が記されているのに、会社側は繁忙期が過ぎれば、いとも簡単に労働者を首にできるんだ」

物流センターの潜入記事から派生して、同紙はアマゾンの下請けのドライバーの過酷な労働現場についても追及した。ドライバーが、時間指定を守れなかったり、目標の配達個数を達成できなかったりした場合のペナルティーを換算すると、最低賃金を下回る時給で働かせている実態を明らかにした。その結果、英国議会が動きだし、アマゾンのイギリス法人のトップに対し、同社の下請けドライバーの労働環境を調査するようにという公開書簡を送っている。

「これは、記事を書いた後で読者から情報が入ってきた。配送業者の方が、物流センターの労働実態よりひどいという内容が複数あり、それに基づいて取材を進め、同乗ルポなどを行い記事にしたんだ。《UK Express》という配送会社が、個人のドライバーを束ねてアマゾンから配送業務を請け負っていたんだ。ドライバーは1週間で6、7日働き、1日14時間働くという長時間労働。配送個数は1日に200個以上。300個以上を配るように言われたドライバーの証言もある。一日の給与は100ポンド。ドライバーの中には、あまりにも時間の余裕がないので、ペットボトルに排尿をしなければならないほどだった。また、時間指定の配送に間に合わせるため、スピード違反をすることもあった。さらに、ドライバーが病気などの理由で休むときは、1日110ポンドの罰金を払うことになっていた。そうした悲惨な労働環境が、国会議員の目に留まったんだ。その結果、配送会社は翌年1月に入って、1万人以上のドライバーに金銭的な補償を行うことに追い込まれたんだ」

イギリスの国会議員はフットワークが軽いなぁ。アマゾンの労働問題に限らず、後で述べるアマゾンの租税回避でもイギリスの国会議員が積極的にアマゾンに攻め込んでいる。同じようにアマゾンに切り込んでいく政治家は、残念ながら日本では見当たらない。

ポイントがなくなると自動的にクビ

セルビーの次に話を聞いたのは、ジェームズ・ブラッドワースだ。

ロンドン市内のビクトリア駅近くのパブで夕刻に待ち合わせた。

私がイギリスを訪ねる直前に出版された『アマゾンの倉庫で絶望……』の原書〝Hired〟は、半年にわたりイギリス国内の4つの地域で最低賃金のアルバイトを体験し、社会の底辺で生活することが、どれほど過酷なものかを描くノンフィクション。その書籍を読みながら、私はアメリカの下流社会の現実を描いた『ニッケル・アンド・ダイムド』を思い出した。会ったときに、そのことを告げると、

「その本も読んだけれど、私が意識したのは、ジョージ・オーウェルの『パリ・ロンドン放浪記』や『1984年』、それに《ガーディアン紙》の記者が書いた『ハードワーク　低賃金で働くということ』に影響を受けたところが大きい。6カ月の間に、4、5カ所で低賃金労働についてみて、現在の経済の底辺で働く労働者階級について書きたいと思ったんだ」と言う。

書籍では、アマゾンの物流センターでの労働が最初に出てくるが、アマゾンで働くことは、はじめからこの企画に入っていたのだろうか。

ブラッドワースはこう話す。

「この書籍を書く最初の目的は、イギリス各地の最低賃金で働く人はどんな暮らしをしているのかを知りたいという好奇心だったんだ。統計数字や新聞記事からは、見えてこない人々の暮らしが知りたかった。どんな食事をしているのか。健康には気をつけて暮らしているのか。タバコや酒の量

はどれぐらいなのか。

イギリスの中部にあるマンチェスター付近で最低賃金の仕事を探していたら、車で1時間ほど離れたルージリーという田舎町で、たまたまアマゾンの求人を見つけたので働いてみた。イギリスでは、アマゾンの潜入取材というのは、いくつも先例があるんだけれど、私自身は潜入するまで、アマゾンの労働環境について精通していたわけじゃない。ただ、アマゾンで働いてみると、あまりにも労働条件が劣悪なので、この事実を活字にして世間に知らせることが私の使命になったんだ」

アマゾンで働いた時給と労働時間はどのようなものだったのだろう。

「最初の時給は最低賃金の7ポンドで、働いている間に最低賃金の改定があり7・25ポンドになった。雇用契約を結んだのはトランスライン（Ｔｒａｎｓｌｉｎｅ）という派遣会社だった。シフトは午前11時半から午後10時半までの11時間。途中で30分の休憩が2回入る。業務はピッキングで、歩いた距離は10マイルから15マイル（16キロから24キロ）ぐらいだったと思う。体力的に相当疲れたことは、たしかだ。けれど、それ以上に精神的に死にそうなほど退屈な作業だった。音楽もなく、会話もなく、11時間働きつづけないといけない。寒々とした静寂の中で、仕事が淡々と進んでいった感じだ」

書籍には、アルバイトとして働いている人のほとんどが、東欧からの移民だったという記述があった。

「センターには全部で１２００人ぐらいが働いていたけれど、そのほとんどがルーマニア人だったんだ。仕事をはじめて2日目に、ちょっと小太りの若い女性が、私にこう訊いてきた。すみません。気を悪くしないでもらいたいんですが、あなたはイギリス人ですよね。どうしてここでピッキングの仕事なんかしているんですか、って。たしかに、彼女の言う通り、イギリス国内の作業現場なのに、私のような30代の白人のイギリス人男性というのは、全体で1人か2人いるぐらいだったんで、彼女は不思議に思ったんだろうね。ほかに、いい仕事がいくらでもあるはずなのにって。地元のイギリス人たちは、アマゾンでの労働環境をよく知っていたので、ほとんど近づかなかったけれど、東欧からの移民はイギリスの最低賃金でも、自国の通貨に換算すると高額な時給になるため、ひたすら我慢して働いていたんだ。でも、1週間後、同じ女性が、ピッキング中にパニックになり私の腕をつかんで、今すぐ荷物をまとめてルーマニアに帰国したいんです、と訴えてきた。ここの仕事は大嫌いだ、って言いながら」

書籍には、悪名高いアマゾンの物流センターの6ポイント制度が出てくる。『ジェフ・ベゾス果てなき野望』にもアメリカの物流センターでの6ポイント制度が描写されている。それぞれのアルバイトには、最初に6ポイントが与えられる。そこから遅刻や病欠、無断欠勤をするとポイントが引かれ、6ポイントがなくなると自動的に馘首される。

ブラッドワースはこう話す。

「私は1日だけ風邪をひいて休んだときがあったんだ。シフトがはじまる3時間前に電話を入れ、休みたい旨を伝えたけれど、1ポイントが引かれた。病欠で1ポイントを引かれたのはたしかだけれど、もう1ポイント引かれているかもしれないんだ。私のピッキングのスピードが遅く、スピードアップするようにと口頭で注意を受けた。そのとき、もう1ポイントが引かれていた可能性がある。6ポイント制度では、たとえば、風邪をひいて6日連続で休めば、それだけで首になる。そんなことがあり得るのか、と驚いたよ。もし、無断で休むと1日で3ポイント引かれる。これだと、2日で首になる。このポイント制度は、アルバイトには大きなプレッシャーになっていたね。遅刻してては大変だ、とみんな始業時間より早く集まってきた」

ブラッドワースは、アマゾンの物流センターで働いたあと、介護士となり、次はコールセンターで働き、最後はウーバーの運転手となる。その4つの仕事のうち、どれが一番ひどい仕事だったのか、と尋ねた。

彼は間髪を容れずこう答えた。

「アマゾンが飛びぬけてひどかった。私にとっては物流センターというより監獄を思い起こさせる場所だったね。帰るときには、厳重なセキュリティーゲートを通って、持ち物検査を受ける必要があった。事前に休むと電話しても1ポイント引かれる。それに、ハンディー端末にカウントダウンがあるだろう。あれを達成するのはほとんど不可能だった。走って作業すればどうにかなるのかもしれないけれど、11時間も走りつづけられるわけもないし、その前に、ピッキングの最中には、ほかの作業者の安全のために走ってはいけないことになっているじゃないか。

アマゾンのひどさの一番の理由は、賃金が低いことじゃない。アルバイトの扱いがひどいことが問題なんだ。アルバイトを尊重する雰囲気が職場にまったくといっていいほどない。いつも貶《おとし》められ、子どものように時間を管理される。労働者を機械扱いしているところだ。いま、われわれが話をしているここのパブだって、飛びぬけて時給が高いわけじゃない。けれど、ちゃんと働いている人を大切にすれば、人は集まってくるものなんだよ。アマゾンは、人を人として扱っていないことに最大の問題があるんだ」

国は違えども、私と同じようにアマゾンの物流センターに潜入し、その体験記を書いたジャーナリストたちの感想は非常に似通ってくる。それはとりもなおさず、アマゾンの物流センターの運営が、どこの国でも同じように行われていることの証明でもある。

次々と身体や精神を病んでいく

イギリスでの取材のあと、私は飛行機でフランスに飛んだ。

パリのモンパルナス駅近くのクレープ屋で、夕方から話を聞いたのは、『アマゾン、〝世界最良〟の企業潜入記』（13年刊・日本語未邦訳）の著作がある、ジャン＝バティスト・マレ（30）だった。私がフランスを訪ねる直前、彼の3冊目の書籍となる『トマト缶の黒い真実』（太田出版）が、日本で翻訳出版されたので、そのプロモーションのため、日本に1週間ほど滞在していた。私が彼に会ったのは日本から帰ってきた日の夜だった。

日本食でもどうですか、と誘う私に、「日本食はたくさん食べてきたばかりなので、クレープが食べたくってしょうがないんだ」と言いながら、モンパルナス駅近くで一番有名なクレープ屋へ向かった。南仏出身の彼は、取材などの長旅から帰ってくると、無性に南仏名物のクレープが食べたくなるのだ、と言う。

そのマレは大学を卒業して南仏リヨンで地元紙の記者として働いているとき、アマゾンの潜入記を書きたいという企画を提案するが、編集長からお金と時間がかかるという理由で却下される。それならと、フランスでは1カ月以上あるクリスマス休暇を利用して、独自に潜入取材を敢行した。24歳のときだった。

まず、潜入取材の動機から尋ねてみた。

「僕は小さいころから書店が大好きだったんですが、地元の2つの書店が閉店となったんです。書店員に理由を聞いてみると、店舗にやってきた多くのお客さんが、買いたい本の在庫がないならアマゾンで注文するよ、というのだそうです。アマゾンが台頭したことで、町の書店がどんどん少なくなってきたことを僕は残念に思っていて、いったいアマゾンの物流センター内はどうなっているのかを知りたかったんです」

マレは、リヨンから車で4時間程南下したモンテリマールにある物流センターに潜入した。フランスで2番目に作られたアマゾンの物流センターで、365日、24時間稼働だった。当時、1000人ほどのアルバイトが働いていた。マレの直接の雇用主は、イギリスの新聞記者のセルビーと同じで、派遣会社のアデコだった。勤務時間は、午後9時30分から午前5時30分までという夜勤。夜勤が終わったら、廃車寸前の車でアパートに帰る。日給は、最低賃金をわずかに上回る水準だった。1週間に6日働き、1日休むというスケジュールだった。仕事は私と同じピッキングで、潜入期間は1カ月。

マレはこう語る。

「働く前から、しんどい仕事になるのはわかっていたんです。学生時代にマクドナルドやスーパーマーケットで、おもちゃを売るアルバイトをした経験もあったから。けれど、事前にアマゾンの物流センターについてネットで調べてわかったことは、職場に関するプロパガンダがあふれていることでした。ハロウィンには労働者がスーパーマンのコスチュームを着て楽しく仕事をするといったことや、夜勤で働く労働者にはチョコレートやキャンディーが配られるといったたぐいの戯言《たわごと》が、ネットのあちらこちらに書いてあったんです。一見すると、それらしく見えるほどにその内容は洗練されていたんです。けれど、働いてすぐにわかったことは、アマゾンの物流センターでは、労働者に対し、尊敬や敬意といったものがまったく払われていないということです」

この労働者への尊敬の欠如については、ブラッドワースの話とまったく重なる。

マレの働きぶりはどのようなものだったのだろう。

「働きはじめたころ私は、取材のためもあって生産性の数字やセンターの仕組みなどについて上司に熱心に尋ねたので、非常に熱意のある労働者にみえたようです。最初のころ、アマゾンの担当者は私に好意を持っていたと思う。そのあとで、わざとピッキングのスピードを落としてみたんです。辞めさせられるのかと思って試しにやってみたんです。すると、すぐに聞き取り調査が行われました。アマゾンには、〝ブルーバッジ〟という制度があって、これを手に入れると、期限付きの労働者から無期雇用の労働者になれる。アマゾンの担当者は、私が〝ブルーバッジ〟を手に入れたいのなら、ピッキングのスピードを上げるようにしろ、と命令しました。ピッキングのスピードが上がらないままだと、次回の契約更新はしない、と付け加えることも忘れませんでした。ジョージ・オーウェルの『1984年』に出てくる恭順（obedienece）を示すことで、はじめて無期雇用の権利を手に入れることができるというわけでした」

このブルーバッジというのは、世界中のアマゾンで同じ仕組みである。アマゾンでは、正社員だけが、ブルーのバッジ（社員証）を持つことができる。ちなみに、小田原の物流センターでの私のバッジの色は緑だった。

アマゾンで働くことで、どのような物流センターの問題点が見えてきたのだろうか。

「アマゾンで働くことの最大の問題は、労働者が次々と身体や精神を病んでいく点にあると僕は考えています。ここで4、5年も働きつづけると、腕や足だけでなく、心臓などの内臓器官もやられてしまう。

アマゾンの職場が非常に健康上の危険が多いことに加え、アマゾンには労災隠しをしようとする体質もあります。私が働いているときに知り合った男性のアルバイトは、長時間屈んだままの姿勢で作業を強いられたため、膝を悪くしたことがありました。彼は病院に行って、労災事故だという診断書をもらってきたけれど、アマゾンの社員は、彼が膝を悪くしたのは労働時間外のことだとして、労災の診断書を受け付けなかった。けれど、その労働者はアマゾンの説明に納得せず、厚生省に診断書を持って行ったら、アマゾンがウソの書類を作成した、と厚生省が認定したのです。労災事故の件数が多くなると、保険料が高くなるので、アマゾンはできるだけ労災を少なく申告するという傾向がある、とも厚生省は指摘しています。これは非常に悪質だ、と考えています」

　どうすれば、フランスの労働者が抱える問題は改善へと向かうのだろうか。

「組合運動が１つのカギになると考えています。労働者が団結するには組合運動が必要です。けれど、伝統的な組合は、臨時雇いの労働者を守ることに本腰を入れていません。彼らは正規雇用の従業員の雇用を守ることの方がより重要だと思っているようです。60年代や70年代から考え方が変わっていないのです。その時代錯誤の石頭ぶりには驚くしかありません。臨時雇用で働くという苦しみが、組合関係者にはわかっていないんです。臨時雇用者たちは、その日暮らしで、助けてくれる組織もない。社会主義者たちは、彼らにこそ救いの手を差し伸べるべきなのに。フランス国内の組合の在り方には非常に怒りを抱いています。その上、アマゾンの物流センター内には、《ＣＡＴ》という御用組合があるんです。彼らの目的は、アマゾンと組んで、組合活動に積極的な労働者を見つけ出し、先手を打って解雇することなんです。

　先進国において経済の規制緩和が進むにつれ、各政府は経済をコントロールできなくなっており、経済が政府や人々の生活をコントロールするようになっている。経済は、人々のためにあるものであるはずなのに、人々が経済によって搾取されていると感じています」

　初対面でありながら、私と似通った問題意識と情熱を持ち、似たような取材手法を駆使するこの若いジャーナリストの話に私は大いに惹かれながら耳を傾けているうち、夜が更けていった。

誇りに思えるほど素晴らしい

潜入取材を行った各国の記者が、口をそろえて酷評するアマゾンの物流センターでのアルバイト体験。こうした辛辣な言葉が事実に即していることは、国際機関によってお墨付きを得ている。労働組合の国際組織、国際労働組合総連合（ＩＴＵＣ）は14年、ベゾスを「世界最悪の経営者」に選んでいる。その理由は、物流センターの労働者が1日24キロを歩き、アマゾンが労働者を「ロボットのように扱っている」からだ。

こうした潜入取材をはじめとした、物流センターの労働に向けられた数々の批判に対し、当のベゾスは、どう考えているのか。

ドイツのネットメディアの最大手《アクセル・シュプリンガー》が、18年4月に行った公開討論で、ベゾスは、過去5年以上にわたりストライキがつづくドイツの物流センターの労働問題と組合運動の必要性について問われると、

「私は物流センターの労働環境に関して非常に誇りに思えるほど素晴らしいものだと考えています。アマゾンはドイツで、約1万6000人を雇用しており、彼らに支払っている給与も業界水準からすると高いと認識しています。〈中略〉アマゾンは労働者と非常にいい形でコミュニケーションがとれているので、組合がわれわれと労働者の仲介役となる必要はないと考えています。もちろん、最終的にそれについて決めるのは労働者なのですけれども」

と彼は胸を張って答えている。

果たして、このベゾスの発言はどこまで真実なのだろうか。

ベゾスが問われた、ドイツにおける物流センターでの組合活動について、私は13年にはじまったときから注目していた。

私が最初にドイツでの組合活動に気づいたのは、同年6月19日付の「激しさ増すアマゾンの独施設でのストライキ、米国流への批判も」という《ウォール・ストリート・ジャーナル紙》の翻訳記事だった。ドイツで最初にストがあった13年というのは、くしくも小田原の物流センターが稼働した年と一致する。

記事によると、産別組合である《ベルディ＝ver.di》が当時、ドイツに8カ所あった物流センターのうち、ライプチヒとバートヘルスフェルトの2カ所で、5月に最初のストを打ち、6月に入って2日連続のストを打った。9・3ユーロという物流センターでの賃金が低すぎるので、12ユーロに引き上げることを要望した。

さらに、有給休暇と残業代の支払いについても交渉している。当時、全部で9000人いた物流センターの労働者のうち、1300人がストに参加した。当時の為替レートを1ユーロ＝130円で計算すると、9・3ユーロは1209円。それを1560円に引き上げろ、という要求である。日本でたとえるなら、私が働いていた《ホリデープレミア》で受け取る金額を最低時給にせよ、というのだ。非常に高い要求である。

それ以降、私はネットでドイツの組合運動とストの報道を追いかけ、多くの関連記事を読んだ。

第2章で書いたように、小田原の物流センターで実際に起こった不当解雇や、続出する死亡者、契約の一方的な変更といった、労働者軽視のセンター運営がなぜ可能であるのかといえば、派遣会社とアルバイトの間に大きな力の格差があるからだ。

その格差を埋める方法は、ドイツのように物流センターに組合を作ることだ。かりに、不当解雇された田所が組合員だったなら、派遣会社はあんな杜撰なやり方で田所を辞めさせることはできなかった。

アマゾンにとっては、ドイツは、アメリカに次ぐ世界第2位の市場で、3位イギリスと4位日本がそれにつづく。アマゾンが年次報告書で国別の売上高を公表しているのは、この4カ国のみで、残りはその他の国の合計額を海外部門として公表しているだけ。本国の次の売上高を上げるドイツの物流センターで組合が組織されているという事実を、アマゾン本社はどれほど苦々しく思っていることだろう。

その後も、毎年、ドイツの労組は、クリスマス前や11月の〝ブラックフライデー〟といった繁忙期を狙ってストを打ちつづけた。そのストが、イタリアやスペインに飛び火した。18年7月にはアマゾンの2日間にわたるセールである〝プライムデー〟に合わせ、本家ドイツに加え、スペインとイタリア、ポーランドとイギリス、それにフランスでもストが打たれた。ストを打つことができるということは、労働者が団結し、アマゾンと対峙するだけの力を持っているということだ。

労働組合と話し合いはしない

潜入ルポを書いた記者に会うのに加え、私がヨーロッパ取材に行ったもう1つの目的は、ドイツのアマゾンの物流センターの労働者を指揮してきた《ベルディ》を訪ねることにあった。私は18年3月、ベルディの本部のあるドイツの首都ベルリンに到着した。

アマゾンを担当するのは、栗毛色の髪を肩のところで切りそろえたレナ・ビドマン。彼女のオフィスには、ドイツの地図が貼ってあり、アマゾンの物流センターのあるところにはブルーのピンが留めてあった。その地図を私に見せながら、彼女はこう説明をはじめた。

「ドイツには現在、アマゾンの物流センターが10カ所あり、11カ所目がドイツ北部のビンゼン（Winsen）という町に作られています。ビンゼンは、シリアなどの中東からの移民が多く流れ込んだ地域です。そうした田舎にはほとんど仕事がありません。そんな場所に、アマゾンの物流センターが進出して1000人前後の人を雇うと言い出せば、地方政府としては、諸手を挙げて歓迎することになります。初期にできたライプチヒの物流センターの前の道路は、《アマゾン通り》という名前が付けられていることからも、その歓迎ぶりがわかります。アマゾンの物流センターが新たに建設されるのは、私たちドイツ人であっても聞いたことがないような小さな町です」

日本が企業別に労働組合を作るのと比べ、ドイツでは産業別に労働組合を作る。《ベルディ》は、小売業や物流業、金融業やマスコミなどの13種類の産業を束ねる産業組合の大手だ。その起源は1880年代にさかのぼるほど歴史がある。労働組合が強いこともあり、ドイツでは、日曜日の労働も、午前零時すぎの労働も禁止されている。

ベルディが最も重要視する主張は、アマゾンの物流センターの労働者は小売業に属しており物流業ではない、という点。物流業の労働者の最低賃金は9ユーロ強であるのに対し、小売業の最低賃金が12ユーロとなるからだ。労働者がどの産業に属するかという判断はドイツにおいて大変重要になる。ベルディの主張に対し、アマゾン側は自らの労働者は物流業に属すると主張してきた。

ベルディは、アマゾンで最初にストを打つ2年ほど前から、専属の組合のスタッフを物流センターの近くに住まわせ、組合への勧誘活動を行った。最初のころ、アマゾンが労働者に対し、組合員と話すのをやめるように指示したという噂もあった。労働者への粘り強い聞き取りの結果、アマゾンの物流センターには3つの問題点があることがわかった、とビドマンは言う。

「1つは賃金が安いことです。もう1つは、健康と安全に関することです。物流センターでは、1日当たり20キロ近く歩きますから、もし夏場にエアコンの効きが悪いと、体調を崩して倒れる人が続出します。3つ目は、アマゾンの労働者たちが、アマゾンの正社員から心理的なプレッシャーを受けつづけているということです。アマゾンが掲げる目標数値を達成できないと労働者は呼び出しを受け、一対一で面談が行われます。これは労働者に過度な心理的な負担を強いるものです」

このあたりの劣悪な労働条件については、どの国で話を聞いてもそっくりとなるのだが、ビドマンの話を聞いて、私が最も驚いたのは、アマゾンがまだ一度も、労働組合との話し合いの席についたことがない、ということだった。

「アマゾンに望むことは、ベルディがアマゾンと交渉する労働者の代表である、と認めることです。ストライキをはじめて5年近くが経ちますが、アマゾンがわれわれとの交渉のテーブルについたことはこれまでありません。その交渉のテーブルで、われわれが望むのは、アマゾンが自らを小売業者として認める労働協約を結ぶことです。そうなれば、自動的に物流センターの労働者全員に今より高い最低賃金が適用されることになるからです」

ベゾスが先に語っていた、労働組合が必要かどうかは労働者が決めることだ、というきれいごとから、現実は大きくかけ離れていた。

ビドマンの話を聞いた翌日、私はベルリンから鉄道に乗り1時

ドイツのライプチヒにあるアマゾンの物流センター（筆者撮影）

間強南下して、ストの震源地の1つであるライプチヒのベルディの事務所を訪ねた。ライプチヒの物流センターでは現在、1800人の労働者のうち、700人が組合員だという。

その組合員の1人であるラフル・クリスチャンセン（57）は、11年からアマゾンの物流センターで働き、最初のストがはじまる13年春に組合員となった。それ以来、積極的に組合活動に参加してきた。現在、組合のストライキ委員会のメンバーも務める。

ドイツではアルバイトの期限付きの雇用契約は、3回まで更新可能だが、それ以降の契約では解雇するのか、あるいは無期契約に切り替えるのかを決める必要がある。クリスチャンセンが組合に参加するようになったのは、無期契約になってからのこと。

クリスチャンセンはこう語る。

「無期雇用になったあとで、組合員となったのは、アマゾンが簡単には無期雇用者の首を切ることができないからです。組合に参加した理由は、3つあります。1つは、有期雇用の間に感じていた、精神的なプレッシャーです。契約が更新されるかどうかわからず、いつ首を切られるかもしれないという不安を抱きながら働いていました。新たに入ってくる有期雇用の労働者を、そうしたプレッシャーから守りたいと思いました。組合活動のおかげで、物流センターにおける無期雇用者の比率は、2013年時の70％以下から、現在は約90％までに上がってきました。2つ目は、賃金が安すぎることです。私が入ったころは賃金が8ユーロ台でした。それが今、組合のおかげで12ユーロ台にまで上がってきました。3つ目は、アマゾンのような大きな会社は、労働者と労働協約を結ぶ必要があると思うからです。そのためには、組合が必要です」

クリスチャンセンの勤務時間は、午前11時から午後7時半まで。その間に、20分休憩と25分休憩が挟まれる。作業はピッキング。月額の給与は、税込みで2000ユーロ前後。1週間の労働時間は38・75時間で、残業はほとんどしない。

アマゾン側からは、ブラックフライデーやクリスマス前などの繁忙期に残業をしてほしい、という要望があるが、それは物流センター内にある労使で作る労働協議会での話し合いの結果、残業の要請がふさわしいのか否かを判断する。

実際、ストはどのようにはじまるのか。

「昨年（17年）は、1年間で40回のストを打ちました。そのうち、30回はストライキ会議のメンバーが赤い笛を思いっきり吹くことではじまります。大まかな予定については、SNSやメールで組合員に前もって伝えていますが、正確な時間は決めず、アマゾン側の不意を打つような形ではじめるのです。だいたい、一回に250人から400人がストに参加します。昨年は40日ストを打ったことになります」（クリスチャンセン）

私が、その笛を吹いてもらえますか、と頼むと、クリスチャンセンは、胸のポケットから赤い笛を取り出し、表情一つ変えず、耳をつんざくほどの音で笛を吹いてくれた。

ストがはじまると、参加する組合員が一斉に、物流センターの敷地内から出ていくのだ、とクリスチャンセンは言う。

「アマゾン側は、インバウンドの労働者をアウトバウンドに回して、しのごうとします。入荷作業をいったん停止し、出荷作業に必要なピッキングや梱包などに回すんです。また、ドイツ国内の近隣の物流センターや隣国のポーランドの物流センターに注文が回されることが多いのですけれど、ライプチヒにしか置いていない商品もあるので、配送が遅れることは確実です。同時に、ポーランドの労働者とも連携を取って、注文が転送されたポーランドの物流センターでも小規模なストを行うことで、アマゾンの経営に打撃を与えるような戦略をとっています」

組合員となることで、職場で不利になるような扱いを受けることはないのだろうか。

「アマゾンの時間給には、レベル1からレベル4までがあります。レベル1が最低時給で、レベルが上がっていくにつれ時給も高くなり、ほかの労働者を指導する立場になります。けれど、組合員になるとレベル1に留め置かれます」

小田原の物流センターでたとえるなら、組合員である限り、時給の一番安い「ワーカーさん」のままであり、その上のトレーナーやリーダー、スーパーバイザーにはなれないということだろう。

クリスチャンセンはさらにつづける。

「低い時給に加え、アマゾン側は組合員たちの行動を、非組合員以上に厳しく監視しています。たとえば、ある組合員の男性が、休憩時間から戻るのにわずか1分遅れたということが、2、3回あったんです。するとアマゾンは、その男性に解雇を言い渡しました。男性は組合の支援を受け、不当解雇だとして裁判を行いました。ちょうど先週出たばかりの一審の判決は、組合員の勝訴に終わりました。彼の契約は無期雇用なので、そんな些細な理由では首を切ることはできない、という裁判所の判断でした」

クリスチャンセンは、あと何年、アマゾンで働くつもりなのだろう。

「63歳で引退しようと思っているので、あと5年ぐらいですね。そうしたら、年金生活に入るつもりです。幸い、私の場合、以前に大企業で働いていたとき、年金の掛け金を多く支払っていたので、63歳でも引退することが可能なんです。だけど、今までアマゾンの物流センターのような低賃金の職場でずっと働いてきた労働者たちは、70歳ぐらいまで働く人も出てきています」

日本に組合はできるのか

ライプチヒでもう1人話を聞いたのは、現地でアマゾンの組合活動を統括するベルディのトーマス・シュナイダーだ。

アマゾンが交渉のテーブルにつくのを拒否しているベルディの組合活動ではあるが、しかし、組合活動はたしかにアマゾンに大きなプレッシャーとなっている、とシュナイダーは主張する。

「それは、ライプチヒの物流センターの最低時給の上昇と、組合員の数の増加を見れば、はっきりとした相関関係が見えてくることからわかる。10年は時給9・59ユーロ（組合員数420人）→13年は10・57ユーロ（同500人）→17年は12・22ユーロ（同700人）と賃金が上がってきている。アマゾンは、組合活動とは関係なく自主的に待遇を改善した、と主張しているが、もし、組合活動がなかったら、同じペースで時給が上がったとは考えづらい。

私自身、組合員数が、全部で1800人いるライプチヒの労働者の半分の900人を超えれば、アマゾンも交渉のテーブルにつかざるをえなくなる、と考えているんだ。労働者の半数以上が所属する組合を無視することは難しいだろう。それまで、もうひと頑張りが必要になってくる」

こうした組合活動が可能なのは、労働者がアマゾンと直接雇用の関係にあるからではないのか、と私は思った。日本やイギリス、フランスのように、派遣会社が間に入ると、アマゾン相手の組合活動を組織するのが難しくなるのではないか。

シュナイダーはこう答える。

「その通りだ。通常働いている労働者はすべてアマゾンとの直接雇用だ。クリスマスの繁忙期に働く有期雇用の労働者は、派遣社員として働いているので、派遣会社が間に入ってくる。そうした派遣会社経由の労働者を組合活動に加えるのはハードルが高くなる」

アマゾンと交渉するうえで最も難しいのは何だろう。

「アマゾンは年間で2000億ドル近くを売り上げる多国籍企業で、経営者のベゾスは世界一の富豪だ。労働者の賃金を上げるだけの資金は社内に十二分にある。けれど、アマゾンは骨の髄まで組合活動というものを嫌っている。そのため、組合員たちは、職場で日常的にハラスメントやプレッシャーにさらされる。それが組合活動を拡大するための最も大きな障害になる」

このシュナイダーの言葉はアマゾンという企業の本質を的確にとらえている。

アマゾンが蛇蝎《だかつ》のように嫌うものが3つある。

1つは、シュナイダーが指摘する組合活動であり、もう1つは税金を払うこと、最後は情報を開示することだ。アマゾンの税金嫌いと情報開示嫌いについては、租税回避の章で詳述するが、アマゾンは組合活動や税金徴収を、経営を妨害する〝不当な行為〟ととらえている節がある。ベルディとの交渉のテーブルにつくことを5年も拒否しているのは、その証左といえるだろう。

アマゾンジャパンは、日本の小田原の物流センターで起こったような死亡事故への対応や気ままな契約の変更、不当解雇などもすべて自由自在にできる経営権を持っていると錯覚しているように私の目には映る。

そうしたアマゾン流の物流センターの運営にくさびを打ち込むには、ドイツでベルディが根気強くつづけている組合活動が大いに参考になる。言い換えれば、日本の物流センターで組合が組織されるまでは、アマゾンのやりたい放題のセンター運営はつづくことになる。果たして、アマゾンジャパンの物流センターで組合が組織される日はくるのだろうか。

第5章

ジェフ・ベゾス
あまりにも果てなき野望

裸一貫からアマゾンを立ち上げ、今では世界一の富豪となったベゾスとはどういう人物か。アマゾンを立ち上げた動機は。どんな原理原則でベゾスは動いているのか。ベゾス自身の言葉からその人物像に迫る。

ベゾスは多忙を極めている

ウォール街で働いていたジェフ・ベゾスが、アマゾン・ドット・コムを立ち上げようと思ったのは１９９４年のこと。

93年から94年にかけ、ウェブ上でやり取りされるデータ量が２０００倍以上に増えていた。この統計数字を見たベゾスは過去1年におけるウェブの成長率を２３００％と見積もった。

「この驚異的な数字を見た私は、大急ぎで何か行動を起こさなければならない、と思いました。こんな数字は、研究室で細菌を培養するシャーレ上でしか起こりえないことでした。ウェブがこれだけのスピードで成長しているのなら、たとえ今は小さな存在であっても、近い将来には生活の一部になることは確実でした」とベゾスが01年に《ビジネスウィーク誌》の編集長に語っている映像をＹｏｕＴｕｂｅで見ることができる。「残っていた問題は、どのようなビジネスプランを作れば、この成長の波に乗れるかということでした」。

1年の準備期間を経て、ベゾスは95年、ネット上で書籍を売りはじめる。

ベゾスは同じインタビューで、その理由をこう話している。

「アマゾンが開業したときには、１００万タイトルの書籍を準備しました。ネット書店だからこれほどのタイトルを準備できたのです。これは、最も大きな書店の5、6倍のタイトル数になります。これだけの数の書籍のカタログを実際の紙に印刷しようと思ったら、ニューヨーク市の電話帳の13冊分に当たる分量が必要です。これが立ち上げ時のアマゾンの姿でした」

この章は、ベゾスの言葉を中心に据え、ベゾスの個人史とアマゾンの会社としての歴史を描いていく。

ベゾスの言葉を集めるのに一番いい方法は、ベゾス自身から話を聞くことである。しかし、私はベゾス宛に取材をお願いするメールを送るも、シアトル本社の広報担当者から「ベゾスは多忙を極めている」という理由で断られた。

仕方なく、私はＹｏｕＴｕｂｅの映像や雑誌などのインタビューでベゾスが語る生の言葉を探した。ベゾスがしゃべるＹｏｕＴｕｂｅの映像を20本近く見た。大学でのスピーチや、ネットメディアの編集長たちとのインタビューも見た。なかには、弟のマーク・ベゾスとの対談もあった。私がネットで見つけた一番古いベゾスの動画は、97年5月にアマゾンが株式を公開した直後、テレビ局がインタビューした5分強の映像だ。映像はシアトルの本社の外で撮られたようにみえる。インタビューは、

〝Who are you?〟
〝I'm Jeff Bezos.〟

からはじまる。

西海岸特有の強い太陽光の下で、まぶしそうに目を細めながらもベゾスはどうしてネット書店をはじめたのか、を饒舌に語っている。私はこうしたベゾスの言葉を一つ一つ集め、それを軸に据え、ベゾスとはどういう人間なのか、それと同時に、アマゾンはどうやってＧＡＦＡ《ガーファ》と呼ばれるまでに成長したのか、ということを書いていく。

後悔を最小限にする枠組み

プリンストン大学でコンピュータ・サイエンスを専攻し、86年に優秀な成績で卒業したベゾスは、インテルやベル研究所、アンダーセン・コンサルティング（現・アクセンチュア）といった有名企業から、就職しないか、との声がかかった。しかし、ベゾスが最初に働いたのはニューヨーク市にある金融テレコミュニケーション企業の《ファイテル》というスタートアップ企業だった。その後、《バンカース・トラスト（現・ドイツ銀行）》を経て、90年からウォール街の《D・E・ショー》という資産運用会社で働き、2年で上級副社長に昇進する。

ベゾスは、同じ会社で秘書として働いていたマッケンジー・タトルと出会う。彼女もまたプリンストン大学の卒業生だった。大学では英文学を専攻し、ノーベル文学賞を受賞した故トニ・モリスンの下で「子どものころからの夢だった小説家になるため」に勉強した。卒業後、偶然にも《D・E・ショー》で働くようになる。マッケンジーは、ベゾスとの出会いを《米ヴォーグ誌》にこう語っている。

「私のオフィスは、彼の隣にあったんです。それで一日中、あの素敵な笑い声が聞こえてくるわけです。あの笑い声を好きにならない方がおかしいでしょう」（同誌13年2月20日号）

マッケンジーからベゾスをランチに誘い、3カ月間付き合ううちに婚約し、3カ月後には結婚した。マッケンジー23歳で、ベゾス29歳だった。2人はその後、3人の息子に恵まれ、1人の養女を迎え、6人家族としてすごした。

マッケンジーはほとんどメディアに露出せず、私生活を大事にした。

マッケンジーが、ベゾスの妻として外部に情報を発信したのは、先の《ヴォーグ誌》のインタビューのときと、ジャーナリストのブラッド・ストーンが『ジェフ・ベゾス　果てなき野望』という書籍を書いたとき。マッケンジーが、アマゾンのレビュー欄に、書籍には事実誤認が多く、話を誇張しているとして、一つ星をつけて酷評したときだ。そのほかでは、25年の結婚生活の間でアマゾンについてほとんど発言していない。

結婚の1年後、ベゾスは、インターネットを使って起業を決意する。それを伝えられたマッケンジーはこう語っている。

「私はビジネスについては何も知りませんでした。けど、彼がとても興奮していることは、はっきりとわかりました」

ベゾスはそのときのことを、こう語る。

「マッケンジーは、収入の安定したウォール街で働く男と結婚したわけですが、その彼女に、私はこう言ったんです。いまの仕事を辞め、西海岸に引っ越し、ネット書店を立ち上げたいんだ、って。その当時、インターネットといっても、まだ誰も知らない時期でしたから、インターネットって何なの、という質問もできたと思うんです。でも彼女は、すごいアイデアね、それをやりましょうよ、って何も聞かずに応援してくれたんです」

ベゾスには、アイビーリーグの大学を卒業して手にしたウォール街での仕事を捨て、裸一貫で起業することに迷いはなかったのだろうか。

ベゾスはこう語っている。

「私はまず、会社の上司にインターネットを使って書籍を売ろうと考えているという話をしたんです。上司からは、セントラルパークを歩きながら話をしないか、と言われました。2時間ほど歩きながら話をしました。彼は、ネットを使った起業は非常に魅力的だ。だけど、君のように高給をもらっていない人がやる方が理に適《かな》っているんじゃないかい、と私に問いました。最終的な結論を出すまでに48時間考えてから、答えを聞かせてくれ、とも言ったのです」

ベゾスは結論を出すことはまったく難しくなかった、と繰り返し語っている。

「考え方の枠組みは非常に簡単でした。〝後悔を最小限にする枠組み〟と自分では呼んでいました。まず80歳になった自分自身をイメージしてみるのです。そして人生を振り返り、後悔を最小限に抑えるには何をしていればよかったのか、と考えたとき、この爆発的に伸びているインターネットに懸けてみることで、それが失敗に終わったとしても後悔することはないな、と確信が持てたのです。それより、このインターネットの大波を何もせずに見送ってしまったら、一生涯そのことを後悔するだろう、と思いました。そう考えれば自ずと進む道は決まりました」

もしアマゾンが失敗していたら、ベゾスはどんな道を進んでいたのか。

「人生には何が起こるかわからないので、たしかなことはわからないんですが、おそらく、ソフトウエアのエンジニアとして幸福に過ごしていたんじゃないでしょうか」（ベゾス）

エブリシング・ストアを目指してなかった

ベゾスはD・E・ショーを辞め、1カ月もたたないうち、家財道具を引っ越し業者に渡し、マッケンジーと一緒に、テキサス州の両親のもとに飛行機で飛んだ。そこで、シボレーのブレイザーという四輪駆動の車を父親から借りると、北西に向けて走り出した。

ベゾスが最初の本社にワシントン州のシアトルを選んだのは、近くにマイクロソフトやボーイングなどの本社があり、優秀な人材が集まる技術者の町であったことと、それに隣のオレゴン州には大手取次（書籍の卸を指す）のイングラムが倉庫を持っていたことがある。

ベゾスはシアトルに向かう車中で、運転をマッケンジーに任せた。シアトルに到着するまでの5日間、ベゾスはノートパソコンに向かい約30ページの事業計画書を書いた。事業計画書において、顧客が最も重視するのは、品揃えと利便性、価格の3つであるとし、この考えは今日まで変わらない。

ベゾスは自分が取り扱う商品を決めるのに、メールオーダー式のカタログをいくつも取り寄せる。ネット上で販売するのに最適な商品を調べていくうちに、コンピュータ・ソフトやオフィス用品、衣料品や音楽などからなる20種類の商品のリストをまとめた。

リストを絞り込んでいく段階で、最初はリストの下の方にあった書籍が、最も適している商材として浮かび上がってきた。まず、同じ書籍は、どこで買っても同じであり、細かいスペックの説明などが必要なかった。次に、世界では約300万タイトルの書籍が流通しており、英語の書籍に限っても約150万タイトルが流通している。しかし、実際の一番大きな書店でさえ15万タイトル前後しか在庫を持つことができない。紙のカタログでは、すべての書籍を網羅することは不可能だ。膨大な数の書籍をカタログにし、検索できるようにするにはインターネットが最適だ、という結論にベゾスは達した。

さらに、アメリカの書店の多くはパパママストア（家族経営による昔ながらの小規模な小売店）中心で、大手チェーン店は存在したが、市場の独占からはほど遠かった。そのため、90年代に書店事業を立ち上げても、高い市場占有率を取ることが可能だ、と判断した。また、出版社・取次・書店のそれぞれの思惑がぶつかるため、流通が非効率だった。出版社は書籍の発刊の何カ月も前に発行部数を決めなければならないが、実際に書店で書籍が売れるまでは売り上げが立たない。出版社はなるだけ多くの書籍を店頭に置いてもらうため、売れ残りを返品して同額の別の書籍を買うことを書店に許していたからだ。そのため、新刊本の返品率は4割近くに達していた。

アメリカの書籍流通に関して、ベゾスはこう語っている。

「合理的なビジネスとは言えません。返品のリスクをすべて背負うのは出版社で、需要の予測は小売業者がしているんですから」（ロバート・スペクター著『アマゾン・ドット・コム』）

ベゾスはまた、シアトルへと向かう途中、会社を登記するために、携帯電話から弁護士に電話した。

ベゾスはこう語っている。

「友達が紹介してくれた離婚専門の弁護士だったんです。その弁護士に、われわれがシアトルに着くまでに、会社の登記をして、銀行口座を開いてくれますか、って頼んだんです。弁護士からどんな社名にするのかを訊かれたので、呪文のアブラカダブラからとった、カダブラ（Cadabra）社にしたい、と言ったら、彼が、えっ？　死体（Cadaver）だって!?　と聞き返してきたので、この社名ではうまくいかないだろうな、と思ったのを覚えています」

ベゾスが好んで語る開業時にまつわる笑い話の1つである。

この話をした後は、必ず、ベゾス特有の「はっはっはっは！」という笑い声が入る。ベゾスのタガが外れたような笑いは、アメリカではつとに有名である。

インタビューの途中や、自分でしゃべったことに「はっはっはっは！」と大声で笑い出す。高笑いとも、豪傑笑いとも、馬鹿笑いとも違う。独特の笑い方で、〝ジェフ笑い〟とでも呼ぶしかない。

もちろん、ベゾスがインタビューの間に頻繁に笑うからといって、ベゾスが陽気で、一緒に働きやすい人物だ、などと言うつもりはない。むしろ、ベゾスが率いるアマゾンで働くことは、物流センターのアルバイトであろうと、本社勤務の社員であろうと、必要以上のプレッシャーにさらされることは、すでに2章で詳述した通りだ。

今や、なんでも取り扱う〝エブリシング・ストア〟となったアマゾンだ。現在の業態から遡及して、ベゾスが最初から〝エブリシング・ストア〟を目指していたと主張する書籍や、さらには「ベゾスは起業時から『何でも販売するサイト』を目指していた。（最初に）書籍を扱ったのは、ただ腐らないからである」といった珍説を唱える書籍もある。しかし、それらは事実と大きく異なる。

起業の時点で、ベゾスの頭の中には書籍以外の商品を取り扱う考えはなかった、と本人が繰り返し話している。

ベゾスはこう話している。

「スタートアップ企業は、事業の焦点を絞れば絞るほど成功する確率が高くなるんです。私は自分で起業したあと、たくさんのスタートアップ企業を見て、起業家たちとも話をしてきました。そこで思ったのは、彼らは一度に多くのことをやりすぎるということです。起業が成功するかどうかの分かれ目は、初期の限られた資源や人材を、どれだけ集中して使うことができるかにかかっていると思っています」

また、14年のインタビューでこうも語っている。

「最初の事業計画書には、書籍の販売以外は何も書いていませんでした。ほかの商品は私のアンテナに引っかかってもこなかったのです。私は一心にオンライン書店を作りたいと思っていただけなんです」

現在のような〝エブリシング・ストア〟になると思っていたのか、という問いに対し、はっきりと否定している。

「当時は、まったくそんなことは考えもしませんでした（God, no!）。アマゾンは小さな会社としてスタートしたんです。立ち上げ時には私以外には、数人のスタッフしかいませんでした」

つまり、ネット書店を立ち上げようとしたベゾスは、その後、書籍の分野での競争に勝ち残り、徐々に、CDやDVDなど取扱商品を増やしていき、紆余曲折を経て、現在のような〝エブリシング・ストア〟にたどり着いたのだ。

70%の確率で事業は失敗するだろう

94年7月に、いったんカダブラ社としてワシントン州で登記した後、いろいろな社名を検討する。awake.comやbrowse.com、bookmall.comなどなど。その中でも、ベゾスは「絶え間ない」という意味のrelentless.comが気に入って登録する。

私自身は、最後の「情け容赦のない」という意味もあるrelentless.comという社名は、いろいろな意味でアマゾンの過酷な企業文化を表していておもしろいと思っているのだが、しかし、ベゾスはrelentlessの持つ否定的な意味のため、その社名の採用を見送る。ただし、ここに挙げたURLのうち、relentless.comを含むいくつかのURLは、現在でも米アマゾンのサイトに飛ぶようになっている。

当時、ネット上のウェブサイトはアルファベット順にリスト表示されたという理由から、ベゾスは「A」ではじまる単語をじっくりと探し、数カ月後、世界で一番大きな川の名前でもある

Amazon.comを社名に選ぶ。

起業するのに必要なのは、アイデアだけではない。アイデアを実行に移すには資金が不可欠だ。会社の設立当時、ベゾス自身が出した資金はわずか1万ドルにすぎなかった。その後、16カ月間で調達できたのは8万ドル強だった。95年になると、ベゾスの両親が10万ドルを出資した。さらに母方のガイス家の信託財産が14万ドル超を出資する。

ベゾスはこう語る。

「創業当初の資金の大部分は、両親が老後の貯えを出資に回してくれたのです。それはとても大胆なことでした。投資をお願いしたときの父親の最初の質問は、インターネットっていったい何なんだい、というものでした。両親は、会社の事業計画や私のアイデアに投資してくれたわけじゃないんです。自分たちの息子がすることだからと信頼して投資してくれたんです。そのとき、両親には、70%の確率で事業は失敗するだろう、と伝えました。感謝祭や休日に両親のもとに帰れないことがないようにできるだけ真実を伝えようとしたんです。けれど、実際は、成功する確率を通常より3倍多く告げていました。統計によると、通常のスタートアップ企業の場合の成功率は10%なんですから。アマゾンがここまで成功したことに一番驚いているのは私自身です」

アマゾン・ドット・コムの事業を軌道に乗せるには、自分や両親以外からも資金を集める必要があった。

ベゾスは両親から資金援助を得た95年、スタートアップの資金を集めるため、約60人のエンジェル投資家に話を持ちかける。

「うちの会社に5万ドルを投資してみませんか」と。

インターネットの黎明期にあたるこの時期、ネットの接続は不安定で、15分に1回は回線が切れるといったありさま。ワールド・ワイド・ウェブではなく、ワールド・ワイド・ウエイト（World Wide Wait＝待ちぼうけネット）だ、と揶揄《やゆ》されていた。

ベゾスはこう話している。

「ITバブル絶頂の98年や99年だったら、たとえ事業計画書がなくても、インターネット関連の事業であるというだけで、電話一本で6000万ドルぐらい集めることができたと思うのですが、私が資金を必要としたときは、そのような状態からはほど遠かったのです」

結局、六十数人のうち22人が投資話に乗り、ようやく約100万ドルが集まった。そのときに投資した人で、その後も株式として持ちつづけていれば、現在は、莫大な富を手にしたことになる。

ベゾスは、さらにこう語る。

「投資しなかった四十数人のその後の反応を見ることは人間観察のうえで興味深いことです。彼らの中には、投資のチャンスを逃したことを気にせず、幸福に暮らしている人たちがいる一方、そのことについては話すのも、思い出すのも辛すぎるという反応を示す人もいるのです」

ベゾスは94年11月、シアトルの隣にあるベルビュー市のガレージをオフィスに改装し、2人のコンピュータプログラミングに強い従業員と一緒に、アマゾンで書籍を販売する準備に入る。その約20年後に、GAFAと呼ばれるようになる、グーグル、アップル、そしてアマゾンも〝ガレージベンチャー〟として出発した。フェイスブックもハーバードの学生寮で立ち上がったことを考えあわせれば、アメリカの起業家精神が、アメリカのみならず、世界経済をも牽引しているという側面が浮かび上がってくる。

ベゾスの妻で、作家志望だったマッケンジーも経理や雑務を引き受ける。備品の発注や購入、秘書業務や経理業務も彼女の守備範囲だった。

「マッケンジーは経理の経験などまったくなかったにもかかわらず、文句一つ言うことなく、日々の業務をこなしてくれました」とベゾスは語っている。のちに株式を上場して公開企業となるアマゾンだが、ベゾス家の家業であるという一面もいまだに色濃く残しているのは、起業当時のベゾス家の出資やマッケンジーの協力に負うところが大きい。

マッケンジーはその後、子育ての合間を縫って、〝The Testing of Luther Albright〟（05年刊）を著し、小説家としてデビューし、13年には〝Traps〟を上梓した（いずれも未邦訳）。

先のヴォーグ誌のインタビューで、マッケンジーは「ジェフは私の作品の最大の理解者です」と言い、彼女の原稿が書き上がると、忙しいスケジュールを空け、一気に原稿を読み、細部にわたるまで助言をくれた、と話している。

糟糠《そうこう》の妻から世界一裕福な女性へ

そのベゾスとマッケンジーが離婚すると発表したのは、結婚から25年後の19年1月のこと。ベゾスが55歳で、マッケンジーが48歳だった。

1月9日にベゾスとマッケンジーの連名で投稿したツイッターには、「愛ある探求の時期と試験的な別居を経て、私たちは離婚することを決意しました。今後は友人として人生を共にすることになります」と書かれていた。夫婦の間の4人の子どもについては、「(子どもたちの）両親として、友人として、事業やプロジェクトのパートナーとして、また冒険を追い求める個人として、この先にはすばらしい未来が待っているだろう」と、2人は書き、円満な離婚であることを印象付けようとした。

しかしその翌日、タブロイド紙の《米ナショナル・エンクワイアラー紙》が、ベゾスと元TVキャスターの不倫をスクープした。同紙の社主が、ベゾスの宿敵であるトランプ大統領と親しかったため、情報提供者はだれかという犯人探しから、ベゾスが愛人とベッドにいる写真を掲載するといったタブロイド紙からの脅しや、それに対抗するベゾスの調査など、場外乱戦の模様が伝えられた。

4月に入って、マッケンジーが、ベゾスからアマゾンの株式4%を財産分与されることで離婚調停が成立した。の保有資産は383億ドル（約4・2兆円）になる。この離婚により、マッケンジーは、世界で最も裕福な女性の1人となった。ベゾスがほとんど無一文からはじめたアマゾンが大成功したことで、糟糠の妻であったマッケンジー

正式に離婚が成立するのは7月のことだが、調停が成立したタイミングで、マッケンジーは、自分のツイッターのアカウントを作り、「私自身の今後の計画を楽しみにしています。過去に感謝しながら、これから起こることを心待ちにしています」と書き込んだ。

マッケンジーは5月下旬、マイクロソフトの創業者であるビル・ゲイツと著名投資家のウォーレン・バフェットが立ち上げた慈善団体《ギビング・プレッジ》に参加し、離婚で手にした保有資産の50%以上を慈善事業に寄付する、と表明した。

慈善団体のウェブサイトには、「私の人生には不釣り合いなほどのお金を手にすることになりました。私は慈善活動に思慮深い立場を保ちつづけていきます。慈善活動には、時間と努力、それに気遣いが必要です。けれど、私は待つつもりはありません。私は自分の金庫が空になるまで慈善活動をつづけます」とマッケンジーは書いている。元夫となるベゾスは、ツイッターで、「マッケンジーを誇りに思う。彼女の公開書簡はとても美しい。がんばれ、マッケンジー」と投稿している。

ベゾス自身は、慈善活動に熱心な人物が多いIT長者とは一線を画している。ベゾスは、マッケ

ンジーに慰謝料を払った後でも、約１３１０億ドル（約14兆円）の資産を持つ世界一の富豪の地位にあるが、慈善家としてはトップ50位にも入ってこない。

ベゾスの最も大きな慈善活動は18年9月に発表した、ホームレス支援や学校設立のために立ち上げた慈善基金に20億ドルを寄付するというもの。これを伝えた新聞記事には、「もうけすぎ批判意識」という見出しがついている。この寄付額は、ベゾスの総資産の２％にも達しない。

ベゾスは、ビル・ゲイツや通信会社《ブルームバーグ》を興し、ニューヨーク市長にもなるマイケル・ブルームバーグなどと比べると、吝嗇《りんしょく》な富豪と呼ぶこともできる。元妻・マッケンジーが多額の寄付を表明したことで、図らずも、ベゾスの慈善活動への関心の薄さが露呈した格好となった。

ベゾス自ら梱包していた

アマゾンの当面の目標は、複数の先行するネット書店より優れたウェブサイトを作ることだった。ベゾスはそのころ、業界団体がオレゴン州ポートランドで開いた書籍販売についての４日間の入門講座を受講している。ビジネスプランの開発や回転時に在庫すべき書籍の選択、注文・受け入れ・返品作業、在庫管理などが網羅されていた。つまり、ベゾスは書店経営については素人からはじめたのであり、一から学ぶ必要があった。

事業が立ち上がるにつれ、従業員も増えたため、シアトルの中心部にほど近い工業地帯に事務所を移転する。スターバックス・コーヒーの本社の向かい側で、多目的スタジアムであるキングドーム・スタジアム（00年に解体）から１キロ強の位置にあった。事務所は２階にあり、地下室も倉庫として借りた。

デモのウェブサイトを作り、自分たちで注文した。最初の注文は95年4月、従業員の友人が発注したコンピュータ関連の専門書だった。サイトはできるだけ軽く、しかも魅力あるように作った。

100万タイトルの書籍が掲載されたサイトが一般に公開されたのは、同年7月のこと。

しかし、立ち上げ当時のアマゾンのビジネスモデルは、現在とは正反対で、在庫を持たないことを前提に作られていた。アマゾンは100万タイトルの書籍を自らの物流センターに在庫していたわけではなく、ネット上に100万タイトルの書籍が掲載されており、顧客が注文すると、それを取次に発注し、取次から取り寄せてアマゾンが発送するというものだった。

在庫を持たないことは、リスクを持たないことになるが、その半面、発送までに時間がかかった。ベストセラーなら2、3日、それ以外なら1週間、もっと売れない〝ロングテール（なかなか動かない商品）〟に属する書籍となると、それ以上の時間がかかった。そのリードタイムは、取次からアマゾンの元に届く日数なので、顧客に届く日数はさらに長くなった。

取次に在庫を頼る方法では、現在のような翌々日配送は不可能である。これは非常に重要なポイントである。翌日配送（日本の場合）や翌々日配送が確実なら、アマゾンで頼む人が多くなるだろうが、何日かかるのかわからない状態ならば、書店に買いに行こうという人の方が多くなっても不思議はない。

創業時点でのライバルは、先行するネット書店だけでなく、実際に店舗を構える書籍の二大チェーン店であるボーダーズとバーンズ&ノーブルだった。そうした同業他社に対抗する一番の手段は、書籍の値引き販売だった。日本のように再販制度がないアメリカでは、書籍の値引き販売が可能だった。アマゾンが定価の1割から3割引きで販売するのは当たり前で、5割引きという書籍もあった。ベストセラーを大量に仕入れ、大幅な値下げで売るのが当時のアマゾンの集客の手法だった。

この値引きが、アマゾンの初期の赤字の一因でもあった。

アマゾンが開店直後に売り上げた冊数は、1日で数冊というものだったが、口コミでアマゾンの噂が広まり、加速度的に注文が増えていった。

ベゾスは01年のインタビューでこう語っている。

「最初の30日で、全米の50州全部から注文が入り、アメリカ以外にも45カ国から注文が入りました。われわれは、実業務である発注や荷受け、梱包や発送といった点においては、ひどく準備不足でした。それまで車2台分程度の大きさだった400平方フィートの倉庫スペースを2000平方フィートまで借り足さなければならないほどでした」

当時、出荷専門の担当者はいなかったため、ベゾスを含めた全員で出荷作業にあたった。ベゾスは、同じインタビューでつづけて語る。

「私は毎日のように、荷物を持って行っていたので、配達してくれるUPSの事務所に、私が締め切り時間ぎりぎりで持っていくと、顔見知りになっていた店員が、私を店内に入れてくれるんです。その当時は、いつかフォークリフトが買えるような会社になればいいな、と思っていました。それより問題は梱包でした。夜遅くまでかかって、コンクリートの床の上で、四つん這いの状態で梱包するのは、非常な重労働でした。あまりにも作業が辛いので、隣で同じ作業をしている同僚に、私はこう言ったんです。この梱包作業は、本当に重労働だね。背中は痛むし、堅いコンクリートの上で作業しているので、膝もズキズキしてくるんだよ。この作業を楽にするために、膝当てを買う必要があると思うんだ。私は真剣でしたが、彼は私を見ると、こんなバカな人物は見たことがない、という顔でこう言い返しました。ジェフ、オレたちが必要なのは梱包用の机じゃないのかい、って。私は今までにこんな素晴らしいアイデアは聞いたことがないと思い、翌日、梱包用の机を買ったんです。すると、われわれの作業効率は、なんと2倍になったんです」

ベゾスが何度も語る創業時の逸話である。

このエピソードにはいくつかの要素が入っている。1つは創業時には、ベゾス自らが梱包や発送作業まで行ったということ。2つ目は、ベゾスは部下の意見に耳を貸すほど度量が大きいということ。3つ目は、生産性を向上させることは、アマゾンにとって至上命題といえるほど大切なことである、ということだ。

アマゾンが最も大切にする考え方の1つである、《Day 1（創業1日目）精神》が、この話には凝縮されている。

創業から20年以上たった17年3月に開かれた、アマゾン社内の全体会議で、ベゾスが社員から「Day 2（創業2日目）とは、どのような感じになるのでしょうか」と問われ、こう答えている。

「創業2日目というのは、停滞状態を指し、そこには意味のないものがあふれ、大きな痛みを伴う業績の悪化がはじまり、最後には死（倒産）に至る。だからこそ、アマゾンはいつも、創業1日目の精神を持ちつづける必要があります」

創業当時、アマゾンが掲げた社是は、〝Get big fast〟。意訳すれば、「書籍業界で迅速に市場を席巻する」ということになるだろうか。その社是通り、初年度となる95年の売上高は約50万ドル、96年は約1600万ドル、97年は約1億4700万ドル——と破竹の勢いで成長を開始した。

ランキングとカスタマーレビュー

アマゾンのサイトが、リアル書店と違っていた点が2つある。1つは商品のランキングで、もう

1つはカスタマーレビューだ。

商品のランキングは、97年7月のスタート時には1日おきの更新だったが、ベゾスの鶴の一声で、1時間おきの更新に変わった。社内のだれもが無理だと反対するなか、ベゾスは「48時間あればできるはずだ。私はそうしたいんだ」と言って周囲の反対を押し切った。当時、書籍のランキングについて、《米ウォールストリート・ジャーナル紙》と《米ニューヨーク・タイムズ紙》が特集ページを組み、自分の作品のランキングを嘆く作家の声が掲載された。

ベゾスは17年の講演で、カスタマーレビューに関してこう話している。

「カスタマーレビューをはじめたとき、出版業界からは気でも狂ったのか、と批判されました。読者が、一つ星から五つ星までの評価をつけ、レビューを書き込めるようにしたのです。今ではもうすっかり定着しましたが、当時、ある出版社から、評価のいいレビューだけを載せるのはどうだろう、という提案も受けました。評価のいいレビューだけを載せれば、書籍も売れるだろう、というのです。けれど、私はそういった考えに賛成しませんでした。カスタマーレビューの本当の目的は、商品を売ることではなく、顧客が買い物をするときに、正しいと思える判断を下す手伝いをすることだったからです」

しかし、このカスタマーレビューは、開始当時から、フェイクレビュー（偽レビュー）の問題をはらんでいた。神が聖書の書評を書いたこともあったし、英国作家のエミリー・ブロンテ（1848年没）が、自分の作品を論評し、同時代の英文学におけるライバルと目されていた「ジェーン・オースティンの作品が1年のうちに2本ミニシリーズ化され、別に1本映画化されるなんてとても信じられない」と不平を述べたこともあった。

アマゾンが順調に滑り出したのを見て、そのアマゾンを潰すため、書籍業界最大手のバーンズ&

ノーブルが独自のネット書店を立ち上げるという動きも出てきた。さらに、業界2位のボーダーズも、ネット書店を立ち上げる準備に入っていると報じられた。96年の書店の売上高でバーンズ&ノーブルは約20億ドル、ボーダーズは約7億ドルと、新興のアマゾンの1600万ドルを圧倒する数字。その両社が挟み撃ちする形で、アマゾンを締め上げていった。

そうした競争に打ち勝つためには、優秀な人材を雇い、新しいサービスに投資するさらなる資金が必要となる。その資金を手にするには、株式を上場するのが正攻法だった。また上場すれば、社会に広く認知されブランド力も高まる。

通常、株式を上場するためには、経営に関するさまざまな数字を公開する必要があるのだが、ベゾスは、自分たちのやり方で経営することへの強いこだわりと、秘密主義の傾向をあわせ持っていた。

株式公開のために雇われた当時のジェイ・コービーCFO(最高財務責任者)はこう話している。

「公開企業がプレッシャーとして受けがちな、短期的な要求には応じないという立場を明確にしていました。長い目で見たビジネスの価値と、自分たちの顧客にとっての価値という二点に焦点を集中させることを一番に考えていました」(『アマゾン・ドット・コム』)

投資家はアマゾンの顧客数やリピーターの購買パターン、具体的なマーケティング戦略などを知りたがったが、同社はそれらを公開することを拒んだ。同業他社に資するようなデータを提供することになる、と考えたからだ。株式市場から資金を集めたいという企業としては、考えられないほどの頑迷な態度だった。

アマゾンが株式をナスダック市場で公開したのは97年5月。1株18ドルの初値で株式を公開した。このIPOで5400万ドルの資金を調達することができた。この資金のおかげもあり、バーンズ

&ノーブルやボーダーズの追撃をかわすことができた。

その後、分割した株の価格が、99年12月には106ドルまで急騰する。それを受け、ベゾス自身が、新しいアメリカンドリームの体現者として持ち上げられる。

倒産の危機に直面

上場後、最初の年次報告書と一緒に発表された97年の《株主への手紙（Letter to Shareholders）》で、ベゾスはこう語っている。この97年度版は、その後、毎年の株主への手紙に添えられるほど、アマゾンでは〝聖典〟として扱われている。

「成功の重要な基準は、われわれが長期間かけて作り出す株主に対する価値だと信じています。この価値は、われわれが市場でフロントランナーとして立場を拡大し、強固にすることと直接結びつくようになるでしょう。市場を独占する力が強くなればなるほど、アマゾンはより強力な経営モデルとなれるのです。市場を独占することにより、より大きな売上高や利益、より大きな資本の動きやその回収につながることになります。

われわれは、常にこれらに焦点を当てて経営上の決定を行ってきました。われわれは自分自身をまずは、市場のフロントランナーであるかどうか、という視点から測定します。それは、顧客数や売上高の増加や、顧客がリピーターとなって買い物をする割合、われわれのブランド力の強さといったものを意味します。われわれは未来につづくフランチャイズを目指して、これまでも、これからも、顧客数やブランド力、インフラを整備するために積極的な投資をつづけていきます」

簡単に言うとどうなるのか。

ベゾスは、この株主への手紙の意味についてこう語っている。

「あれは、われわれが事業において大きなリスクを懸けて経営するということを前もって株主に説明したものです。その賭けは時には失敗し、時には大きな利益を生み出すでしょう。つまり、長期的に事業に投資することで、市場で勝機が訪れたとき、一気に刈り取れるような経営を行っていくということを宣言したものなのです」

アマゾンが短期的な利益よりも、長期間をかけて、大きなシェアを取った後で、利益を上げる経営をすると宣言したベゾスからの手紙である。これは、短期的には赤字になることがあったとしても、長期的には採算がとれる経営をすることを意味している。

では短期間と長期間とは、具体的にどのような期間を指すのだろう。

ベゾスは17年にこう話している。

「投資が利益を生み出すまでの期間として、私がいつも話しているのは、2、3年ではなく、5年から7年といった時間軸で考えてほしい、ということです」

この長期的な視点を持つ経営のため、アマゾンは2000年代前半、倒産の危機に直面する。その反面、この経営スタイルのおかげで、15年を越えるころからGAFAと呼ばれ、グーグルやアップル、フェイスブックと並ぶ、アメリカのみならず、世界を代表するIT企業に成長していく。

株式上場と相前後して、アマゾンは、それまでの取次頼みの書籍に関するビジネスモデルを大きく転換する。

アマゾンが在庫に関する考え方を転換するのは、96年のこと。当初はベストセラーの上位10位だけの在庫を持ったが、それがすぐに25位までに拡大され、さらに250位までに広がった。書籍の配送をより迅速に行うには、自ら在庫を持つしかないことに気づく。同年11月、シアトルに9万3

000平方フィート（8640平方メートル）の最初の物流センターを作り、20万冊のベストセラーを在庫できるようになった。その後、デラウェア州にも同様の規模の物流センターを立ち上げ、西海岸と東海岸で同じ数の書籍を在庫できるようにした。

その後も売上高が急速に伸びつづけていくと、物流センターの面積も拡張する必要に迫られる。アマゾンは98年から00年までのネットバブルの時期に、社債を3回発行し、20億ドル超の資金を調達した。一番の目的は、全米に5カ所の物流センターを作り、自らより多くの在庫を持つことで配送のスピードを上げることだった。これらの社債は、株式が上昇すれば、株を手放すだけで、多額の資金が調達できるはずだった。全米に物流センターを構えることで、顧客への翌々日配送を実現することができる。それにより、利便性が飛躍的に向上する、というシナリオをアマゾンは描いていた。

しかし、アマゾンの株価は00年に入って下落をはじめる。99年には、100ドルを超えていた株価は、01年秋は最安値の5ドル台にまで暴落する。ベゾスの言う通り、アマゾンのシェア第一主義のおかげで、売上高は伸びていったが、創業以来、ただの一度も利益を出したことがなかった。

株価の動向に一喜一憂するのは意味がない、とベゾスは再三語っている。

「投資家のベンジャミン・グレアムによると、株価というのは、短期的に見ると人気投票であり、長期的には企業の実力を正当に評価するものなのです。だから、社員には、日々の株価の動きを気にかけすぎてはいけない、と言っています。もし1カ月で株価が30％上がったとしても、自分が30％賢くなったと勘違いしないように、と。そうすれば、1カ月に株価が30％下がった時でも、自分が30％バカになったように感じなくても済むからです」

とはいえ、この時期、株価の急落が示すように、アマゾンに倒産の危機が差し迫っていた。00年夏、アメリカの人気証券アナリストが、「アマゾン・ドット・コムは今のままでいけば、1年以内に資金を使い果たす。（その財務状況は）三流の小売り企業の経営状況よりももっと悪い」とこき下ろした。ベゾスは雑誌のインタビューに答え、「経営危機説はでたらめ」と反論するが、株価の下落を止めることはできなかった。00年から01年にかけ、ITバブルが弾けたのだ。

赤字経営がつづいたため、アマゾンの自己資本は穴の開いたバケツから水が流れ落ちるような勢いで減りつづけた。

00年の業績を見ると、アマゾンの売上高は27億ドル台ながら、営業赤字は8億ドル台。債務超過（Stockholders' Deficit）は9億ドル台。こんな業績数字では、株を買おうという人より、売りたいと思う人が多くなるのは当然であろう。

00年の決算を発表した01年1月、株式市場から見放されることを恐れたベゾスは、一時避難的に、経営方針の転換を余儀なくされる。それまでのシェア第一主義をいったん脇に置き、はじめて黒字を出すことを公に約束した。

ベゾスは00年のテレビ番組のインタビューで、「アマゾンが利益を上げることはあるのか」と訊かれ、

「どんな会社でもいつの日にか利益を上げなければなりません。われわれは、最も顧客のことを考える企業であろうとしています。そのために物流センターを作り、多くの従業員を雇う必要があります。それらの投資にはお金がかかります。けれど、この時点で、利益を上げるために、投資をやめるという選択は、あまりにも短期的な考え方だと思っています」

と答えている。

しかし、翌01年1月、アマゾンは全従業員の15％にあたる１３００人を解雇した。さらに、7カ

所あった物流センターのうち1カ所とシアトルのカスタマーセンターを閉鎖した。約束した黒字達成のために、なりふり構わぬリストラを断行した。

IT革命のシンボルと目されていたアマゾンがリストラをせざるを得ない状況に追い込まれたことで、アマゾンもただの赤字企業に過ぎない、と市場に失望感が広がった。その夏、AOLから1億ドルの出資を受け、資金繰りの面では一息つくが、その反面、AOLやウォルマートなどによるアマゾンの買収説も流れた。

日本企業の買収失敗

アマゾンジャパンが市川塩浜の物流センターを立ち上げたのは、アメリカでは、アマゾンの経営危機の話題で騒然としている00年11月のことだった。アマゾンジャパンは同社として3番目の海外現地法人であり、その前に98年にイギリスとドイツでサービスを開始している。

ベゾスはこのとき、80年代にヤマト運輸と取次の栗田出版販売（現在は大阪屋栗田）が共同出資で作った《ブックサービス（16年に楽天ブックスに統合）》を買収し、すぐにでも日本での業務を立ち上げようと画策する。しかし、当時の社長であった木村傑《たけし》が、ベゾスに直接会って、買収話を断っている。

木村がベゾスに会ったのは98年6月で、場所は同社の本社があった本郷（東京）だった。

180センチ近い長身の木村は、前著『潜入ルポ　アマゾン・ドット・コム』でこう語っている。

「オレより背が低い小男で、見た目はかわいい感じ。でも話をはじめると、相当エネルギッシュで頭の切れる男だと思ったね。ベゾスの目的は、ブックサービスを買収すること」

その買収提案を断ったわけを木村はこう話している。

「理由は、アングロサクソン式の経営と、日本式の経営の違い。弱肉強食を地で行くアマゾンのような会社は、規模が大きくなるのなら手段を選ばないところがある」からだ、と（『潜入ルポ　アマゾン・ドット・コム』）。

このM&A話が頓挫するのと相前後して、もう1つの動きがあった。

後にアマゾンジャパン立ち上げメンバーの1人となり、現在、雑誌のネット通販会社・富士山マガジンサービスの社長を務める西野伸一郎とその仲間は98年、「アマゾンは日本に興味があるに違いない。それなら僕たちがベストパートナーだ」と考え、ベゾスにその旨をメールで送っている。1週間後に「話が聞きたい」というベゾスからの返事が来た。シアトルでの2時間の会議が終わると、ベゾスは上機嫌でこう言った。

「1日でも早くやろう」

それはどういう意味か、と戸惑う西野たちに、

「何を言っているんだ。俺たちはもう、昨日からだって一緒にやっているようなもんだろう。ぜひ一緒にやろう！」とベゾスは、単独での日本進出の話に全面的に乗ってきた。

西野は99年、当時勤めていたNTTを辞め、アマゾン立ち上げの準備に入った。そこにシアトルのアマゾン本社から1枚のファクスが届いた。「あの話（アマゾンの日本進出の話）は、なかったことにしてほしい」。アマゾンの取締役会が、まずは本国アメリカでの事業の強化を優先させることを決定したからだった。赤字覚悟で拡大路線を突っ走るベゾスにストップがかかり、日本進出が頓挫しそうになった。

納得できない西野はシアトルに飛んだ。「いつか日本に進出するのなら俺らを雇えばいいじゃな

いか」とゴリ押しして、アマゾン本社に入社し、日本進出の準備を進めた。そして1年後、大阪屋から書籍を仕入れることで、アマゾンジャパンは、どうにか船出した（日経産業新聞、19年1月7日付、8日付）。

アメリカのアマゾン本体が経営危機を脱することができたのは、ベゾスの公約であった黒字化を、約束通り果たしたからである。01年の第4四半期の決算は、正真正銘の黒字決算だった。

日本のアマゾン・ウォッチャーはこう話す。

「この決算数字は、同社の先行きに対する根強い疑念や株主の不満を一気に吹き飛ばす、奇跡の逆転ホームランのようなものでした」

本業から利益が生まれ、負債の返済に充てられる見込みがついたことで、アマゾンは倒産の危機を回避し、この後、02年に通年での営業黒字を達成し、翌03年は初の最終黒字となると、《米ウォールストリート・ジャーナル紙》は、「ネット上で最強レベルのサバイバー」と持ち上げた。

創業当初のライバルだったバーンズ&ノーブルやボーダーズの売上高は、アマゾンが01年に31億ドル超を売り上げたときに抜き去っていた。また同年、ボーダーズは自らネット販売を手がけるという選択肢を捨て、アマゾンにその業務を委託している。ネット販売においては、アマゾンに白旗を掲げて降参した形となった。書籍の販売で圧倒的なシェアを握ったアマゾンは02年の段階で、CDやDVD、玩具や事務用品と取扱商品を増やし、商品カテゴリーは20項目を超えた。

配送料を無料にする

この倒産の瀬戸際にあった00年から02年にかけ、アマゾンは同社の顧客サービスにおいて重要な一歩を踏み出している。

利益を上げるのに四苦八苦するなか、アマゾンは、00年と01年のホリデーシーズンに100ドル以上の買い物をすれば、配送料を無料にするサービスをはじめた。送料無料の設定価格を100ドルとすることで、まとめ買いの需要を掘り起こすことを期待した。それまでテレビCMなどを作っていたマーケティング部を解体し、その費用を送料無料の原資に充てた。テレビCMを打つより、送料無料の方が顧客を獲得するのに有利だ、とベゾスが判断したからだ。

02年に入ると《フリー・スーパー・セイバー・シッピング》の名称で、ホリデーシーズン以外でも、送料無料をはじめた。最初の購入金額は99ドルで、それが49ドルに下がり、さらには25ドルに下がっていった。

送料無料となる分は、アマゾンの持ち出しであり、利益を悪化させる。人員整理や物流センターの閉鎖などのリストラと並行し、アマゾンは顧客の満足度を高め、リピーターをつかむため、当面の利益を度外視して送料無料を実施したことは驚きに値する。この送料無料に関しては、社内外から、そのコストに見合っただけの見返りがないのではないか、という疑問の声が長い間つきまとった。

しかしベゾスは、そうした批判に対してこう答えている。

「顧客をセグメントごとに分けていくと、小さいグループの顧客が、大量の買い物をしていることがわかったんです。われわれは今後、時間をかけて、こうした顧客を優遇できる仕組みを考えていきたいんです」

これが後にアマゾンの経営の基軸の1つとなる《アマゾンプライム》を産み出すことにつながる。

今日、明日にも倒産するかといわれる中、強行した送料無料が、後の経営の支柱となる。禍福《かふく》は糾《あざな》える縄の如しという故事を地で行くベゾス流の経営である。

たしかに倒産の危機は遠のいたが、しかし、儲かった利益のほとんどは次の投資に回すため、その後も売上高に占める利益率は数％台と低空飛行をつづける。この利益を先行投資に回す戦略が、のちに稼ぎ頭に成長するＡＷＳ（アマゾン・ウェブ・サービス）や、電子書籍端末のＫｉｎｄｌｅ、人工知能（ＡＩ）を使ったアマゾン・エコーなどの開発につながる。

しかし、その成果が決算数字に現われるまでには長い時間がかかる。

株価で見ると、アマゾンが99年年末に記録した最高値である1株１００ドル台を上回るのは、09年10月まで待たなくてはならない。その後、アマゾンの株価は着実に上昇をつづけ、５００ドルを超えた15年7月あたりから、新聞記事やテレビニュースでのアマゾンの扱いが大きくなる。このころから、ＧＡＦＡという呼称が使われはじめる。さらに、17年7月に株価が１０００ドルを超す。18年12月には、時価総額で一時的にアップルを抜き、世界一位となった。

アマゾンが07年に書籍端末のＫｉｎｄｌｅを発売したのは、アップルが03年以降、ｉＰｏｄを使ったｉＴｕｎｅｓでの有料の音楽配信ビジネスの成功に触発された結果であることは、ビジネス界では広く知れ渡っている。ｉＴｕｎｅｓの成功後、アマゾン社内では「目標はアップルになることだ」と言われるようになった。その夢にまで見たアップルと肩を並べるときがようやくやってきた。

64年生まれ、イェフ・ベイゾス

ベゾスは64年1月12日、ニューメキシコ州の最大都市アルバカーキで生まれた。

ベゾスが自分の出生について語るとき、ほぼ同じ話を繰り返す。

「私の母であるジャッキーは63年、17歳の高校生のときに、私を妊娠します。当時、女子高校生が妊娠するというのは、とても外聞が悪く、学校の校長は母を退学にしようとします。しかし、母の父、つまり私の祖父が掛け合って、どうにか高校を卒業させました。一方、父のミゲル・ベゾスはキューバからの移民です。15歳のとき、カストロ政権に反対するカトリックの使節団に連れられてアメリカにやってきました」

当時、ベゾスの父が知っていた英語は、ハンバーガーだけだった、という。

ベゾスは弟マークとの対談でこう話している。

「父の母国語であるスペイン語には〝j〟という発音がありません。だから、父は今でも、母のことをヤッキー（ジャッキー）と呼び、私のことをイェフ（ジェフ）と呼ぶのです」

Bezosという聞き慣れない名字はキューバの名前であり、英語では、ベゾスではなくベイゾス（BAY-zoes）と四音節で発音する。しかし、日本ではすでにベゾスという呼び方が浸透しているので、この書籍ではベゾスという表記を用いる。

このベゾスが語る出生話には、大きく省略されたところがある。キューバからの移民の男性は、ベゾスの義理の父親であり、実の父親ではないという点だ。

ベゾスは99年、アメリカのネットメディアの取材に対し、こう答えている。

「実の父親とは会ったこともありません。実際の父親とは育ててくれた義父のことです。実の父親のことを思い出すのは、病院でこれまでの病歴などを記入するときぐらいです」

実父について両親から聞かされたのは、ベゾスが10歳のとき。

「それを聞いて、私は泣きました」と語っている。

ベゾスの出生秘話について、掘り下げて取材したのは、ブラッド・ストーンが書いた『ジェフ・

ベゾス　果てなき野望』だった。

実の父親の名前は、テッド・ジョーゲンセン。シカゴで生まれ、その後、アルバカーキに引っ越してきた。高校時代に、ジャッキー・ガイスと付き合いはじめ、ジャッキーが在学中にベゾスを身ごもる。ジョーゲンセンが18歳、ジャッキーが16歳のとき結婚する。しかし、ジョーゲンセンにはまともな収入がなかったため、この結婚はうまくいかず、ベゾスが生まれた翌年、2人は離婚する。ジョーゲンセンは、ストーンが12年に、アリゾナ州にある彼が経営する自転車店を取材で訪れるまで、自分の息子が国際的な大企業の経営者であることに気づかなかった、という。

離婚後、ジャッキーが出会ったのが、キューバからの移民であり、義父となるミゲル・ベゾスだった。ミゲルは、奨学金を得てアルバカーキ大学に進学したとき、アルバイトとして働いた銀行でジャッキーと知り合った。ミゲルは大学卒業後に、石油技術者としてエクソンに就職し、ジャッキーと結婚した。この再婚によって、ジェフ・ジョーゲンセンは、ジェフ・ベゾスと名前を変えた。ベゾスにはその後、妹のクリスティーナと、弟のマークができる。家族は、父親の転勤に伴い、アルバカーキから、ヒューストン、フロリダ州のペンサコーラへと引っ越す。

ベゾスが、幼少時代について話すとき、常に登場するのが母方の祖父である。

テキサス州サンアントニオの近くに住んでいた「Pop（お父ちゃん）」と家族に呼ばれた祖父の農場で、夏休みの3カ月間を、4歳から16歳まですごした。祖父の名前は、ローレンス・プレストン・ガイズ。米原子力委員会の地方オフィスで働き、一時は2万人以上の従業員を率いる立場でもあったが、ベゾスが生まれる少し前、早期退職している。この祖父のミドルネームであるプレストンを、ベゾス自身もミドルネームとして受け継ぎ、ベゾスの長男が生まれるとプレストンという名前をファーストネームにつける。

ベゾスは祖父との思い出を01年にこう語っている。

「牧歌的な子供時代をすごしました。祖父と祖母が暮らす辺鄙《へんぴ》な農場で、毎年3カ月をすごしたことは私のその後の人生に大きな影響を与えました。とにかく、田舎の農場では、どんな問題が起きても自分たちで解決する以外に方法はありませんでした。そして祖父は、自分で問題を次々と解決していく人でした。信じられないぐらい独立独歩の人でした。壊れた風車を修理するぐらいは当たり前で、あるとき、祖父は、廃車寸前のキャタピラー製の大型ブルドーザーを安値で買ってきたのです。ギアもトランスミッションも油圧機も、何もかも壊れているというおんぼろでした。私が祖父と最初に取り組んだことは、ギアを持ち上げるクレーンを自分たちで作ることでした。カタログで注文したギアなどを付け替えて、一夏かけて、ようやくブルドーザーが動くようになりました。獣医の真似をして、2人で牛の手術をしたこともありました。人里離れた農場で学んだことは、他人を頼るな、自分の工夫でどんな苦境も乗り切れ、というフロンティア精神そのものでした」

ベゾスの母・ジャッキーは教育熱心で、ベゾスを子どもの自主性を重視するモンテッソーリ式の幼稚園に入れる。ベゾスは1つの課題に熱中すると、次の課題に移ることを嫌がり、先生が、ベゾスを座っているイスごと、次の課題の場所まで移動させることもたびたびあった。

ベゾスが6歳のときの憧れの職業は映画「インディー・ジョーンズ」のような考古学者で、その次は宇宙飛行士だった。ベゾスの宇宙への興味は現在までつづき、ベゾスは、アマゾンの株式公開で手に入れた資金を注ぎ込み、00年に《ブルーオリジン》という航空宇宙企業を作り、そのオーナーでもある。

ベゾス特有の笑い声は、生来のものらしく、子どものころ、きょうだいと映画を観に行くと、ベゾスが1人で大笑いし、周りのひんしゅくを買うので、すぐに彼らはベゾスと一緒に映画に行きたがらなくなった、と話している。また、自分の笑い声が理由で、図書館カードを取り上げられたこともある、とベゾスは語っている。

「学校の成績はいつもよかったんです。勉強するのも本を読むのも大好きでした。けれど、小さいときから笑い声が大きすぎて、高校生のとき、その笑い声のせいで図書館の貸し出しカードを取り上げられたのにはまいりました」

読書の中では特にSF小説が大好きだった。小学生のころ、トールキンが書いた『ホビットの冒険』や『指輪物語』などに夢中になった。祖父の農場がある町には、地元の住民が蔵書を寄贈した私設の図書館があり、子ども向けだけではなく、大人向けのSF小説もむさぼるように読んだ。テレビドラマとなった「スタートレック」も欠かさず見た。ベゾスのお気に入りは、眉毛と耳がつり上がったスポック船長だった。

ベゾスは小さいころから、コンピュータにも強い関心を寄せる。小学4年生のころから、地元の企業が小学生に貸し出すメインフレームのコンピュータを使いはじめるという早熟ぶりを発揮する。

フロリダの高校を首席で卒業したベゾスは、卒業生代表のスピーチで、将来、人類が宇宙に移住する計画について熱く語った。締めのセリフは「最後のフロンティアである宇宙でお目にかかりましょう」だった。その後、プリンストン大学でコンピュータ・サイエンスを専攻し、ここも首席で卒業した。名門大学を卒業して8年後、ベゾスはアマゾン・ドット・コムを立ち上げた。

3つの事業による弾み車

話を、倒産の危機を乗り越える前後のアマゾンに戻そう。

現在のアマゾンの経営の主軸としては、3つの事業がある。

ベゾスはこう話している。

「事業の3つの柱とは、マーケットプレイス（third party seller business）とアマゾンプライム、それにAWSです。この3つが弾み車（fly wheel）となっているのです。つまり、1つのサービスが、ほかのサービスを押し上げ、それがまたほかのサービスを押し上げ、そうして好循環が生まれるのです」

弾み車という聞き慣れない言葉は、アマゾンの経営を語るときに頻繁に使われる。好循環を生み出す仕掛け、といった意味である。

まずは、マーケットプレイスから見ていこう。

アマゾンがプラットフォーマーとしての第一歩を踏み出したのは、2000年にトイザらスが供給する商品を、アマゾンのサイト上で10年間販売するという戦略的な業務提携関係を結んだときにさかのぼる。トイザらスは、売れ筋の商品を選び、購入して、在庫管理をする。一方、アマゾンは自社の物流センター内にトイザらスの在庫を持ち、注文に応じて発送する。アマゾンは、年間の手数料をトイザらスから受け取るのに加え、売れた商品の1件ずつに対しても手数料を受け取る。つまり、大きな投資をして作ったウェブサイトと物流センターを他社に利用させることで、手数料収入を得るという道を作った。

この業務提携の前段には、アマゾンの手痛い失敗があった。前年の99年のホリデーシーズンに、アマゾンはなんのノウハウもない玩具を大量に仕入れ、その半分近くが売れ残った。

それまで扱ったことのなかった商品を大量に仕入れることに尻込みする幹部社員に向かって、ベゾスは、

「黙れ！　1億2000万ドルだ！　たっぷり仕入れろ。後始末が必要になったら、オレが自分で埋め立て地まで捨てにいってやるから」（『ジェフ・ベゾス　果てなき野望』）

と啖呵を切った。周囲の予想通りに売れ残った5000万ドル分の在庫は、訳あり商品などとして売り切らなければならなかった。高い授業料を払い、入荷してから数カ月後に売れる玩具の在庫を確保するには、長い経験と業界での付き合いが必要なのだ、とベゾスは理解した。餅は餅屋に任せるのが一番だ、と。

トイザらスとの共同の記者会見で、ベゾスは、

「これは長期的な契約に基づく同盟関係です。アマゾンは玩具の実店舗の運営については何も知りません。トイザらスとアマゾンの戦略は違っていますが、アマゾンとしては幅広い商品群を取り扱いたい、と考えています〈中略〉われわれは書籍を売るのは得意です。けれど、新しい分野ではいろいろ勉強しなければならないことも多く、ときにそれは高くつくこともあります」

と語っている。しかし、この契約では、アマゾンがトイザらス以外からも玩具を納入しているとして、トイザらスが04年にアマゾンを契約不履行だとして裁判所に訴えた。アマゾンは裁判に敗れ5000万ドル以上の賠償金を支払っている。

その後、01年にはリアル書店のボーダーズと家電量販店のサーキット・シティーとも同様の戦略同盟を結んだ。

アマゾンが当時、ライバル視していたのは、ネットオークションサイトのｅＢａｙだった。売り手が自分で商品をｅＢａｙに出品し、一番高い値段をつけた人が落札すると、売り手が自ら商品を発送する。

先行したｅＢａｙの売上高は、97年が5700万ドル強で、98年が4700万ドル強、99年が2億

2000万ドル強、00年が4億3000万ドル強と破竹の勢いで成長していた。しかもアマゾンとは異なり、安定して利益も上げており、00年の営業利益率では20％近くを叩き出している。現時点からは想像しにくいが、このころ市場の評価では、アマゾンはeBayに完敗を喫していた。アマゾンはeBayに追いつこうと必死だった。

アマゾンは急ごしらえでeBayを真似て、99年3月に《アマゾン・オークション》というサイトを立ち上げる。この試みが、eBayを追随するには力不足だと判断すると、すぐに《zShops》というサイトに衣替えをするが、いずれのサイトも集客力不足と判断して閉鎖した。これらのサイトの最大の問題は、アマゾンが自社で販売するページとは別建てで、オークションサイトのページを作った点にあった。

ベゾスは、トイザらスやボーダーズといった大企業だけでなく、アマゾンが、eBayのように無数にある個人や中小企業にとってのプラットフォーマーになるという目標を諦めることができなかった。

マーケットプレイスの仕組み

アマゾンが、その後の主力となるマーケットプレイスをはじめるのは02年11月のこと。それまでのオークションとは違い、アマゾンのメインの商品紹介のページに、外部の業者が新品や中古品を並べて一緒に売ることができるようにした。

夏目漱石の『吾輩は猫である』（岩波文庫）は、定価の756円で売られている。その同じページに、50件を超える中古本が表示され、1円から売られるようになる。こうなると、同じ商品が、複数のページに表示されるｅＢａｙより、売る側にとっても買う側にとっても、格段に便利になり、商品も売れるようになる。

一見すると、定価で商品を売っているアマゾンが損をするサービスのようにもみえる。しかし、実はそうではない。アマゾンは、マーケットプレイスの出品者から手数料を取ることで、実際に自分たちで売る以上の利益を出せる仕組みになっている。

私は『潜入ルポ　アマゾン・ドット・コム』の文庫版に補筆するため、１年かけ30冊近い中古本をマーケットプレイスで販売した。物流センターに潜入した本の補筆で、もう一度、物流センターに潜入するのでは芸がないと思い、古本を売ることで、アマゾンのシステムの中に潜入することにした。

30冊近く売った収入（送料を含む）の合計が、２万５０００円強だった。そのうち、私の手元に残ったのが１万３０００円強。アマゾンが抜き取った手数料などの合計が７３００円弱――となった。差額の５０００円弱は、私が送料として宅配業者に支払った金額だ。その結果、マーケットプレイスで一番儲かるのはアマゾンである、というからくりに気づいた。

具体的にはどういった計算になるのか。

ここでは、計算しやすいよう、古本業者が『吾輩は猫である』の中古本をアマゾンのマーケットプレイスにて１００円で売ったとしよう。その際、古本業者がアマゾンに支払う手数料は３種類ある。１つは、基本成約料が１００円、もう１つの販売手数料は書籍の場合15％なので15円、最後にカテゴリー成約料が80円。合計１９５円がアマゾンに入ってくる。

これは、アマゾン自身が『吾輩は猫である』を定価の７５６円で売ったときより、はるかに実入りがいい。書籍販売の場合、売上高は出版社と取次、それに書店の三者で分けられる。その比率は、大まかにいうと出版社が70％、取次が8％、書店が22％である。となると、756円の文庫本を売ったとき、アマゾンの手元に入るのは160円強。しかも、この金額で、書籍を発注し、物流センターで荷受け、棚入れ、ピッキングなどの作業をへて、消費者の手元まで宅配便で届けなければならない。その経費を引いた後では、アマゾンの手元に残るのはいくらもない。いや、宅配便の運賃次第では、マイナスとなる可能性もある。

それに比べ、在庫も持たず発送もせず、中古本が売れて195円の手数料が入ってくるなら、こんなにおいしい話はない。アマゾンが自分で文庫本を売って手に入れる160円強の金額は売上高だが、100円の中古本が売れて手にする195円の手数料は、ほぼ利益に近い。この差は、とてつもなく大きい。つまり、マーケットプレイスとは、アマゾンが利益を上げるための仕組みなのだ。

最初は中古本の出品からはじまったマーケットプレイスだったが、今ではさまざまな商品が出品されている。また、アマゾンが取り扱っていない商品も出品できる。この自分たちで作ったプラットフォームを、外部業者に使わせるというマーケットプレイスを生み出したことで、アマゾンは、赤字体質から脱却し、安定して黒字が上がるようになる。

アマゾンはこのマーケットプレイスから入ってくる手数料があるため、自社で販売する商品の多くを同業他社と比べ、最低水準の値段で販売することができる。最安値で多くの商品を販売できれば、アマゾンの利用者が増える。そうすれば、マーケットプレイスに出品する業者も増える――という好循環を生み出している。

アマゾンが目標としたｅＢａｙを時価総額で追い抜くのは、08年7月のことだった。

そのマーケットプレイスをさらに使いやすくしたのは、《フルフィルメント・バイ・アマゾン（ＦＢＡ）》というサービスだった。アメリカでは06年、日本では07年にサービスがスタートした。

ＦＢＡとは、出品者がアマゾンの物流センターに商品を預け、アマゾンが、商品の保管、注文処理、配送、返品業務を行うというものだ。私が小田原の物流センターでピッキングした〝エックスエイシン〟がついた商品がこれに相当する。

出品者がＦＢＡを利用するには、配送代行手数料と在庫保管手数料を支払う必要がある。しかし、売れ筋の商品を開発することができるのなら、あとの通販業務はアマゾンに委託できるという旨味《うまみ》がある。アマゾン自身の調査によると、８割以上の出品者が「ＦＢＡの利用を開始したことで利用前と比較して売上が向上した」と回答している。

アメリカの電子商取引の調査会社である《マーケット・トラック》によれば、17年の段階で、アマゾン自身が売っている商品数は１３００万ＳＫＵ（最小在庫単位を指す言葉）に対し、マーケットプレイスの出品者からの商品数は３億５０００万ＳＫＵになるという。もちろん、売れ筋商品はアマゾンが直接販売し、そのほか諸々の雑多な商品をマーケットプレイスの出品者が販売するという図式ではある。しかしアマゾンで販売している商品の過半は、マーケットプレイス経由となっている。アマゾンが今日、〝エブリシング・ストア〟と呼ばれるのは、このマーケットプレイスの出品者に負うところが大きい。

ベゾスはこう述べている。

「アマゾンのビジネスの中で、その重要性が十分に伝わっていないのが、マーケットプレイスなんです。アマゾンの売上高の半分以上は、マーケットプレイスによるもので、そこに出品する事業者のうち約10万社が年商10万ドル以上を稼いでいるのです。われわれは、できるだけそれらの商品をアマゾンの物流センターに在庫することを勧めています。そうすれば、アマゾンプライムと同じように翌々日配送の対象となるからです。多くの人々がマーケットプレイスに出品することで、生計を立てているのです」

（筆者注・年次報告書に表記されるマーケットプレイスの売上高の数字は、手数料収入だけが記載されているので、アマゾンの売上全体の20％弱という数字に収まっている。しかし、実売の数字では、ベゾスの言うように、アマゾンの売上高の半分以上となる）

プライム会員は1億人を突破

次は、アマゾンプライムだ。

アマゾンプライムという名前の会員サービスがはじまるのは05年のこと（日本では07年）。年会費79ドルを払う顧客には、何度であれ、送料無料で翌々日（日本は翌日）に商品を届けるというもの。その後、アメリカの年会費は、14年に99ドル、18年に119ドルに値上がりしている。日本では3900円だった年会費が、4900円に値上がりすると発表されたのは19年4月のこと。

02年にはじめた《フリー・スーパー・セイバー・シッピング》から着想を得たサービスだった。ベゾスが創業のとき、顧客が重要視するのは、品揃えと価格、利便性であるとした。その利便性とは、迅速、かつ便利で正確な配送を意味している。

アマゾンプライムの狙いは、消費者を会員とし、送料無料以外にも、各種の特典を提供することで顧客を囲い込むことにあった。

ベゾスはイギリスの新聞のインタビューにアマゾンプライムの狙いをこう話している。

「プライムはいわば、食べ放題のビュッフェ形式のレストランのようなものなのです。最初に、来るお客さんは、元を取ろうとがつがつ食べる人たちなので、その間は、投資期間となるのも仕方ありません」

プライムには、コストがかかった。送料が1回につき10ドルとするなら、顧客が年間20回以上注文すれば200ドルとなり、差額の100ドル以上がアマゾンの持ち出し分となり、つまり赤字が発生する。採算がとれる見込みはなかった。

同社の年次報告書によると、アマゾンプライムをはじめた05年にアマゾンが顧客から受け取った配送料は5億1100万ドルに対し、アマゾンが外部の宅配業者などに支払った配送料は7億5.000万ドルと、2億ドルを超す赤字になっている。この年の最終利益が3億5000万ドル超であったことを勘案すると、配送料による赤字がさらに増えれば、経営の足を引っ張るのではないか、という懸念は決して的外れではなかった。

しかし、ベゾスは、アマゾンプライムを事業の中心に据えるという強い信念を持って社内の反対意見を封じ込めた。ベゾスは18年、プライム立ち上げ当時の社内事情を振り返って、豪ネットメディアであるスマートカンパニーにこう話している。

「最初は、ある社員からこの送料無料というアイデアを聞いて私は素晴らしいと思いました。けれど、財務部門が試算してみると、配送費の持ち出し分が恐ろしいほど大きくなる、っていうんです。ただ、お客さんは送料無料が大好きなんです。それで実際にやってみて何が起こったかといえば、最初にそうした会員になるのはヘビーユーザーのお客さんでした。それで一時的には支出は増えましたが、すぐにプライムがアマゾンの成功の中軸になっていったのです」

アマゾンはその後、プライム会員向けKindleオーナーライブラリー（キンドル端末を持つ会員が無料で読書ができるサービス）やプライム・ミュージック、プライム・ビデオ、アマゾン・フォト（写真の無制限のストレージサービス）や生鮮食品を配送するアマゾンフレッシュなど、サービスを拡充していった。

ベゾスはこう語っている。

「プライムの会員と、通常の顧客を比べると、プライム会員の方がより多くの買い物をするんです。払った年会費の元を取ろうとするから、会員になると、どうやればアマゾンを利用し尽くせるかを考えるようになるんです。自分が買いたい商品群だけじゃなく、別の商品群も買いはじめるのです。いったん会員になると、アマゾンの事業にとってプラスになることが起こりはじめるのです」

このベゾスの言葉は、米調査機関によって証明されている。

《コンシューマー・インテリジェンス・リサーチ・パートナーズ》が18年に発表した調査によると、プライム会員は年間1400ドルをアマゾンで使い、非会員は600ドルを使う、と試算している。その差は2倍以上になる。また、初年度の会員の利用金額は900ドルになるのに対し、3年以上の会員となると1500ドルに増える、という試算も出している。ベゾスの言う通り、アマゾンが会員を長く引き留めておくことができれば、それだけ売上げに貢献するという図式だ。さらに、会員と非会員のコンバージョン・レイト（ページの訪問者に占める購入者の割合を指す）も5、6倍高い、という数字もある。

プライムに対する姿勢が最もわかりやすい例が、プライム・ビデオであろう。

アメリカでは06年、《アマゾン・アンボックス》としてサービスを開始した。11年から、アメリカで《アマゾン・インスタント・ビデオ》と名前を変更し、プライム会員に約5000タイトルの映画やテレビ番組を無料で観ることができるようにした（日本でプライム会員向けの見放題がはじまるのは15年から）。今では、アマゾンのオリジナル作品も観ることができる。

アマゾンは11年、自前の撮影スタジオを立ち上げ、オリジナルの映像コンテンツ作りをはじめている。最初に作ったコメディードラマの「トランスペアレント」でゴールデン・グローブ賞を取ったのを皮切りに、「グランド・ツアー」や「高い城の男」などの人気コンテンツを立てつづけに配信している。16年には、ビデオストリーミング会社として初のアカデミー賞も受賞している。「マンチェスター・バイ・ザ・シー」で脚本賞と主演男優賞を獲得し、「セールスマン」で外国語映画賞を獲得した。アマゾンが17年に映像コンテンツへ投資した金額は45億ドルで、専業者の《ネットフリックス》の60億ドルに迫る勢いだ。

ベゾスは、巨額の投資によって作った映像コンテンツを無料で配信する理由をこう話す。

「われわれが作った映像が、ゴールデン・グローブ賞を取ると、靴などの商品がアマゾンのサイトで売れるのです。プライム会員になれば、優れたオリジナルの映像コンテンツまで無料で観ることができる。われわれは、(ネットフリックスなどの)同業他社とは、非常に違った方法で、投資を回収しているのです。映像コンテンツを無料で提供することでアマゾンプライムの魅力を高め、靴や洋服などの商品をアマゾンのサイトで買ってもらうのです。優れた映像が弾み車となって、より多くの商品が売れるのです」

19年時点で、日本で観ることのできるプライム・ビデオの本数は約7万3000本あり、そのうち約2万5000本が無料コンテンツだ。

私自身、プライム会員である。アマゾンの取材の一環として、Ｋｉｎｄｌｅの端末もアマゾン・エコーも持っている。しかし、私がプライム会員である一番の理由は、プライム・ビデオにある。

これまで、アメリカのＴＶドラマである「フレンズ」や「グッド・ワイフ」、「セックス・アンド・ザ・シティ」や「スーツ」などを観た。映画では「ゴッド・ファーザー」や「男はつらいよ」シリーズ、それに「シンドラーのリスト」など数えきれないほどの本数を観た。私がこれまでに観た、あるいはこれから観たいと思っている多くの作品はアマゾンのサイト上にある《ウォッチリスト》に登録してある。

ベゾスが自画自賛するアマゾンのオリジナルコンテンツで、私が唯一最後まで観たのは、ジュリア・ロバーツ主演の「ホームカミング」（30分×10話）だ。私がこの原稿を書いている19年4月下旬では、18年に公開され大ヒットした「ボヘミアン・ラプソディ」や「カメラを止めるな！」などが有料ながらも観ることができる。

ベゾスは17年の株主への手紙で、プライム会員の数が1億人を超えたことを公表した。

「（アマゾンプライムを開始してから）13年で、われわれの有料のプライム会員数が全世界で1億人を超えました。アマゾンは17年、５００億個以上の商品をプライム便で届けました。17年は、これまで以上に（アマゾンプライムの）会員数が伸びた年でもありました」

秘密主義で知られるアマゾンが自ら経営の細部にわたる具体的な数字を発表したことに、サービス開始当初、社内外の反対を抑えてプライムを推進したベゾスの嬉しさが読み取れる。アマゾンプライムは、小売業界の中で最も成功したサブスクリプション（定額サービス）の１つとなった。

利益の半分以上を稼ぐＡＷＳ

アマゾンの経営の３つ目の柱となるのが、ＡＷＳというクラウド事業だ。

ＡＷＳ事業における成功により、アマゾンが単なるネットの小売業者であるという枠組みを飛び越え、ＩＴ企業として認められるようになった。また、そのクラウドサービスの市場で、同業他社を大きく引き離し、現在、独走状態にある。

先に書いたように、アマゾンの利益の半分以上を稼ぐＡＷＳ部門の全容が明らかになるのを境に、アマゾンの株価は急上昇をはじめる。そこからＧＡＦＡと呼ばれるようになり、純粋なＩＴ企業であるグーグルやフェイスブックと肩を並べて論じられる企業となる。

クラウドサービスとは、ネット上で仮想サーバーの機能などを提供するサービスである。実際のサーバー上で行われていた、ストレージやデータベース、処理能力といった基本的なコンピュータのインフラをウェブ上で販売する。クラウド上の仮想サーバーは、ハードウェアのサーバーと違い、使いたいと考えた瞬間からサービスが利用でき、利用した容量に合わせた料金を支払えばいいという利点がある。同じインフラである電力にたとえるなら、これまでは各社ごとに発電機を作って、電気の需要に対応していたのが、電力会社から必要な電力を必要な分量だけ買えるようになったということだ。

たとえば、会社員が会社でパソコンを利用するとき、サーバーを経由して、経理なら財務会計システム、営業なら顧客データベースを使っている。ＡＷＳは、ネット上にサーバーを作り出し、オンラインで企業に貸し出すようにした。そうすれば、各企業はこれまでのように、サーバーを設置することなく、またサーバーの容量などを気にすることなく自由に、かつ安価にネット上のクラウドを使うことができる。それがクラウドサービスだ（成毛眞著『amazon　世界最先端の戦略がわかる』）。

普段は能弁なベゾスも、ＡＷＳが専門的すぎると考えているためなのか、ＡＷＳについては多くを語っていない。12年にアメリカで開かれた《ＡＷＳサミット（ｒｅ：Ｉｎｖｅｎｔ）》のオープニングで、ＡＷＳ部門の幹部社員と対談した映像でも、ベゾスはほとんどＡＷＳについて実のある話をしていない。

ＡＷＳについては、かつてベゾスの〝影法師《シャドー》〟を務めたアンディ・ジャシーがその事業を率いてきた。影法師とは、参謀長のような役割で、２、３年と期間を限定し、ベゾスと行動をともにすることでベゾスの考えを身につける役回りだ。

アマゾン社内では、幹部社員といえどもそのほとんどはベゾスの言葉を繰り返すだけの〝ジェフボット（ジェフ＋ロボットからの造語）〟と呼ばれる、イエスマンがほとんどだ。しかし、自分自身の言葉で語ることが許された人物が２人だけいる。１人は、99年に入社して、物流部門を中心にアマゾンの事業を切り回してきたジェフ・ウィルケであり、もう１人がジャシーである。ベゾスは、アマゾン・ドット・コムのＣＥＯであり、〝社内でもう１人のジェフ〟と呼ばれるウィルケは世界顧客部門ＣＥＯ、ジャシーはＡＷＳ部門のＣＥＯとなる。アマゾンの組織図で、ＣＥＯのタイトルがつくのはこの３人だけだ。

よって、ＡＷＳについては、ＡＷＳ事業の立案から今日の業務までを統括してきたジャシーの言葉を引用する。

ジャシーが入社したのは97年。ハーバード大学のＭＢＡコースを卒業した翌週にアマゾンに入社した。

ジャシーはこう話している。

「入社後、いくつかの部署を経験した後、ジェフから、〝影法師〟にならないか、という申し出を受けました。それから、２年半にわたって、ジェフの日々の業務に同行し、会議にも出席し、ジェフに意見を述べることになりました。けれど、その仕事をはじめる前に私が、ジェフに仕事の具体的な内容を尋ねると、私が君のことをよく知り、君は私のことをよく知り、お互いが信頼関係を築くことだ、と言われ、その内容があまりに曖昧《あいまい》すぎるので戸惑ったのを覚えています。ずいぶんと迷いましたが、結局、私はこの申し出を受けることにしました」

ジャシーが影法師として働いたのは02年から03年にかけてのことだった。その後、影法師の職務は、テクニカル・アシスタントと名前を変え、今では社内ではだれもが知る花形の役職となっている。

ジャシーが影法師の任務を終えるころ、アマゾンでは数多くの従業員を雇用していた。従業員が増え、プロジェクトが増えるたびに、社内にサーバーのハードウェアを継ぎはぎで立ち上げ、業務を進めていた。実際にサーバーを立ち上げるまでには２カ月から４カ月かかり、そのたび業務の流れは滞った。

ジャシーはここに商機があるのではないか、と探り出す。

ジャシーは03年夏、アマゾン社内にクラウドサービスへのニーズがあるだけでなく、アマゾンがそのころ力を入れはじめたマーケットプレイスの利用者向けに、ほかのＩＴベンダーなどが拡張的なクラウドサービスを手がけていないのに気づき、アマゾン自身がクラウドサービスに乗り出そう、と発案した。

ジャシーは17年にこう語っている。

「ジェフは、ＡＷＳのコンセプトの熱心な支持者でした。けれど、私が上級役員の会議に、ＡＷＳの議題を乗せたとき、ほかの役員からは懐疑的な意見も出ました。ＡＷＳがアマゾンの本業である小売業とあまりにもかけ離れていることを案じる声がありました。また、はじめ少しだけサービスを作ってみて、その後の利用状況をみながら進めていった方がいいんじゃないかという慎重論もありました。けれど、ジェフはそんな議論には、まったく尻込みしませんでした。ＡＷＳがアマゾンにとって有益であることを信じて疑っていませんでした。ＩＴ企業でもあるアマゾン自身が社内で抱える問題ならば、その解決策を作って外販すればきっと売れるはずだ、と言って、私の背中を押してくれました」

ジャシーはベゾスの承認を得ると、60人近い立ち上げメンバーとともにＡＷＳの開発に邁進する。最初の1、2年は、日中には新たな人材を採用するために面接を重ね、夜を徹してシステムを作るような日々を送った。

ジャシーは15年、アメリカのネットメディアにこう話している。

「われわれのチームが事業計画書を書いたとき、誰一人としてＡＷＳがこれだけの速さで成長し、テクノロジー産業全体を塗り替えるとは想像できていませんでした。10年もたたないうちに、ＡＷＳは地滑り的な大きな変化をテクノロジー産業に起こしました。クラウドサービスの成功で、技術革新のスピードは速まり、取り扱うデータ量が何倍にも増えました」

3年近い準備期間をへて、ＡＷＳがアメリカでサービスを開始するのは06年のこと。日本語のサイトがオープンしたのは10年のこと。

アメリカで真っ先にＡＷＳに飛びついたのは、ＩＴインフラの初期投資をできるだけ抑えたいとするベンチャー企業たちだった。宿泊施設のシェアリングサービスの《Ａｉｒｂｎｂ》や音楽配信サービスの《スポティファイ》などが初期の顧客に名を連ねる。そして、09年に動画配信サービスの大手であるネットフリックスが、映画やテレビドラマのコンテンツだけでなく、社内の基幹システムまでほぼ１００％のデータをＡＷＳに移行すると、ＡＷＳの知名度は一気に高まった。

さらに13年、ＡＷＳがＩＢＭとの間で、米中央情報局（ＣＩＡ）からの契約について法廷で争い、法廷がＡＷＳとＣＩＡとの6億ドルの契約を、司法の場で認めたことでさらに注目が集まった。13年には、ＮＡＳＡ（アメリカ航空宇宙局）からの業務も請け負うと、クラウド事業の最大の問題であるセキュリティーの問題もクリアしている証としてみられるようになった。

日本のユーザーとしては、丸紅やファーストリテイリング、ローソンやキリンホールディングス、HISや日本通運などの大手企業の名前が並ぶ。

AWSが最も驚きをもって迎えられたのは、15年4月23日の第1四半期（15年1月から3月）の決算数字を発表したときだった。

それまで、そのほかの部分に隠していたAWSの決算数字を、はじめて単独で公開した。AWSの売上高は15・66億ドル強で、営業利益は2・65億ドル。営業利益率で約17％という、だれも想像していなかった高い利益率を上げているという事実を明らかにしたときだった。

15年通年では、AWS部門の売上高は78億ドル強と、全体の7％に過ぎないのに、営業利益（株式報酬支出前）になると全体の41％を占めるという稼ぎ頭であることがわかった。その後、16年は74％を占め、17年は100％を超える営業利益を稼ぎ出すことになる（17年が、100％以上となるのは、北米部門と国際部門の合算の営業利益がマイナスとなったため）。

アマゾンの株価は、15年の第1四半期が発表された翌日、380ドル台から440ドル台に跳ね上がった。第2四半期が発表された7月23日でもAWSの高収益体質が確認されると、株価はさらに480ドル台から520ドル台に急上昇し、時価総額で米小売りの最大手であるウォルマートを抜き去った。その後、アマゾンの株価が1000ドルを突破する原動力となるのは、AWSの高い利益率である。

15年の段階で、AWSはすでにクラウドサービス市場でシェア31％を占めて1位となっていたが、17年になるとそのシェアが50％を超えるまでに続伸している。2位のマイクロソフトの13％台や3位のアリババの4％台と比べると、この市場では勝負あった、という観がある。

なぜＡＷＳがこれだけの大成功を収めることができたのか。それは、同業他社より、６、７年も先駆けてサービスに取り組んだからである。しかも、何度もＡＷＳの利用料金の値下げを繰り返すことで、同業他社が追い付けないようにした。通常、儲かる商品が開発されれば、１、２年のうちに類似品が販売され、商品は陳腐化し、価格は下落をはじめる。しかし、６、７年の先行者利益があれば、後続の同業者を大きく引き離すことが可能となる。

アマゾンが現在、グーグルやアップル、フェイスブックと並んで論じられるのは、ひとえにＡＷＳ事業での成功があったからだ。

事業は一振り１０００点

もちろん、アマゾンのすべての経営戦略がうまくいったわけではない。

日本では発売されることがなかったので、ほとんど知られていないが、アマゾンは14年7月、3Ｄ機能を持った《ファイア・フォン》という携帯電話端末を販売した。２年契約で、電話機の価格は１９９ドル。生前のスティーブ・ジョブズを意識するように、ベゾスが３００人の聴衆を前に、１時間半にわたり、どれだけアマゾンの携帯電話が優れているのかを得々と説明している姿がＹｏｕＴｕｂｅに残っている。

しかし、結果は大失敗に終わった。

販売したのは、アメリカ、イギリス、ドイツの３カ国のみ。発売の翌年には生産を中止している。アマゾンは詳しい数字を公表していないが、同年の第３四半期に4億ドル以上の最終赤字を計上したのは、携帯電話事業での失敗のためだ、といわれている。

アップルが初代のiPhoneを発売してから7年。iPhoneはすでに6代目機種を投入していた。そのタイミングで、アマゾンが新たに携帯電話機市場へ参入するのは、素人目にも無謀すぎた。AWSが6、7年の先行者利益のために成功したのなら、フロントランナーであるアップルが7年前から開拓してきた市場に、アマゾンが参入しても勝つ見込みは、はじめからなかったにも等しかった。

ベゾスの投資計画が失敗したのは、これがはじめてではない。90年代後半のITバブルの全盛期、買収したドット・コム企業が、バブルが弾けると次々と倒産していった。「当時は麻酔注射をせず、抜歯手術を受けているような強烈な痛みを感じました」とベゾスは述懐している。

しかし、いくら事業で失敗しようともベゾスは将来への投資をやめない。

その理由をこう語っている。

「野球で大きな当たりを狙ってバットを振れば、ホームランの確率が増えるのと同時に、三振する回数も多くなります。けれど、野球と対比してビジネスを語ることには限界があります。なぜなら、野球の一振りで得られる最高得点は満塁ホームランの4点。けれど、ビジネスで大きな当たりを出せば、1つの事業で100点や1000点を生み出すことになります。だから、この世界で成長をつづけるためには、成功するか失敗するのかわからない新規事業という賭けに常に打って出る必要があるのです」

これが、ベゾスが創業以来一貫して唱える長期的な視点を持った企業経営の神髄である。

ベゾスは今後も、実店舗である《アマゾン・ブックス》や無人コンビニの《アマゾン・ゴー》、ファッション部門やネット通販で高評価の商品だけを取り扱う《アマゾン・4スター》などへの社内の投資をつづけていくだけにとどまらない。社外でも自動運転のシステム開発を手掛ける《オーロラ社》や電気自動車ベンチャーの《リヴィアン社》へ投資している。銀行業務に参入するという噂も絶えない。アマゾンは常に業態を変化させながらも、次の経営の柱を育てるのに全力を注いでいる。

第6章

わが憎しみの
マーケットプレイス

アマゾンの主力事業の１つであるマーケットプレイス。だが、出品者たちはどのような気持ちで商売をしているのか。そこには、利用者にはうかがい知れないアマゾンとの愛憎物語があった。

依存しすぎることへの恐怖感

物販事業会社を経営する松本隆文（42）＝仮名は、アマゾンのマーケットプレイス経由で自社製品の文具用品を販売し、年間で5000万円売り上げる。楽天とYahoo!での売上げを含めると年商は7000万円。取り扱う商品は約10品目に過ぎない。

松本が1週間に働く時間は15時間前後と短い。従業員は1人もいない。つまり自分だけが働く企業で、年商7000万円を上げている。自分自身に払う給与は月80万円だ。

働いている時間は、中国からコンテナで届く商品をアマゾンのFBA用に発送したり、売上高をチェックしたり、次の商品を中国の工場に発注したりするのに使う。商品の輸入やアマゾンの物流センターへの搬入は専門業者に委託しているので、松本が直接かかわることはない。アマゾンで売れた商品はすべてアマゾンの物流センターから発送されるので、その作業に煩《わずら》わされることもない。

「たしかに労働時間は短いですけど、常に、次にどんな商品を扱ったらいいのかを考えています。ネットでほかの商品を見たり、街をぶらぶら歩いているときでも、いつも何かヒントになるものはないか、と考えています」

と松本は語る。

物販のノウハウ本なら、成功例として紹介されそうな松本の話を聞いたのは、東京駅近くの喫茶店だった。

松本は大学を卒業後、大手通信企業の下請け会社で働く。松本は独立志向が強く、会社で働いている間も、インターネットを使った起業ができないかと考え、いくつかの副業に手を伸ばした。そのとき、アマゾンのマーケットプレイスで、1500円で買った新刊のビジネス書をすぐに読み、1300円で売って、これはいけるかもしれない、と手応えを感じた。

30歳で「独立しよう」と決意し、会社を退職した。しかし、今日の成功にたどり着くまでの道のりは平坦ではなかった。マーケットプレイスのコンサルティングを受け、〝相乗《あいの》り〟と呼ばれる方法で参入した。すでに出品された商品があって、それと同じ商品を出品するという方法だ。しかし同じ商品を売る業者が複数存在すると、値引き合戦となり、一番安い商品から売れていくことを体験する。

次に吸水性に優れた珪藻土《けいそうど》を使ったバスマットを作るが、後から参入してきた中国の業者が〝相乗り〟してきた上に、松本の商品がその中国業者の特許を侵害しているとして、アマゾンにねじ込んだ。すると、アマゾンから松本の元に出品停止の要請がきた。

松本はこう話す。

「先に売っていたのはこちらなので、特許侵害というのはおかしい、と思い、アマゾンにもよくよくその旨を伝えました。けれど、アマゾンは、当事者同士で解決してほしいという姿勢で、こちらの言い分をほとんど聞いてくれませんでした。僕が売っていた商品は3000円台で、すでに40件以上のレビューがついていました。売れ行きは、悪い月でも100枚、梅雨から夏にかけては月300枚近く売れるヒット商品でした。それを、手放さなければならないのは大きな痛手でしたね」

〝相乗り〟商法は、安売りや特許などの問題に巻き込まれる危険があると判断し、松本はその後、OEM（委託者ブランド名製造）でオリジナル商品を販売するためのセミナーに参加する。

自分で売りたい商品のコンセプトを固め、それを作ってくれる業者を中国の義烏《イーウー》市という、上海から車で4時間ほど行った地方都市で作る、という手法だ。義烏には、福田市場という雑多な中小メーカーが出品している展示会場があり、そこで、自分のコンセプトに合う商品を作ってもらうよう交渉する。この義烏という聞き慣れない中国の地方都市は、マーケットプレイスでOEM商品を出品する人の中では知らない人がいないほど有名な場所だ。松本も年に2回は訪れる。

松本はこう話す。

「僕が思い描いていたのは、アマゾンや中国のアリババ、淘宝《タオバオ》などで売れている商品、つまりランキングが高い商品です。その類似品を中国で作ってもらい、利益が出る商品でした。それに、アフターケアが不要で、1回買ってくれたらリピートして買ってくれるなどの条件を考えていくと、文具系の商品に行き着きました。すでにある大手メーカーの売れ筋商品に、ちょっと手を加え、値段を安くするんです。多少品質が落ちても、安く買いたいという客層を狙っています」

マーケットプレイスでは、オリジナル商品である場合、〝相乗り〟が認められず、販売者のみが売ることができる。〝相乗り〟ができないのなら、値崩れを心配することなく販売できる。

どうすればオリジナル商品と認められるのか。まずは、オリジナルのロゴを商品につけること。ロゴマークと一緒に、独自の商品であることをアマゾンに申請する。アマゾンが、オリジナルブランドとして承認すれば、1社だけしか売ることができない商品ができあがる。

松本の商品には、レビューが100件前後ついているものもある。アマゾンで売るためには、このレビューが大切だ、と出品者は異口同音に口にする。

「4000円近い商品には、今のところ、108件のレビューがついています。ほとんどが五つ星です。おかげで、月間で200個売れるほどの売れ筋商品です。けれど、このレビューがなくなったら、ほとんど売れなくなるでしょうね」

複数のマーケットプレイスの出品者に訊くと、レビューが付く割合は、100件売って、2、3

件なのだという。100件のレビューが付くには、2万点から3万点を売る必要がある。長い時間をかけて、商品へのレビューと、出品者へのフィードバックが付く。それは出品者にとって大きな財産となる。

松本の販売する商品には、多くのレビューが付いているだけでなく、《Amazon's Choice》というマークの付いた商品が複数あった。18年夏ごろにはじまった制度のようで、アマゾン自身は「Amazon's Choice は、すぐに発送ができて、評価が高く、お求めやすい価格の商品をお勧めします」という以外には説明していない。

松本はこう推測する。

「Amazon's Choiceというロゴの後に、商品のキーワードが出てくるんです。そのキーワードでよく売れている商品ということなのだろう、と理解しています。このAmazon's Choiceの表示は毎日のように変わっていくんですけれど、このロゴが付いている間は、売上げが普段と比べ1、2割増える感じですね」

松本のアマゾンでの販売事業が軌道に乗りはじめたのは3年ほど前。

「それまで10年近い試行錯誤がありました。たくさんの失敗もありました。ですので、現状に満足するというより、いつ今の売上げがゼロになるのかわからないという不安の方が強いですね。我が家には、まだ小学校に上がる前の子どももいるので、長くつづけるには、常に新しい商品を作る必要があります」

松本がもう1つ進めているのは、アマゾンへの依存からの脱却だ。最初は9割だったアマゾンへの依存率が、現在、楽天やYahoo!ショッピングで同じ商品を売ることで7割まで下がってきた。これをさらに5割まで落としたい、という。

その理由を松本はこう話す。

「珪藻土のバスマットに関する特許のやり取りで感じた、アマゾンの気まぐれというか、話が通じない感じから、アマゾンに依存しすぎることの恐怖感をずっと抱いてきました。バスマットのように、アマゾンが、中国業者に特許を認めたら、たとえそれがどんなに理不尽であっても、アマゾンの裁定を覆《くつがえ》す方法はないように感じました。マーケットプレイスとは、アマゾンがすべてを支配する〝アマゾン帝国〟なのです。それに対し、Yahoo!や楽天は日系企業なので、たとえ問題が起きても、話し合いでどうにか解決できるような気がするんです。〝アマゾン帝国〟の依存からの脱却が課題なんです」

松本は現在、アマゾンのマーケットプレイスで、年間5000万円ほどを売り上げる。そのうちほぼ半分にあたる2500万円を、販売手数料やＦＢＡの配送代行手数料、在庫保管手数料などとして支払っている。

アマゾンへの支払い額について、松本は、「自分で従業員を雇って作業をするよりは身軽だし、アマゾンの集客力を考えるとそんなものなのかな、と思っています」と語る。

売上高のほぼ全額が営業利益

前章で、ベゾス自身の「アマゾンの売上高の半分以上は、マーケットプレイスによるもので、そこに出品する事業者のうち約10万社が年商10万ドル以上を稼いでいるのです」という言葉を紹介した。アマゾンの17年の年次報告書には、「マーケットプレイスが世界中で、90万人の雇用の創出につながっています」と書いてある。

日本国内のマーケットプレイスでは、数十万といわれる個人や法人が出品している。その中には、松本のような個人事業者もいれば、家電量販店のヨドバシカメラやビックカメラ、衣料品大手のユナイテッドアローズ、ベルギーのチョコレートメーカーであるゴディバジャパンといった有名企業もいる。

また、ネット家具販売のぼん家具（本社・和歌山県海南市）やモバイルバッテリーを販売するアンカー・ジャパン（本社・東京）、手元から離れたときにスマートフォンに通知してくれる紛失防止タグを生産するＭＡＭＯＲＩＯ（本社・東京）という馴染みの薄い企業もマーケットプレイスの出品者だ。このように、マーケットプレイスの出品者の企業規模や顔ぶれは多種多様だ。

アマゾンが、マーケットプレイスを、アマゾンプライムとＡＷＳと並ぶ経営の三本柱と呼んでいるのは、こうした個人や企業の出品者からの各種手数料が入ってくるからだ。ＦＢＡを使う場合、アマゾン側には物流センターの業務は発生するが、いわば、出品者という他人の褌《ふんどし》で相撲を取って入る金である。商品企画も原材料の調達も、仕入れも日本までの輸送業務も一切なし。万が一売れ残っても、在庫の責任は出品者がとる。濡れ手で粟の状態だ。

アマゾンの18年の年次報告書を見ると、マーケットプレイス関連の手数料収入は、４２７億ドル超である。全体の売上高である２３２８億ドル超に占める割合は18％強となる。それに対し、アマゾンが自社で売るのは１２２９億ドル超となる。売上高に占める割合は52％を超える。しかし、低価格路線をとるアマゾンにとって、この自社販売では利益はほとんど出ないとされる。プライム会員への送料無料分を考えると、この部分だけでは赤字である可能性もある。

自社での安売りや、送料無料の持ち出し分を穴埋めするのが、マーケットプレイスから入る手数料収入なのである。

マーケットプレイス関連の売上高は、ほぼ全額が営業利益といっていい。マーケットプレイスの手数料がなければ、本業での安売りも、プライム会員への送料無料も、現在と同じように維持することは難しい。となれば、アマゾンが誇る爆発的な市場での伸びも減速してしまうだろう。加えて前章では、アマゾンが出品する商品数より、はるかに多くの商品がマーケットプレイスの出品者から出品されていることを書いた。マーケットプレイスの出品者がいなければ、現在のアマゾンの商品ページはまったく別物になってしまうほど、重要な存在である。

18年の年次報告書の最初のページには、アマゾン全社のネット販売におけるマーケットプレイスの過去の割合が載っている。それによると、99年は全体の3％からはじまり、それが18年には58％に達している。18年のマーケットプレイスの実売金額（手数料収入＋商品代金）は、約1600億ドルになった。

99年の約1億ドルから約1600億ドルへの成長であり、年平均成長率は52％だ。常に「ライバル会社との競争より、自社の顧客満足度を最優先せよ」と、ベゾスが言っている手前、アマゾン自ら同業他社と比較することはほとんどないのだが、ここには、かつてのライバルだったeBayの数字が比較の対象として載っている。

同時期のeBayの売上高は28億ドルから95億ドルに増え、年平均成長率は20％にとどまる、とある。00年代前半はライバル視し、競争をつづけてきた両社だが、現時点のeBayの時価総額は300億ドル台。対するアマゾンは9000億ドル台。文字通り、桁違いの圧勝である。

その後で、どうして独立した事業者が、eBayよりマーケットプレイスで成功するのか、という自らの問いに、先の年次報告書でこう答える。

「われわれは、自ら投資をして、最高と考え得る販売ツールを提供することで、独立した事業者が、アマゾン自身が販売する商品を競って販売することを手助けしているからです。それは、事業者が在庫管理や支払い管理、配送貨物の追跡や国境を越えて販売するツールなどです。複数の要素がある中でも、最も重要なのはＦＢＡとアマゾンプライムの会員制度でしょう。これらを組み合わせることにより、アマゾンのサイトで独立した事業者から商品を買うという顧客体験を改善することができるのです」

一方的なアカウント閉鎖

出品者の視点から見ると、アマゾンのマーケットプレイスに出品するメリットとは何なのか。

まずは、最も重要なことは集客数が抜群に多いことだ。これは実店舗の立地に相当する。人でごった返すショッピングモールに出店するのと、閑散としたシャッター通りに出店するのとでは、同じ商品を売っても、売れ行きは違ってくる。

民間調査会社《SimilarWeb社》の19年4月の調査によると、日本でのＥＣモールの月間アクセス数は、アマゾンが1位で5億2000万件、楽天が2位で3億6500万件、Yahoo!ショッピングが3位で7900万件――となっている。このトラフィック（訪問者）が多いことが、出品者がアマゾンを選ぶ最大の理由だ。

次に、商品ページが簡単に作れることがある。手順に従って作っていけば、出品サイトができあがる。さらに決済まで引き受けてくれる。また、売上金が月に2回入金されるので、キャッシュフローのサイクルが速い。さらに、ＦＢＡに委託すれば、物流業務までアマゾンが丸ごと引き受けてくれ、翌日配送の対象となる。日本でのライバルとなる、楽天やYahoo!などのサイトで販売するのと比べると、ネット通販のプラットフォームとしてはアマゾンが最強なのだ。

アマゾンが経営の中軸と自画自賛し、多くの出品者が集うマーケットプレイスではあるが、しかしそのサービスを心から憎みながらも商品の出品をつづける人物もいる。

「首の皮一枚のところで倒産を避けることができ、本当に助かりました」

そう話すのは、アマゾンのマーケットプレイスに出品して5年になる永井亮（36）＝仮名だ。15年6月にアマゾンの出品者として本腰を入れるため法人登記した。首都圏の民家を借りて、数人の従業員を雇い、物販事業を営んでいる。私が訪れた民家には、発送する商品が山のように積まれ、その一角には商品を撮影する簡易スタジオがあり、台所では3人の従業員がパソコンに向かって注文を処理する作業を行っていた。

その会社があわや倒産という危機に直面するのは、会社立ち上げから2年後の17年6月のこと。《セラーセントラル》という、商品の販売データを閲覧したり、出品者とアマゾンや、出品者同士がやり取りしたりするページ上で、アマゾンから、永井が出品している商品が「知的財産権とその他の権利を侵害」しているというメッセージが届いた。メッセージの送り主は、アマゾンの《アカウントスペシャリスト》。はじめは、何かの勘違いだろうと思いながら、対応していたら、アマゾンが自分のアカウントを閉鎖するつもりであるのを知り、永井は慄然とする。

50品目ほどをマーケットプレイスに出品していた永井は当時、すでに販売されている商品に相乗りしていた。商品の相乗り自体は、アマゾンが推奨する行為である。多くの出品者が同じ商品を出品すれば、商品の価格は下がり、消費者が安価な商品を購入することができるからだ。永井が相乗りした商品の一例としては、犬の無駄吠えを防止する首輪があった。

アマゾンの主張は、商品の著作権の侵害があったので、永井が著作権の権利者と直接話し合い、権利者との間で問題が解決したら、権利者からアカウントスペシャリスト宛に、権利者から著作権侵害の申し立てを取り下げる、と連絡するようにとの指示がある。

永井はこう語る。

「はじめは何のことかまったく訳がわかりませんでした。僕が、どの商品が著作権を侵害しているんですか、権利者はだれですか、と尋ねても、答えはないし、こちらが今後はすべての商品で相乗りをやめます、という改善策を出しても、それでは不十分だ、という答えが返ってきたんです。アマゾンは最初から僕のアカウントを閉鎖するつもりで、のれんに腕押しの対応でした。汚いやり方だ、と思いました」

何度かのやり取りのあと、アマゾンのアカウントスペシャリストから次のようなメールが永井に届いた。

「このたびご提出いただいた情報をもとに出品者様のアカウントを慎重に審査した結果、出品者様のアカウントを閉鎖させていただくという判断に至りましたので、ご連絡申し上げます。／再開ご希望の旨をご連絡いただき誠に恐縮ですが、ご提供いただいた情報では本件問題を解決するには不十分であると、当サイト担当部署にて判断いたしました」

一方的なアカウント閉鎖の通知だ。

永井はこう語気を強める。

「アカウントの閉鎖は、人殺しにも等しい行為だと思っています。アマゾンとやり取りしていた2週間で、80キロあった僕の体重は74キロまでに落ちました。家には小さな子どもが3人いるし、進退窮まりました。でも、アマゾンはマーケットプレイスにおける〝暴君〟ですから、その決定に逆らうすべはありません」

いったい何が起こったのだろうか。

永井の推測はこうである。

アマゾンは、出品者の言うことより、消費者の言うことに耳を傾ける傾向が強い。顧客第一主義を掲げるアマゾンならではの論理だ。永井から相乗りされた出品者が、消費者を装ってアマゾンで永井の商品を買い、商品ページの説明と商品が違う、とクレームを入れた。たとえば偽物が送られてきた、というようなクレームである。その結果、永井のアカウントが目をつけられ、閉鎖される憂き目に遭ったのではないか、と。

その推測の根拠に挙げるのが、永井の会社の複数の商品が50個単位で代金引き換えで注文されたことがあった。しかし、そのすべてが受け取り拒否に遭う。代引きで受け取り拒否となっても、注文者は商品レビューを書き込むことができる。その直後に、悪意のあるレビューが数多く商品レビューに書き込まれた。

この出品者のアカウントの閉鎖や削除は、永井だけに起こった特殊なことではない。アマゾンの《セラーフォーラム》という出品者同士のやり取りの欄には、アカウントが削除されたという書き込みがいくつも残っている。たとえば、18年10月には、こんな悲鳴のような投稿がある。

「件名：出品用アカウントが閉鎖されてしまいました

先週から出品用アカウントが停止になってしまい、頑張ってみましたが閉鎖になってしまいました。納得のいく説明もないためただ泣き寝入りをするしかないのかもしれませんが、自分のどこに落ち度があり、提出した改善計画案などのどこが問題だったのか知る機会も持てませんでした。正直憔悴してしまっています。〈中略〉自分で思う最善の改善案を提出したのですが、その翌日『適切な改善案が提出されなかったためアカウントを閉鎖しました』との連絡が入りました。何がどう足りなかったのか具体的な提示もなく。手が震えて冷や汗が止まりませんでした。〈中略〉一度閉鎖されると復活は絶望的と聞いています。でも今後もし再開が出来たら何が問題だったのかを知りたいと思います。どなたか閉鎖から復活された方はおられませんでしょうか。ご助言をよろしくお願いいいたします」

この投稿は19年4月時点で、1万7000回以上閲覧されており、投稿から1カ月で、70件近い返信がついている。この種類の投稿に対する出品者の関心の高さが表れている。

19年3月にはこんな投稿もある。

「件名：出品資格の停止処分〜とうとう、アカウント閉鎖です

フォーラムをご覧いただいている出品者様方。多数のご意見・ご指摘を賜り誠にありがとうございました。万策尽き、アカウント閉鎖の通達がきました。何度も申し上げますが、当方誓ってコピー商品をお客様に売りつけた事などございません。

きっかけはお客様からの『コピー商品なのでは？』の指摘からで、（アマゾンが送ってきた）文面から察するにおそらくはほんの気まぐれ程度の発言だったのかとは思いますが、商品の偽造に関する連絡を重視するAmazonの企業理念に反すると思われたのか度重なる改善案の提出〜入手経路の証明に尽力してきたにもかかわらず、このような結果になってしまったことは誠に無念です。無実の罪を着せられ、そのまま死刑判決を受けるような気分です」とある。

アカウント閉鎖を判断するのは〝全知全能の神〟であるアカウントスペシャリストであり、個人名はない。連絡する電話番号もない。永井が私に見せてくれた長々とつづくメールのやり取りを読んでも、こうした状況を打開するのは、ほとんど不可能にみえた。

商品レビューは出品者の財産

永井の会社は、それまでのアマゾンでの月間の売上げが、400万円から500万円あった。アカウント閉鎖でこの売上げが凍結され、アマゾンからの入金の流れが途絶えた。これから売るべき商品の在庫も抱えていた。従業員の給与も払わなければならない。

もう一度、出品者のアカウントを作ろうと思っても、同じIPアドレスからでは、新規のアカウントは開けない。アマゾンの出品者仲間の1人が、デスクトップクラウド（仮想デスクトップ）を経由すれば、新しいアカウントが作れるという裏技を教えてくれた。

経営者の名前も住所、屋号も変え、新しいアカウントを作り、それまでの商品を再度、出品する。8月中旬のことだった。しかし、商品レビューはゼロ、ショップへのフィードバックもゼロの状態では、同じ商品を出品しても売れなかった。

「レビューのついた商品ページは、出品者にとって貴重な財産なんです。それまで売れていた商品の1つに鷹の置物がありました。ハトや雀が怖がって近寄って来なくなるようにするための置物です。60件ほどレビューが付いていて、害鳥対策というキーワードで検索すると、検索ページのトップに出てきていました。その鷹の置物は、以前なら、1日15台ぐらい売れていたのですが、新しく出品するとまったく動かないのです。アマゾンではどんなレビューが付いているのか、過去にどれぐらい売れたのか、また、お客さんがどんな導線をたどって商品に行きつくのかで、同じ商品を出品しても、売れ行きが全然違ってくるんです」

同年8月末、永井は、信用金庫と地方銀行のカードで、100万円ずつ借り、従業員の給与と売掛金の支払いに充て、倒産を覚悟した。

「僕が起業するのを助けてくれた嫁さんには、正直に、もうすぐ倒産することを話し、平謝りしました」

と永井は語る。

しかし、9月に入ると新しいアカウントに載せた商品が、急に売れはじめた。ようやく資金が入ってくるようになり、どうにか息を吹き返す。

「会社の銀行口座には10万円が残っていただけでした。危なかった。ほとんどアウトでしたね」（永井）

新しいアカウントを立ち上げてから、相乗りで出品することを一切やめ、オリジナル商品の販売に専念した。また、同業他社が、永井がオリジナルで作った商品に相乗りしてきても、文句を言わないようにしている。二度と、アマゾンに目をつけられることがないよう、ひっそり息を殺すようにして日々の商売を進めている。

永井はこう話す。

「このごたごたのせいで、アマゾンのことが大嫌いになりました。プライム会員は辞めましたし、娘のために買った《Fire TV Stick（アマゾンのプライム・ビデオなどをテレビで見るための機器）》も、妹夫婦に譲りました。アマゾンでは絶対に買い物はしません。ネットで買うときは、応援する意味も込めてネット通販2位のヨドバシカメラで買います」

永井は今後、アマゾンでの販売をやめるつもりなのだろうか。

「やめられるのならやめたいですけれど、僕はひ弱なのでやめられそうにありません。集客力ではアマゾンが1番ですから。そのサイトを避けては、売上げが取れないんです。会社の売上高は、今期8000万円に手が届きそうです。来期は2倍の1億6000万円を目指し、2年後には3億円を目指します」

その売上高のうち、アマゾンへの支払いはいくらだろう。

「今期のアマゾンでの売上高を4000万円とすると、1200万円ほどを支払っています。内訳は、販売手数料やFBAの料金、広告費などです。手数料はどこの販売サイトでも似たり寄ったりです。けれど、アカウントの削除以降、アマゾンへの依存度を低くするために、その後、Yahoo!やワウマなどでも商品の販売をはじめました。現在、全体の売上高に占めるアマゾンの割合は、5割にまで落とすことができました」

永井はいつまでネット通販会社をつづける気なのだろう。

「目標は、《やずやの香醋《こうず》》や《キューサイの青汁》のように、独自のブランドとして確立し、消費者が自社サイトで定期購入してくれるような商品を作ることです。そうなれば、アマゾンに頼る必要もなくなります。けれど、そういった商品を作るには、商品開発にどれだけお金がかかるのか、研究費や広告費を考えると、いったいいつになることやらと気が遠くなります。当面は、大嫌いなアマゾンに頼ってでも、会社の規模を大きくしていくしかありません」

永井は自嘲気味にそう語った。

生殺与奪権を握られている

マーケットプレイスの出品者の多くは、アマゾンに〝生殺与奪権〟を握られている、と訴える。アマゾンと出品者の力関係には大きな格差があることは歴然としている。取引関係において、大きな格差が存在する場合、強者が弱者に対し不当な商取引を強要しないよう目を光らせるのが公正取引委員会だ。アマゾンは日本で、勝手気ままにふるまっているが、現状で、そのアマゾンの行き過ぎた市場主義に、唯一ブレーキをかけようとしているのが公取委だ。

公取委はこれまで三度、アマゾンに立ち入り調査を行っている。一度は、マーケットプレイスの商慣行に関して。二度目は、納入業者に関するリベートについてである。立ち入り調査とは別に、ECサイトにおいては、アマゾンを筆頭にした大手業者が、優越的地位の乱用ととられるような状況が起こりやすい土壌があるので、注意するようにという調査結果も発表した。そして三度目は、出品者に原資を負担させるポイント制度だ。

以前は、その役目を十分に果たしきれず、〝吠えない番犬〟と揶揄されたが、それが一転して、現在、アマゾンの商取引に物を申すことができる政府機関の急先鋒が公取委なのだ。

最初に、マーケットプレイスにおける《最恵待遇条項》について公取委が調査を行った件を取り上げる。

日経新聞はこう書く。

「公取委によると、同社は遅くとも2012年ごろから、自社の通販サイト『マーケットプレイス』の出品者に、競合ECサイトと同等かより有利な価格・品ぞろえで出品させる『最恵待遇(MFN)条項』という契約を結ばせていた。アマゾンは競合サイトでの価格などを調べ、自社サイトよりも安い場合などに、出品者にメールや面談で同条項の順守を求めていたという」(日経新聞、17年6月1日付)

公取委が16年から17年にかけ、マーケットプレイスについて調査したところ、他のECサイトや自社サイトで同じ商品を販売する場合、アマゾンでの出品価格を最安値にするように、という条項があったことがわかった。

公取委はEC市場の競争や新規参入が阻害される恐れがあるとみて調査を進めたところ、アマゾン自身が17年春、マーケットプレイスの出品者との契約から最恵待遇条項を削除し、今後の新規契約にも盛り込まないことを約束したことから、公取委の調査は打ち切られた。

この問題を追いかけてきたネットメディアの記者はこう話す。

「公取委の調査に対し、アマゾンが、ご指摘の点は改めます、今後、仰ることはちゃんと聞きます、という恭順の姿勢を見せたので、調査が打ち切りとなったのです。いろんな所で強気に出てくるアマゾンですが、独禁法の前には白旗を上げざるをえなかった、というのが実情だと考えられます」

マーケットプレイスの出品者は、アマゾンとの取引に関して話すことに大きな抵抗がある。メディアにしゃべり報復され、アカウントを削除でもされたら大変だ、という恐怖感があるのだろうか。

もともと口の重いマーケットプレイスの出品者は、この公取委の話となると、一層口が重くなる。私はマーケットプレイスの出品者に取材を申し込むも、何十件と取材を断られた。その大部分は、触らぬ神に祟りなし、という気持ちからだったように思えた。

しかし、横浜市に本社を置くネット通販会社の社長は、この最安値の出品という条項は独禁法に抵触するのではないか、として16年に公取委に訴えたと言う。社長の久保田雄太（仮名）はこう話す。

「以前は、ほかのサイトでアマゾンより安く出してはいけないという文章が、出品者のだれもが見られるところに書いてありました。当社は、楽天にも出品し、自社サイトでも売っていましたので、これは独禁法に引っかかるんじゃないか、と私は思ったんです。そのことを、アマゾンのアカウントスペシャリストやテクニカルサポート、それに営業担当者に伝えました。アマゾンがその規約を変更しないのなら、公取委に訴えますよ、と。いずれの担当者も、公取委に訴えるのでしたらご自由に、という立場でした」

アマゾンに事前予告したうえで、久保田は公取委に訴えた。久保田は、それが公取委のその後の調査にどのように影響を与えたのかは知らない、と言う。しかし、その後、久保田の経営する会社は、アマゾンから意趣返しされることもなく、今日までマーケットプレイスでの出品をつづけている。久保田の話を聞いていると、多くのマーケットプレイスの出品者が、取材を受けることに対し抱いていた恐怖心は、疑心暗鬼に過ぎなかったのではないか、と思った。

次に、公取委が調査に乗り出したのが、アマゾンに直接納入している業者に対し、アマゾンへの販売額の数%を協力金として、アマゾンに払い戻すように要請があった事案。公取委は18年3月、優越的地位の乱用の疑いがあるとして同社の調査に踏み切っている。

「東洋経済オンライン」の記事には、ある飲料メーカーが、

「アマゾンさんの要求に応えなければ条件が悪くなったり、取引自体がなくなってしまう可能性もある」と語っている（「東洋経済オンライン」、「アマゾンが『協力金』要請　悩む取引先の本音」18年3月13日付）。

記事によると、17年年末にアマゾンから、販売額の2%を翌年1月から払い戻すよう要請を受けたという。飲料メーカーはアマゾンとの交渉で何とか協力金から逃れようとしたが、逃げ切れなかった。

「広告バナーなどを充実させるという説明を受け最終的に支払うことになった。今後の交渉次第では3月以降に協力金が上乗せされる可能性もある。コストを吸収するために販売価格に転嫁してしまえば、販売数や売り上げに影響してしまう」と先の飲料メーカーは嘆いている。

売上高の2％をアマゾンに協力金としてキックバックすれば、利益率が2％落ちる。そう簡単に飲める条件ではない。

この件に関する公取委の調査は、現在も継続中だ。

優越的地位の乱用

さらに、公取委は、アマゾンを筆頭とするＥＣサイトの寡占と、優越的地位の乱用について、調査した。

公取委は19年1月、ネット通販に関する調査結果を発表し、アマゾンと楽天、Yahoo!の上位3社に利用者の出品が集中する傾向がある、と指摘している。7割から5割の出品者が上位3社を利用していた。さらに、すでに取引における依存度が高いため、販売を容易にやめられない、と答えた利用者が7割近くを占めた。出品者のうち、利用料金に不満があると答えたのが62％で、決済方法に不満があるとしたのが85％に上った。

調査を担当した公取委の取引企画課の戸塚亮太課長補佐は、私の取材にこう話した。

「出品者の利用料金などへの不満が、すぐに、独禁法の優越的地位の乱用に当てはまるわけではありません。けれど、たとえば同じように利用料金を値上げしたとしても、出品者が集中するＥＣサイトの方が、優越的地位の乱用となる可能性が高いので、その点を周知徹底してもらうように調査結果を発表しました」

公取委の厳しい監視の視線は、アマゾンに注がれている。

そのさなか、三度目の公取委とアマゾンの闘いがはじまった。

事の発端は、アマゾンが19年2月20日、5月下旬から、マーケットプレイスの出品者や直接仕入れるメーカーなどに対し、消費者が購入した金額の1％以上をポイントとして還元するとし、その原資を出品者の負担とする、と規約を変更するとしたことだった。もし、アマゾンで1万円の商品が売れたら、出品者の負担で1％に当たる100ポイント以上が購入者に付与される。1ポイントは1円だから、100円以上を出品者が負担するというもの。

これに対し、出品者からは不満の声が上がる。《セラーフォーラム》の掲示板には、こんな書き込みが残されている。

「この先、（付与するポイントが）1％が3％、3％が5％、5％が8％、8％が10％……なんてことにならなければ良いですが。考えてたら夜も眠れなくなりそうです」や「出品者に同意なく、一方的にこれを強制するのは法律的には問題ないのでしょうか？」、「プラットフォーマーの規制が経済産業省や公正取引委員会などで検討されています。〈中略〉声を上げるなら今なので公正取引委員会に申告するのもアリですね」や「確かに泣きを見るしかないんですよねぇ……。売り上げが上がるとか無責任なこと書かれてましたが、注文数は増えるかもですが実質利益減るのは目に見えてますし。本当に売り上げ上がるんなら強制されなくてもこちらで勝手にポイント付けますし。ポイント強制という名の手数料値上げですわ」――など。

アマゾン側が、発言者を特定できる《セラーフォーラム》における否定的な発言である。出品者の反発がどれだけ強いのかが伝わってくる。

公取委は2月26日、ネット通販サイトのポイント還元をめぐりアマゾンを筆頭にするECモールの運営会社を、出品者に不利な取引を強要していないか一斉調査に乗り出す、と発表した。ポイント還元の原資を出品者に負担させせることが、優越的地位の乱用にあたるかどうかを調査する、とした。

アマゾン側は「（ポイント制度は）出品者にとって販売機会の拡大につながる」と説明している。しかし、ここには2つの要点がある。1つは、出品者にとって、ポイント還元の費用負担以上に、販売機会が拡大するといえるのかどうかであり、もう1つは、出品者にその経済合理性について事前の説明を尽くしていたか、だ。この2点がクリアできていないのなら、優越的地位の乱用にあたる可能性が高い。

公取委事務総長の山田昭典は、記者会見で、企業側の説明が不十分である場合、独禁法40条に基づく強制捜査についても「可能性を排除しない」という強気の姿勢を示した（日経新聞、19年2月28日付）。

この独禁法40条とは、《調査のための強制権限》と呼ばれるもので、公取委にとっての〝伝家の宝刀〟だ。その〝宝刀〟を抜くこともある、と牽制したうえで、調査に着手した。

公取委の委員長である杉本和行は3月、経済誌のインタビューにおいて、出品者にポイントの原資を負担させるというアマゾンの方針は、優越的地位の乱用に当たるという認識か、と問われ、「一般論で言えば、オンラインモール運営事業者が利用の拡大を図るため、取引先に不当に不利益を与えるやり方で一方的に取引条件を変更する場合、優越的地位の乱用として独占禁止法上の問題が生じる可能性がある」と答えている（「週刊ダイヤモンド」19年3月30日号）。

役所のトップが、一般論と断ったうえとはいえ、現在進行中の案件に関し、これだけ踏み込んだ発言をするのは珍しい。アマゾンの調査にかける公取委の意気込みが感じられる。ネットで配信されたこの記事には、「公取委員長吠える！　ＧＡＦＡの『勝者総取り』は許さない」という見出しが躍った。

こうした公取委の猛攻に怖気《おじけ》づいたのか、アマゾンは4月10日、「予定していた計画を変更することにしました」として、出品者に原資を負担させるポイント還元案を撤回した。マーケットプレイスでのポイントの付与は出品者の任意となり、アマゾンが直接販売する商品は、アマゾンの負担でポイントを付与するという新しい方針を示した。これを受け、公取委は翌日、「違反の懸念はなくなった」として、アマゾンへの調査を打ち切った（日経新聞、19年4月12日付）。

アマゾンは再度、公取委の前に全面降伏した形となった。公取委とアマゾンとの戦績は、公取委の2勝で、残りの1つの案件については現在も調査がつづいている状況だ。

この支配からの卒業

取材先探しが難航しているとき、実名で話してくれる人物を見つけることができた。アマゾンが14年から優秀な出品者を表彰する《マケプレアワード》を複数回受賞している古本販売会社《バリューブックス》社長の中村大樹（35）だ。

《マケプレアワード》の受賞企業が経済誌などの取材を受けているのを読み、私はそのほとんどの企業に取材を申し込んだが、「アマゾンさんからの了解があるのなら受ける」という返事だった。私にアマゾンからの了解などあるはずがない。そう思って半ばあきらめているとき、中村が取材を受けるという。

中村にその事情を説明すると、

「取材を受けたからって、アマゾンに意地悪されることなんてないと思いますよ。マケプレアワードもらいましたけれど、それで手数料が安くなったわけでも、サイトのいいところに商品を掲載してもらったこともありませんから」

という答えが返ってきた。何事にもおおらかなのが、この経営者の性格であるらしい。

その中村は05年に東京の大学を卒業し、就職もせず、引きこもりのような生活をしているとき、古本の《せどり》をはじめる。《せどり》とは、古本屋、主にブックオフで、安い古本を探し、アマゾンで高い値段で転売し、そのさやをとる行為を指す。《せどり》自体は、アマゾンがマーケットプレイスをはじめる前は、古本業界の片隅にひっそり存在した。

それが02年に、日本でマーケットプレイスが立ち上がると、ブックオフでせどりして、アマゾンで売る人が一気に増えた。そうした人を指し、〝せどらー〟という言葉ができたほどだ。

前著『潜入ルポ　アマゾン・ドット・コム』の文庫版の補筆を書くため、私は09年、自宅に800冊近くの中古本を在庫し、アマゾンで月間100万円以上を売っている北関東に住む60代の男性を取材したことがある。

彼は1年365日働き、仕入れのため月間3000キロから4000キロを車で運転し、朝から晩まで梱包と発送作業に追われていた。そうして上げた収入から、毎年300万円前後の手数料などをアマゾンに支払っていた男性は、11年年末に急逝した。アマゾンで中古本の販売をはじめて6年目のことだった。享年64。死因は大動脈瘤破裂だった。

中村は、引きこもり生活から抜けだそうと、新宿の書店に通う。そこで、『週5末時間で20万円稼げる方法』といった副業を勧める書籍に出会い、ネットでの転売に興味を持った。ブックオフで買った100円の中古本が、アマゾンで1000円で売れてから、病みつきとなった。はじめてから3カ月ほどで、月の売上高が80万円を超え、手元に30万円ほどが残るようになったところで、この商売をつづけていこう、と決意した。

07年にバリューブックスを設立した。初年度の売上高は8000万円でスタートしたが、直近の決算では20億円を超えた。本社を長野県上田市に置き、3カ所の物流センターから自社で発送している。主力の中古本に加え、CDやDVDも販売している。

中村は言う。

「アマゾンがなければ、起業しようという気持ちはあっても無理だったでしょうね。十分な資金や経験もなければ、自分たちでプログラムを組む技術も何もない状態でしたので。会社を立ち上げた当時の僕にとっては、マーケットプレイスがあって助かったというのが本音です」

バリューブックスは、直近の決算で、売上高は22億8000万円、販売点数が約350万点。そのうち、5%ほどを楽天で売っているが、95%はアマゾンで販売している。

計算しやすいよう、全ての商品を中古本として、アマゾンで売ったとする。書籍の販売手数料として15%が取られ、1点ごとにカテゴリー成約料として80円が取られる。小口出品の場合、基本成約料が1点につき100円かかるが、大口出品の場合、月間4900円を払うと基本成約料が発生しない。

販売手数料：　22億8000万円×15%＝3億4200万円
カテゴリー成約料：　350万点×80円＝2億8000万円
月間登録料：　4900円×12カ月＝5万8800円

合計で1年間に約6億2206万円の手数料をアマゾンに支払っていることになる。

これはバリューブックスの売上高の30%近くを占める。

これは直近の1年に限った数字である。もちろん、バリューブックスは創業から今日まで、ほぼこの割合で、毎年、アマゾンに手数料を支払ってきた。

この金額について中村はどう考えるのか。

「手数料は決して安くはありません。だけど、自分たちでサイトを立ち上げたときに、同じ数量を売るだけの集客をすることができないことを考えると、今のところ仕方ないかな、と思っています。要は、お客さんがほしい本を探すとき、そのサイトでどれぐらいの割合で商品がヒットするかが大切なんです。現時点では、アマゾンに行けば、ほしい本はほぼ100％の確率で見つかります。それが新刊であろうと、中古であろうと。われわれが今後、自社サイトを作るために一番大切なことは、在庫を今以上に充実させることなんです」

バリューブックスは現在、中古本で200万冊の在庫を持つ。タイトル数は50万タイトルになる。日本で流通している書籍が約50万タイトルといわれているので、それとほぼ同じだけのタイトル数を持っている。これを、100万タイトルまで確保できたら、自社サイトを作りたい、と中村は言う。

「自社サイトができたら、アマゾンに手数料を払わないでいい分だけ、アマゾンよりは安くしたり、まとめて買ってくれた人に割引して販売したい、と考えています。大胆な目標ですが、今後4、5年で、アマゾンでの販売と、自社サイトでの販売を、50対50にしたいと考えています」

これまでアマゾンと二人三脚で成長してきたバリューブックスだが、創業から10年をすぎ、ようやくアマゾンから〝卒業〟する道筋が見えてきた。

第7章

フェイクレビューは止まらない

前章で、アマゾンに〝搾取〟されるマーケットプレイス出品者の悲哀を取り上げたが、一方でグレーな裏技を使って自らの商売を有利に進めようとする出品者と、対価を得てそれに加担するレビューアーたちがいる。

0円仕入れっていうのがあるよ

「僕が今まで、アマゾンから0円で仕入れた商品ですか？」

そう言って、上原浩介（26）＝仮名は、自慢げに語りはじめた。

「財布にTシャツ、靴、コンピュータのマウス、コンピュータのキーボード、イヤホン、扇風機、懐中電灯、傘、水着、犬のおもちゃ、赤ちゃん用のトレーニングパッド……。そのなかで一番値段が高かった商品は、ドライブレコーダーで8999円でした。全部の点数では、30点前後ですかね。転売目的で手に入れた商品です」

上原の話を聞いたのは、大阪市内にあるホテルの中にあり、自然光がよく入ってくる天窓の高い、洒落たレストランだった。

法律にも引っかかりそうな話をあっけらかんとした態度で話す彼に、私は違和感を抱いていた。また、1時間の取材の間、彼は終始、スマホをいじり、メールやLINEのやり取りをつづけており、その態度を不思議な気持ちで眺めていた。

上原は、アマゾンに五つ星のレビューを書くことを条件に、商品をタダで手に入れることを《0円仕入れ》と呼んでいた。いわゆる、フェイクレビューである。それを《0円仕入れ》と言い換えるのなら、まともな商売のようにも聞こえるのだが、やっていることは詐欺まがいの行為である。

そうした私の当惑に関係なく、上原は話を得々とつづける。

「はじめたのは、4、5カ月前のことですかね。友人からアマゾンで《0円仕入れ》っていうのがあるよって聞いて、ネットで検索してみたんです。フェイスブックにいくつものグループがあって、そこで出品者がレビューしてほしい商品を掲示しているんです。僕は10グループほどに登録しました。

タイムラインに流れてくる商品を見ながら、転売できそうな商品を見つけたら、投稿者にメッセージで、レビューさせてください、って連絡するんです。梅雨の前には傘を仕入れ、夏の行楽シーズン前には自撮り棒などを仕入れる、といった感じです。出品者からの了解が出たら、その商品をアマゾンで購入して、その後、五つ星をつけてレビューを書いた後で、（決済サービスの）ペイパルを使って購入金額を全額返金してもらうんです。商品の値段にプラスアルファで500円を上乗せして払ってくれる気前のいい出品者もいました」

どんな人が出品者なのだろうか。

「想像ですけれど、99％が中国人の出品者だと思いますね。一応、通じるレベルではあるんですが、日本語が怪しいですし、やり取りの途中で、中国語で返事が来たときもあります。そういうときは、ネットの翻訳機能を使って返事を書いたこともありました」

出品者はどのような要求をしてくるのだろう。

「アマゾンで購入した商品を、五つ星でレビューしてくれというのが1点。2点目はある程度の字数、200～300字ぐらいで書いてくれ、というもの。3点目は、できれば商品の写真もつけてくれ、という感じですかね。でも、僕は、絶対、写真はつけませんでした。どうしても写真がほしいという出品者の場合、たいていは、中国のアリババや淘宝《タオバオ》で同じ商品が出品してあるので、グーグルで画像検索して探すんです。そこから写真をダウンロードして、適当にトリミングしてつけました」

そうしてタダで手に入れた商品はどうするのか。

「メルカリやヤフオクで新品として転売します。だから、レビューのために写真を撮るとなると、いったん開封するので、新品にはならないでしょう。転売に一番いいのは、イヤホンなどの小型の家電製品ですね。置いておくスペースも要りませんし、だいたい1週間前後で売れていきます。5000円の商品なら、3500円ぐらいの値段をつけて売ります。どうせタダで仕入れた商品なんで、売れた金額がそのまま利益ということです。まじめにやれば、軽く月10万円ぐらいは稼げますよ」

話を聞いているうちに、彼の本業は何なのだろうか、という疑問がわいてきた。

「ボクですか。大学を卒業してから、ネットで物品販売をやりたいと思っていろいろやっていたんですけれど、今は資金が底をついて、先輩のところに身を寄せているんです」

卒業した大学名を尋ねれば、東京六大学の1つであった。それなら、まともな就職先もあったのではないか、とも思ったが、それは彼が選んだ生き方であり、私が口を挟む必要はない。

フェイスブックでレビューアー募集

多くのアマゾンの利用者は、アマゾンで購入するときレビューを参照するが、果たして、そのレビューと購買パターンには、どのような関係があるのか。

アメリカでは、アマゾンのレビューと購買パターンに関する大学の研究結果がある。

スタンフォード大学のデレック・パウエル教授らが17年、《心理学的科学誌》に発表した研究によると、アマゾンの利用者は、より多くのレビューがついている商品を購入する傾向がある、と指摘されている。同じような携帯電話でも、五つ星のレビューで、2・9のレビューが25件ついているより、同じ2・9のレビューが150件ついている方を選ぶ、というのだ。

五つ星のレビューにおける中央値は3だ。2・9のレビューとは平均以下となる。平均以下のレビューの件数が多いということは、利用者の商品に対する評価が低いことを意味する。しかし、アマゾンの利用者は、悪いレビューが多くついた携帯電話を買う傾向が強いのだという。パウエル教授は「大衆に追随する心理が働いているのだろう」と分析する。

さらに、アメリカの調査機関のアンケート調査によれば、ネットショッピングの際、91%の消費者がレビューを読み、84%がレビューを自分の友人からの推薦と同じように信用している、と答えている。加えて、日本のネット調査会社マイボイスコムが17年に行ったネット上の口コミ情報に関する調査によると、ネット上の口コミ情報を「かなり信用する」と「まあ信用する」を合わせると55%を超えており、口コミ情報を参考にするサイトとして、1位の《価格・ドット・コム》の次に、アマゾンのカスタマーレビューが2位となっている。

ならば、アマゾンで五つ星のレビューがたくさんついた商品の売れ行きがよくなるのは、当然であろう。出品者がフェイクレビューを金銭で買い取れば、その分、費用と手間が発生するが、後で売上げが上がり元が取れると踏んでのことなのだ。

私も取材先を探すために、フェイスブックの4つのグループに入った。《アマゾンジャパンレビュー募集中》や《JPアマゾンレビューアー募集》などのグループだ。私のフェイスブックには、私がジャーナリストである旨や、私のこれまで書いた記事などがタイムライン上に上がっているので、断られるのを覚悟で申請したが、申請したすべてのグループに難なく入ることができた。参加申込者については、何の審査もしてないのだろう。グループのメンバーの数は、1万人から2万人。フェイスブックで検索すると、簡単に見つけることができる。私は、そこから参加者にランダムに取材のお願いを送って取材先を探した。

品川駅内のスターバックスで話を聞いた男性が差し出す名刺には、だれもが知る東証一部上場の社名が入っていた。篠崎克己（33）＝仮名だ。《0円仕入れ》をはじめて2年がたつという。

「僕と妻と、まだ生まれたばかりの息子の3人のアマゾンのアカウントを使って、五つ星のレビューを書いています。これまでに、3人で合わせて150件以上のレビューを書いてきました。手に入れたのは、スマホのケースに、ブルートゥースのイヤホン、時計のバンド、アイコスの互換機、小型の掃除機3台、靴など数えきれないほどですね。ドンキ（ドン・キホーテ）で買えるものなら何でもタダで手に入る感じですかね。

だけど、詐欺と思われる商品もフェイスブック上のタイムラインに流れてくることがあるので注意が必要です。iPhoneXとかiMacのレビュー募集というのがありましたが、アップルがレビューを募集することは考えられないです。間違って買ってレビューしたところで返金されることはないのが落ちでしょうね。2万円以上する商品のレビューを募集しているときは、疑ってかからなければいけません」

私自身、18年秋に30万円のフォルクスワーゲンポロが「ペイパル完全払い戻し」の商品として、フェイスブックのタイムラインに流れてきたのを見たことがある。11年製で、走行距離8万6000キロ。即座に「どう考えてもウソだろう」と思った。

大企業の正社員であれば、お金に困っているわけでもないのではないか、と私が篠崎に尋ねると、

「金銭的なことではなく、商品がタダで手に入るのが魅力でやめられないんですよね」

最近は、以前、取引のあった中国業者から、月に1、2回、無料で商品が送られてくるのだと篠崎は言う。

「ある日、これからは、僕がアマゾンで買ったことにして、定期的に商品を送らせてもらっていいですか、というメッセージがきたんです。実際にお金を払うことも、レビューも要らないって言うんです。そこから、月に2回、1回につき10個ほどの商品が送られてきますね。イヤホンやスマホの画面フィルム、携帯のゲームコントローラーなど、要るものと要らないものが交じっていますけれど。その意図ですか？　商品が売れた体裁にして、売上げランキングを上げたい、ということなんでしょうかね。断る理由もないんで受け取っています」

私も似たような投稿をフェイスブックで見たことがあった。

発信者の名前は、《Ai Chen》とある。プロフィールには、「一歩ずつ、少しずつ、しっかり歩いていきます」という自己紹介文と、潮州市出身で広州市在住、早稲田大学出身と書いてある。私の経験上、名前も在住地、出身校もウソである場合がほとんどだ。出品者も、レビューアーもほとんど偽名を使う。それで取引が成り立つこと自体、このフェイクレビューの取引のいかがわしさを端的に表している。

「皆さん、いつもお世話になります。住所を教えていただき、アマゾン商品を2－3点（商品価格5000円ぐらい）受け取ってくれ《ママ》た方を募集しています。ご興味あれば、直接にご連絡くださいませ。よろしくお願いします」

実際、フェイクレビューとはどのような文面で書かれているのか。

3000円近い値段がする、セラミックヒーターファンヒーターについたフェイクレビューは、

「★★★★★　こぢんまりした部屋にジャストフィット

今まで小さな部屋だったので、コタツでしたが、PCなど使用のために、コタツに変わる暖房を考えていたところ、この様な商品に出会いました。わずかなスペースに置けて、思ったより暖かく、

小さな部屋にはピッタリで、使い勝手も良いです」

とある。

この商品には80件以上のレビューがつき、70%以上のレビューが五つ星だった。

2000円台の値段がついた《キーファインダー 探し物発見器》には、こんなレビューがついている。

「★★★★★ 簡単に見つかりました!!

車の鍵とかスマホとか細々したものをときどき無くすので、紛失防止の為に買いました。普段スマホをマナーモードにしたまま無くしてしまうので、他の人に電話をかけてもらって着信音を頼りに探すことも出来なくて困っていたので、非常に探しやすくなって便利です」

このキーファインダーには、40件のカスタマーレビューがついていて、五つ星レビューが75%。私が見たときには、忘れ物防止タグの部門で、《Amazon's Choice》のロゴがついていた。いずれの出品者もプロフィールに記された住所はCN、つまり中国であった。（著者注・レビューの文章は、だれが書いたのかを特定されないように若干表現を変えている）

アマゾン側が特定するのは難しい

フェイクレビュー作りに参加するには、以下の3つが必要となる。アマゾンのアカウントとフェイスブックのアカウント、ペイパルのアカウントである。

商品の購入から返金までの流れは以下の通り。

1・フェイスブックのアマゾンのフェイクレビューグループに参加する。

2・タイムラインから無料で手に入れたい商品を見つける。

3・フェイスブック経由で出品者に「レビューしたい」とメッセージを送る。

4・その際に、購入者のペイパルアカウントと、アマゾンのプロフィールページを送る。

5・出品者から商品の検索キーワードや商品の写真などが送られてくる。

6・アマゾンのサイトから商品を購入する。

7・出品者に注文番号を送る。

8・購入後1週間ほどの間隔を開け五つ星でレビューを書く。また、必要によってレビューに写真を添付する。

9・レビュー掲載後に、新しいレビューが載った自身のプロフィールページを出品者に送る。

10・出品者からペイパル経由で銀行口座に購入商品の代金が返金される。


――となる。

商品を購入してレビューを書く以外は、全てのやり取りはアマゾンの外で行われるため、アマゾン側が、どれが金銭の取引によるフェイクレビューであるのかをピンポイントで特定することは難しい。

複数の人から取材をして、「フェイクレビューは儲かる」という話を聞いたが、最初に頭に浮かんだのは、本当にそんなに儲かるのか、という疑問である。

たしかに、無料で手に入れた商品ではあるが、それをメルカリやヤフオクに出品し、購入者が付いたら、発送作業までしなければならないのである。手間に見合っただけの儲けがあるのだろうか。

そう思っていたら、平山直哉(27)=仮名が、エクセルで作った一覧表を私に見せながら、こう言った。

「たいして儲かりませんよ」

平山は、会社員の片手間に《0円仕入れ》をやっている。

彼が作ったエクセルの表には、これまでフェイクレビューで手に入れた27個の商品名と値段、レビューを書いた日付、メルカリでの販売額、送料などがびっしりと打ち込んであった。

27商品のアマゾンでの販売価格の合計は7万4000円強。これを0円で〝仕入れた〟わけだ。一番安い商品は、スマホのGalaxy　S9タイプに貼る保護フィルムで870円。一番高いのが、ブルートゥースイヤホンで5488円。これらの商品をメルカリで売って、手数料や送料を引いた後で手元に残ったのは、1万6000円強。まだメルカリに出品中の商品も数点あるが、こんな低調な収支なのだ。

「まず送料と発送の手間がかかりますね。僕は、平日は会社員として働いていますので、発送作業は家に帰ってからか、土日にやることになるんですけれど、商品に合わせて梱包して、郵便局に持っていって小包で送るんです。送料で一番高かったのは、腹筋ローラーの900円でした。それに、メルカリでは値下げ交渉というのがあって、購入希望者から、値段を下げてくれれば買う、といわれることが多いんです。アマゾンで5000円以上したブルートゥースのイヤホンは、まったく同じ商品が複数出品されていたので、結局は2円で売ることになりました。送料が340円かかっているので、338円の赤字でした。馬鹿らしい話です」（平山）

平山は、1カ月やっただけでやる気が失せた、という。

「手間と時間を考えたら、とても割に合わないと思いました。手元に残る金額が1桁違うなら、やりつづけるかもしれませんが、こんな金額ではとてもやってられない、というのが本音ですね」

実態はそんなものだろうな、と私は納得した。

まず、アマゾンの商品にレビューを書いて、返金してもらうまでのプロセスが長い。時間にして、最短でも10日はかかる。その先に、メルカリやヤフオクに出品し、売れれば発送作業が待っている。割に合わないとは、まさにその通り。

それでもフェイスブックのタイムラインを見ていて、フェイクレビューの依頼が一向に減る気配がないのは、それが出品者にとっては、安価で、かつ効果的な商品の宣伝方法だからだ。日本でのテレビCMやネット広告に支払うほどの資金は到底ない。

たとえフェイクではあれ、人海戦術で自社の商品についた高評価のレビューを積み上げていくことは、商品の売上げの増加に大きく寄与するのだ。商品を無料で渡すだけで、その商品に五つ星のレビューがつくのなら、こんなに安上がりな話はない。ここで一番おいしい思いをしているのは、フェイクレビューを依頼する出品者なのだ。

騙されない方法

そうした出品者やフェイクレビューアーの思惑の以前に、フェイクレビュー自体がアマゾンの規約違反であり、さらにはアマゾンの生態系（エコシステム）を歪める悪質な行為だ、と語るのは山本章（39）だ。山本は《アマ速》というアマゾンの出品者向けの販売促進ツールを販売しながら、自らもマーケットプレイスに出品する《リアルプロモート社》の代表を務める。

その山本はこう語る。

「フェイクレビューは、まじめに商売をしている出品者を苦しめています。日頃、付き合いがある出品者からは悲鳴が聞こえてきます」

まず、アマゾンの規約違反とはどういう意味なのか。

アマゾンのウェブサイト上の《カスタマーレビューについて》には、「販促と思われる形式で書かれたレビューは認められませんので、該当するレビューが見つかった場合は、当サイトで削除させていただきます。また、金銭を受け取ってレビューを投稿していることがわかった場合にも、削除いたします」と明記してある。

もし金銭授受の結果書かれたフェイクレビューであることが露見すれば、その利用者はアマゾンでの買い物は引きつづきできるものの、レビューが書き込めない状態になる。アカウントをバン（ban＝禁止）されるという意味で、ネット上では〝垢バン〟という隠語で呼ばれる。

先の山本は、アマゾンの商品ページでいい位置に載るためにはレビューが重要なのだ、という。

アマゾンのSEO（検索エンジン最適化）は、レビューに大きく影響されるように作られている。たとえば、ブルートゥースのイヤホンを検索すれば、何百点という商品が出てくる。似たような商品であっても、商品紹介ページの1ページ目に出てくる方が、最後のページに出てくるのと比べると、はるかに露出が高くなるし、その分売れることになる。いいレビューが多くついた商品の方が、コンバージョンレート（商品を閲覧した人が購入する割合）もよくなるし、商品のランキングも上がる。そうなれば、SEOが売れる商品と判断して、トップページに掲載するという仕組みだ。

山本はこうつづける。

「普通にアマゾンで商売をやっていたら、レビューがつく可能性は100件で3件前後、多い商品で5件ぐらいです。1カ月で500点売れるヒット商品で、レビューは15件前後。2カ月で、30件前後となる計算です。だから、発売から1カ月で30件以上レビューがある商品は怪しいですね。そんな商品の出品者プロフィールを見ると、ほとんどが中国の出品者です。なかには1カ月で100

件を超すレビューがついているのを見たことがありますが、これはほぼフェイクレビューだと考えて間違いないでしょう。

まじめな出品者なら、1カ月目で100件売って、レビューの数がこれくらい、2カ月でレビューはこれくらいに増える、と計算して地道に販売しているのに、中国業者の仕掛けるフェイクレビューのおかげで、そうしたまじめな業者はどんどん取り残されていくんです。その分、売れにくくなっているし、フェイクレビューがブローパンチのように効いている場合が散見されます。フェイクレビューの影響で、売上げが徐々に落ちている業者の声も聞こえてきます。フェイクレビューの問題は、アマゾンに参加する出品者全体に悪影響を与えていると思っています」

では、アマゾンの利用者が、フェイクレビューに騙されない方法はあるのか。

『家電批評』編集部の記者である松下泰斗は、フェイクレビューの問題が表面化してきたのは、13年ごろからだとして、アマゾンで現在、フェイクレビューが横行している理由をこう解説する。

「中国業者からのマーケットプレイスの出品が増えてから、ステマレビュー（＝フェイクレビュー）が、急増しています。たとえば、日本の大手メーカーなら、アマゾンに正規の広告費を払うことができるんです。けれど、資金のない中国の新参メーカーは、苦肉の策としてステマレビューに走っています」

ステマレビューのステマとは、ステルスマーケティングの略で、広告であるのに、広告であることを隠し、あたかも一般消費者が商品をほめたたえているように欺く行為を指す。

松下は、フェイクレビューの見分け方を、こう指南する。

「この五つ星のレビューは本当だろうか、と思ったら、見るべきポイントはいくつかあります。1つ目は、日本語がそもそも怪しい。〝てにをは〟や、句読点が間違っているレビューは、要注意です。２つ目は、レビューアーのこれまでのレビューを確認したら1件しかレビューをしていないとき。３つ目は、無意味な写真や画像がレビューについているとき。４つ目は、発売日とレビューが書かれた日が近すぎるとき。５つ目は、レビューアーの名前が、山田太郎のようにいかにも作ったような日本人の名前の場合ですね。

ほかにも１つの商品に１００件以上のレビューがついているのに、全部が五つ星レビューというのも不自然です。同様に、同じ商品で、五つ星レビューと一つ星レビューが飛びぬけて多いのも、疑ってかかった方がいいでしょう。初期不良のケースもあれば、お金で買った五つ星レビューと、正直な一つ星レビューが混在している場合もあります。いい商品の場合の自然なレビューというのは、五つ星が最も多く、次に四つ星、その次に三つ星と減っていって、レビューがアルファベットのF形になっているものです」

私自身の体験から言うと、レビューが50件を超える商品の場合、一つ星のレビューから読んでみることを勧める。なかには的外れなレビューや、ピントの外れた恨みつらみのたぐいも交じっているが、お金で買えない一つ星レビューには常に本音が書いてある。

アマゾンから今後、フェイクレビューはなくなるのだろうか。

松下はこう分析する。

「アマゾンはこれまで、ステマレビューを排除するため、いろいろな方策を取ってきました。それらは一定の効果は上げていますが、残念ながら今後も、アマゾンとステマレビューとのいたちごっこはつづくでしょう」

ばれなかった問題は存在しない

アマゾンのフェイクレビューに加担している人たちに共通するのは、その罪悪感の薄さである。

冒頭の上原に、フェイクレビューを書くことはアマゾンの規約に違反していることを知っているのか、と訊けば、

「現金を稼ぐ手段だと割り切ってやっています。1件でレビューから出荷までを入れても20分で2000円、3000円稼げるわけですから。それに、中国製品といっても悪い商品ばかりじゃないでしょう。最近じゃ、ライカのレンズも中国で作る時代です。悪いことをやっているという気持ちはないですね」

約半年間、アマゾンでフェイクレビューを書いてきたという首都圏在住の青木琢磨（34）＝仮名は、こう開き直る。

「アマゾンの規約に違反していても、ばれなかった問題は存在しないと思っています。良心の呵《か》責《しゃく》はないですね。これも、需要と供給があって成り立つことですから」

——需要と供給とは？

「ステマレビューを書いてタダで商品がほしい人と、それを書いてほしい出品者がいてはじめて成り立つということです」

——あなたの書いたフェイクレビューが利用者を惑わせることに罪悪感はないのか。

「フェイクレビューが本当に問題なら、アマゾンがそれを排除する仕組みを作らなければならないと思います。フェイクレビューに騙される消費者にも幾分かの非があるんじゃないでしょうか。詐

欺商品であっても、買った方が100％被害者だとは僕は思っていません。買ったのは自分自身ですから、自己責任の部分もあります。それに、アマゾンは購入から1カ月は返品できるのですから、騙されたと思ったら、返品すればいいだけです」

と、果てることなき屁理屈のオンパレードである。

フェイクレビューに対するアマゾンジャパンの公式見解を訊こうと、複数回にわたり取材を申し込むも、ここでも断られたので、18年8月に掲載されたバズフィードジャパンの記事に回答しているアマゾンジャパン広報本部のフェイクレビューに関する長い見解を一部抜粋する。

「アマゾンは、多くのお客様が日々、カスタマーレビューを参照して購買判断をされていることを認識しています。／アマゾンでは、この責務を重視しており、レビューシステムの不正利用からお客様を保護するために積極的な措置を講じることで、カスタマーレビューの信頼性を守ります。／18年上半期に日本でアマゾンにおいて検知された不正なレビューの割合は全体の1％未満でした。〈中略〉アマゾンでは、事前の検知に加えて、レビューの不正に関して世界中で1千人以上に対して訴訟を提起しています〈後略〉」

ここで注目すべきは、最後の「世界中で1千人以上に対して訴訟を提起しています」という箇所だろう。

ネットで調べてみると、米アマゾンはこれまで、米国内外でフェイクレビュー対策として少なくとも5件の訴訟を起こしていることがわかる。

最初は15年4月、フェイクレビューがほしい出品者にフェイクレビューを販売したとして4社を提訴。2件目は、同年10月、ネット経由の募集に応じてフェイクレビューを書いた個人1114人を提訴している。個人が書いたフェイクレビュー1件当たりの報酬は、5ドル程度だった。

3件目は、16年4月、有料で書籍のフェイクレビューを販売する会社を訴えている。その会社は、100冊の書評を2200ドルで販売していた。4件目は、16年5月、出品者の社員が複数のアマゾンのアカウントを使うことで、1人当たり、自社の商品について30件から45件のフェイクレビューを書いたとして3社を訴えた。5件目は、16年10月、商品についているレビューの5割以上がフェイクレビューであったとして、アメリカとヨーロッパの出品者を1社ずつ提訴している。

5件の裁判を見ると、フェイクレビューを売った会社と、フェイクレビューを書いた個人、それにフェイクレビューを買った会社が訴えられている。つまり、フェイクレビューを撲滅するためには全方位的に裁判も辞さない構えで臨んでいくということなのだろう。

さらに、日本の消費者庁にあたる米連邦取引委員会（FTC）が19年2月中旬、米アマゾンのフェイクレビューの訴訟に参戦してきた。フェイクレビューが消費者を混乱させる、と判断したからだ。

FTCは、米アマゾンで販売されていた減量促進のサプリメントに対し、出品者が外部サイトを使って高評価のレビューを有償で依頼したとして、罰金のほか非科学的な主張の禁止などを和解の条件として出品者に求めた。罰金は1200万ドル超（13億2000万円）と高額。訴訟から1週間後に、出品者が罰金を全額支払うことで決着した。ネット上のフェイクレビューの問題で、FTCが訴訟を起こすのははじめてのこと。その背景には、米国内ですでに社会的な問題となっているダイエット商品だったことに加え、販売者が過去にもフェイクレビューで問題を起こした人物だったという事情もあるようだ。

無料仕入れマニュアル

フェイクレビューがアマゾンの規約に反することは、わかった。しかし、日本国内の法律から見ると、どのような問題があるのだろうか。

フェイクレビューの問題に詳しい弁護士の川村哲二はこう語る。

「ステマレビューは、一般の消費者をだますことにもつながり、詐欺に近い行為だと思っています」としたうえで、アマゾンが日本で採りうる法的手段には、2つの選択肢があるとする。

1つは、ステマレビューを募っている出品者を対象としたもの。もう1つは、ステマレビューを書いているレビューアーを対象にしたものだ。

川村はこう語る。

「五つ星レビューを条件に、自社の商品を無償で提供している出品者に対しては、アマゾンの規約違反や民法709条（不法行為による損害賠償）を使って、損害賠償の請求を求めることができるでしょう。さらに、レビューアーに対しては、ステマレビュー自体が景品表示法や不正競争防止法の偽装表示禁止規定（2条1項20号）に抵触することが考えられるので、それを論拠として、民法709条および民法719条（共同不法行為者の責任）を使って、賠償請求を起こすことが可能だと考えています。また、レビューが、詐欺罪や不正競争防止法違反罪に該当するような悪質な場合は、刑事事件として告訴・告発することも考えられます」

フェイクレビューを取材していると、アマゾンから、レビューのアカウントを停止された、という多数の声を聞いた。商品は買えるのだけれど、レビューが書けなくなるのだ、という。

「一番危ない」と何人ものフェイクレビューアーが口をそろえるのが、一発で該当商品を検索して、購入するパターン。たとえば、数多くあるブルートゥースイヤホンのある出品者から、フェイクレビューを依頼されたとしよう。無名のメーカーの商品を、正確な商品名を入れて行きついたり、正しいURLを入れて一発で到達したりすると、アマゾンはそうした利用者のサイト内での行動のすべてを過去にさかのぼって追跡できるので、その後に五つ星のレビューが書き込まれれば、即アウトとなるのだ、と。

フェイクレビューを書くために10商品を無料で手に入れた時点でアカウントが停止されたという伊東修二（45）＝仮名はその後、〝サブセラー〟としてゾンビのように復活した。

伊東はこう話す。

「中国の業者とレビューアーとを仲介する副業を2カ月前にはじめたんです。その仲介役がサブセラーと呼ばれます。中国人のセラーの中には、レビューを集める業務で人手が足りなくなったり、外部に任せたいという人たちがいるんです。サブセラーになると、アマゾンの規約の制限を受けませんし、アマゾンのアカウントすら必要ではありません。これまでのように、アマゾンに見つかるかもしれないとびくびくする必要もないわけです。1日で、10件でも20件でも、セラーとレビューアーをつなげることができるんです」

サブセラーの役割とは、主に中国の出品者から依頼を受け、フェイスブックやLINEにフェイクレビューを書いてもらいたい商品の情報を流す。商品名や注文番号、レビューアーのプロファイルやペイパル口座などを記録し、五つ星のレビューが掲載されれば、中国の業者に連絡して、商品の代金を返金してもらう、というもの。

すべてが終わると、伊東に手数料が振り込まれる。

フェイスブックも使うが、LINEの方を多用するのだという。伊東が入っているのは10以上のLINEのグループだ。LINEのグループ名には、《アマゾンレビュー》や《アマゾン無料転売グループ》などの名前がついていた。

伊東はこうつづける。

「僕が受け取る手数料は、1件当たり500円です。最初の月は、30人に商品を紹介したので、1万5000円が手に入りました。自分でレビューを書く場合と比べると、1人を紹介するのに使う時間は、全部で10分ぐらい。効率がいいんで、これからもずっとつづけていきたいですね。月に100件紹介して、コンスタントに月5万円が入ってくれれば、年間60万円になります。それが当面の目標ですね」

一応、フェイクレビューがアマゾンの規約に違反しているし、購入者の判断を惑わす要因となることについても訊いてみた。

「でも、中国人セラーの業績アップのために貢献しているからいいのかな」

という的外れの答えが返ってきた。

もう一度、規約に違反していることを理解しているのかどうか、と私は尋ねた。

「それは理解していますが、バレなければいいんじゃないですか。おもしろいし、小遣い稼ぎもできるんですから」

レビューアーが、サブセラーに転向する理由は、小遣い稼ぎだけではない。

名古屋駅の近くで会った警備員として働く飯島昭雄（58）＝仮名は、「老後の資金の足しにしたい」と言う。「うちの会社は、ボーナスも退職金もほとんど出ないんです。おまけに借金もあるので、その返済のためにも副業は必要なんです」

飯島は、まず、《アマゾン無料仕入れマニュアル》という情報商材を2万円で買って、《0円仕入れ》をはじめる。それまで一度もアマゾンで買い物をしたことがなかった飯島は、アマゾンのアカウントを作ることからはじめた。しかし、10点の商品を仕入れたところで、別のマニュアルを買わないか、という話がきた。それがサブセラーになるためのマニュアルだった。値段は3万円。

「まだ、アカウントは停止されていなかったんですけれど、それを心配しながら仕入れをするより、サブセラーの方が効率がいいなと思って切り替えました」

飯島は、マニュアルの販売者にマニュアル代を払っただけでなく、その後、コンサルタント料も払って、サブセラーをつづけている。

大阪の梅田駅の近くの喫茶店で会った会社員の桜井健司（25）＝仮名も、サブセラーとなる情報商材を購入してサブセラーの道に進みはじめた。

その前段として、《0円仕入れ》をはじめたが、2週間でアマゾンからアカウントを停止されたという。もう一度、別のアカウントを立ち上げたが、それも2週間ほどで停止された。その間に投稿したフェイクレビューは30件ほど。多いときは1日に3件のフェイクレビューを書き込んだこともあった。

「きっとやりすぎたんでしょうね。それでアマゾンに目をつけられたんだと思っています」

フェイクレビューで稼ぐ道は1カ月で閉ざされたが、フェイスブックでのやり取りからＬＩＮＥでのやり取りに発展し、いろいろな人脈が生まれた。その中の1人が、アマゾンのアカウントが停止されても、フェイクレビュー関連で儲けることができるノウハウが書かれた情報商材を3万円で売ってくれる、というので、その話に飛びついた。そうして飯島はサブセラーとなった。

「ボクは4人の中国人セラーと取引しているのですが、1回当たりの手数料は400円から500

円に設定しています。18年10月にはじめたときは、1月で150件程度の仲介をしたので、月に7万円ぐらい手元に入ってきました。隙間時間や仕事の休憩時間にもできるし、副業としては悪くない、と思っています。アマゾンのマーケットプレイスがある限り、この副業をつづけていきたいですね」

私は、飯島と桜井が話していた、サブセラーになるマニュアルが気になって仕方がなかった。アマゾンのフェイクレビューも、怪しさ満載だが、この情報商材というのも、同じぐらいいかがわしい。その情報商材を私も購入してみた。合計10ページの薄っぺらいマニュアルの値段は3万円。

最初のページには赤字で、

「※他の人にこのマニュアルは絶対に譲らないで下さい。

※他人に譲ったのが分かるような特別なツールを持っておりますので注意してください。」

と赤字で書いてある。

そんな「特別なツール」があるというのは、ただのハッタリである。

このマニュアルには6つのことしか書いてない。

1・セラーとは、2・セラーになる準備、3・メインセラーとの契約、4・商品管理と顧客管理、5・レビューアー集め、6・メインセラーへの報告——だ。大した内容は書かれていない。自己流ではじめたとしても、2、3日もやれば、把握できるような浅い内容だ。

サブセラーとしての、1件当たりの手数料が500円とするなら、このマニュアルは、60件分の仕事に相当する金額なのだ。

300ページほどのノンフィクションの書籍を書き、その書籍が1500円前後で販売されて、そこから一定の印税を得て生活している私からすると、詐欺としか思えないような、唾棄《だき》すべきマニュアルだった。

別れる間際に、桜井は興味深い話を聞かせてくれた。

「マニュアルを売ってくれた人から持ちかけられているんですけれど、LINEで知り合ったレビューアーにこのマニュアルを売って、サブセラーに転向しないかと持ちかけよう、というのです。3万円で売れると、マニュアルを作った人には1万円が戻ってきて、残りの2万円は、かかわった人数で割って自分たちの収入にするという話です。マニュアルを売る人が、枝分かれして、どんどん売っていけば、それだけで結構な収入になるんですよ」

と無邪気に話す。

彼の話を正確に理解するため、私は、マニュアルの制作者を頂点としたピラミッドを描き、お金の流れを表す棒線を下から上へと書き足し、これでいいのか、と桜井に確認した。

「その通りです」と彼は答える。

ふーん。それは、法律の素人である私が聞いてもアウトだね。

古典的なねずみ講で、ねずみ講防止法（無限連鎖講の防止に関する法律）に引っかかるよ。

どうも、アマゾンのレビューには、魑魅魍魎《ちみもうりょう》を吸い寄せる不可思議な磁力があるようだ。

第8章

AWSはAIアナウンサーの夢を見るか

アマゾンの利益の大部分をたたき出すAWS事業。日本でも数多くの企業が導入している。知らない間に、新聞の見出しばかりか、記事までもAWSを使ったAIが書き、ラジオのニュースまで読み上げる。

新聞の見出しをつける

朝日新聞は、過去30年に書かれた900万本の見出しと記事をデータベースとして保存している。同社はこれを、単に過去の記事というだけでなく、アマゾン・ウェブ・サービス（AWS）上で、ディープラーニング（深層学習）のアプリケーションを活用することで、未来につなげる〝宝の山〟に変えることはできないか、と考えた。

AWSとは、アマゾンが運営する法人向けのクラウドサービスのことで、実際にサーバーを購入・設置することなくネット上に作る仮想サーバーや大量のデータを保存するストレージ、データベースなど多岐にわたるサービスを提供している。

朝日新聞のメディアラボのエンジニアである田森秀明はこう話す。

「われわれの部署で現在、AWSを使って注力しているのは、自動校正と自動での見出し生成、あるいは自動要約などの新聞作業の効率化です」

通常、新聞記事ができるまでには、記者が書いた生原稿《なまげんこう》に、デスクが赤字を入れるという校正作業をへて新聞に掲載される。校正作業には、文章から不要な文字を取り除くアラインメントや、順序の移動、文章の分割などが含まれる。

朝日新聞では、記者が書いた生の原稿とデスクが校正した後の原稿を一組としてAWS上のストレージである《S3》に保存して、独自に作ったアプリケーションを使うことで、記者が書いた原稿が、自動的に校正されるような仕組みを作っている。

たとえば、記者が「大阪府へに移った高齢者の方の2倍」という文章を書いたとすると、それが

AWS上の自動校正をへて「大阪府に移った65歳以上の人の2倍に上る」という文章ができるようにする。

田森はこう話す。

「新聞社内に残っているのは、校正後の原稿で、記者が書いた生原稿というのはこれまで、記者自身のコンピュータの中に眠っていたんです。けれど、このプロジェクトを進めるにおいて、記者の書いた生原稿というのは宝物なので、ぜひ校正後の原稿とペアで取っておいてほしい、と頼んでいるところです。現場に無理を言って、3年分ぐらい取っておいてもらっています。いままでゴミだと思っていた生原稿のようなデータも、データの保存容量が膨大になり、それをコンピュータに蓄積したものを、分析するディープラーニングというシステムができると、ゴミだと思っていたデータに大きな価値が出てくるんです。この自動校正エンジンについては、現在、特許を申請していいます」

たとえば、自動校正エンジンを用いれば、「リニア新幹線が開業し、その後は名古屋から大阪に伸びる予定だ」という場合、「延びる」と自動的に正しい漢字に変換する。「熊谷署が100人体制の捜査本部を設置」を「100人態勢」に変える。

この校正の精度を高めるには、これから数年にわたって、記者の生原稿と校正後の原稿を集め、さらにアプリケーションに学習させる必要がある。

一方で、見出しの生成となると、すでに30年分のデータの蓄積があるため、これはほぼ完成に近い。

次に2種類の見出し群を4本ずつ並べる。片方は編集者がつけた見出しで、もう片方がAWSによってつけられた見出しだ。

さて、どちらがＡＷＳによってつけられた見出しだろうか。
１・日比谷図書館を千代田区に移管　都教委が正式合意
２・「上司がパワハラ」海自事務官が提訴
３・子育て応援施設、空き店舗に移転　和歌山ぶらくり丁商店街
４・晩秋の風物詩「松の腹巻き」鶴岡

（１）都、区と正式合意　日比谷図書館の千代田区移管
（２）海上事務次官、パワハラ提訴　佐世保「ストレス休職」
（３）空き店舗に子育て拠点　和歌山の商店街に明日オープン　ＮＰＯの施設、移転
（４）松も冬支度、幹に「腹巻き」鶴岡

「最初の４本がＡＷＳでつけた見出しなのです。けれど、社内の編集者に見せても、最初の４本の方がいいと言う人が多かったのです」と田森は語る。

これから発展し、同じ記事から５秒で10本の違った見出しをつける機能や、ネット配信などの要件となりやすい字数制限をつけて、見出しをつけることもできる。たとえば、教員の労働時間問題の記事を10文字以下や13文字以下、26文字以下と設定すると、

（10文字）　教員の長時間労働問題
（13文字）　教員の長時間労働めぐり分担
（26文字）　教員の長時間労働、教員の分担見直し文部科学省方針

――となる。

ＡＷＳを使って、これをほんの数秒で作ることができる。

こうした自動校正や自動見出し生成などの仕組みは、まず、朝日新聞社内で実用化を進め、実用から2、3年後には社外にも販売していきたい。販売の対象としては、セミプロとして、ブログに文章を書く人たちや、外国人を考えている。

朝日新聞はいつからＡＷＳの利用を考えるようになったのか。

同社の情報技術本部開発部の落合隆文は、こう話す。

「社内に《メディアラボ》という部署が立ち上がった13年以降、実験的にＡＷＳを使いはじめました。15年以降は、新規のウェブ事業を立ち上げるときはＡＷＳを使うようになりました。たとえば、朝日新聞社が運営する犬・猫などのペットの情報サイト《ｓｉｐｐｏ（シッポ）》はＡＷＳ上で動かしています。情報技術の部門というのは、新聞社では異色の部門なので、大金をかけてサーバーを買うのは、躊躇するところがあるんです。それに、新規事業は小さくスタートして、大きく育ったら、その時点で見合ったサーバーの容量を増やすことができるのが魅力ですね。

また、安くて早いのもメリットですね。ウェブエンド（ウェブサービスをホスティングするサーバーのセットアップや、サーバー上で動作する処理など）のコストは、仮想サーバーを使用した場合、99％以上、コストを削減することができましたし、新しく仮想サーバーを立ち上げて、新サービスを実行するまでをほんの数時間でできるようになりました」

ＡＩ記者に記事を書かせる

ＡＷＳを使って新聞業務を効率化しているのは朝日新聞だけではない。

日本経済新聞は17年1月、企業の一部の決算記事を、〝AI（人工知能）記者〟に書かせはじめた。日本初の完全自動のAIによる決算サマリーだ。日本には約3600社の上場企業があり、四半期ごとに決算を発表する。年間で1万5000本近い決算記事を書かなければならない。

同社のデジタル事業BtoBユニットの藤原祥司は、《AWS Summit Tokyo 2017》の講演で次のように語っている。

「生身の記者が、すべての上場企業の決算記事を、リアルタイムで書いていくのは難しい。けれど、AWSを使えば2分で記事を生成することができます。1日1千件以上の決算発表が重なるピーク時にも対応できるんです。当社の証券部の記者は、1人当たり50から70社を担当しており、年4回の決算となると、最大280本の決算記事を書くことになるんです。これまでは全体の2割に当たる主要企業の決算だけを速報として出し、残りの8割はそのあとで記事を書いていました。だけど、今まで発表までにタイムラグがあった8割にあたるロングテールの部分にも速報性のニーズがあると考え、〝AI記者〟の活用をはじめたのです」

日経新聞がAI記者を開発する発端となったのは、米AP通信が14年、記事の自動生成を開始するというニュースだった。日経社内での準備は、15年からはじまった。同社のデジタル部局の若手エンジニアが、社内のチャットでAWSを使ったAI記者の可能性について意見を交換したのを皮切りに、同年12月には東京大学でディープラーニングを専門とする松尾研究室との共同研究を開始する。16年8月にプロトタイプが完成し、次いで同年12月に試用版が完成。そして17年1月のAI記者デビューとなった。

導入してから最初の4カ月で、AI記者の書いた6787本の決算記事が配信された。

そのうちの1本に、中古ゴルフショップチェーンのゴルフ・ドゥが17年5月15日に発表した決算がある。決算の発表時間が、午後4時で、記事が配信されたのがその2分後となっている。

以下がその記事である。

「ゴルフ・ドゥの17年3月期、純利益12・5％増　8100万円

ゴルフ・ドゥが15日に発表した2017年3月期の連結決算は、純利益が前期比12・5％増の8100万円となった。売上高は前期比11・5％増の49億円、経常利益は前期比45・1％増の1億300万円、営業利益は前期比45・2％増の1億600万円だった。

『ゴルフ・ドゥ！　オンラインショップ』の売上高も32カ月連続で前年実績を上回っており、『ゴルフ・ドゥ！』の直営店およびフランチャイズ加盟店への業績に貢献している。直営事業の『ゴルフ・ドゥ！』における購入客単価が年間を通して毎月前年実績を上回っており、購入客数も10月以降は毎月前年実績を上回り、中古クラブ販売及び買取りが共に年間を通して堅調に推移した。

2018年3月期は純利益が前期比23・4％増の1億円、売上高が前期比8・7％増の54億円、経常利益が前期比31％増の1億3600万円、営業利益が前期比24・5％増の1億3300万円の見通し」

この記事は、人手をまったく介さずに書かれている。

決算記事は、1・利益・売上高など業績数字に関する文章と、2・その業績の要因を述べた文章から成り立つ。ゴルフ・ドゥの記事の場合、最初と最後の段落が、業績数字の部分で、2段落目が業績の要因となる。

業績数字の文章を作るのは難しくない。ここで難関は業績の要因だ。決算短信の文章を解読し、重要と判断した箇所を業績の要因として的確に抜き出し、要約する作業だ。

同社は、決算短信と過去の日経記事から、業績変動の要因を言及する文を抽出するアルゴリズム

を考案し、ＡＩに学習させることで、ＡＩによる記事生成の実現性が高まった。

仕組みとしては、東京証券取引所の適時開示情報サービスから配信される決算短信を日経側にある実際のサーバーにいったん蓄え、それをＡＷＳダイレクトコネクトと呼ばれる専用線でＡＷＳにつなげて、《Ｓ３》に溜めていく。仮想サーバー上に作った独自のアプリケーションが、それを読解し、決算記事を生成し、再び、専用線で日経側のサーバーに戻す。できあがった決算記事は、日経電子版や有料データベースの日経テレコンで配信する。

「これを行うインフラとしては、ＡＷＳのサービスが最適だと思っています。機械学習や深層学習をやりはじめると、どれだけの計算量やデータの蓄積が必要になるのかわかりません。ＡＷＳのように、必要なインフラを必要な分だけ調達できるというのは、ＡＩとの親和性が高いと考えています」（藤原）

藤原は、ＡＷＳによる、決算記事の長所と短所についてこう語る。

「短所は、日本語の流暢性に欠けるところですね。加えて、記者が取材で裏どりをするような創造性もありません。長所としては、正確であること。人間のように数字を間違えることがないことです。それに処理の量とスピードでは、圧倒的に人間の記者を上回ります。

われわれは、ＡＩ記者が人間の記者から仕事を奪うということではなく、速報や定型業務はＡＩ記者に任せ、生身の記者には自由になった時間を、リサーチや分析、独自取材に基づく特ダネや企画記事などに、割り当ててもらいたいと思っています」

空きスペースを外部に販売

ＡＷＳは、アメリカでは06年に、日本では10年にサービス提供を開始した。

ＡＷＳは、どのようにしてはじまったのか。

それは、アマゾンの社内の課題解決が契機となった。創業以来、アマゾンは、社内に膨大な顧客データや過去の購買データを蓄積し、それを分析することで、確度の高い需要予測ができるように努めてきた。また、アフィリエイトに支払う報酬を計算するために大規模なデータを保存しておく必要があった。そのような自社の業務に必要とする基準を満たすサーバーを独自で構築するため、投資をしてきた。

その自社の問題解決策として生まれてきたのがネット上にそうしたデータを保存する仮想サーバーを作ることだった。その自社で使った空きスペースを外部に販売したのがＡＷＳの端緒《たんしょ》だった。そのため、ＡＷＳははじめから外販用のシステムを作るのに比べ、初期投資コストを低く抑えることができ、安価で利便性の高いサービスを提供することができた（「ダイヤモンド・チェーンストア」17年12月15日／18年1月1日号）。

次に、ＡＷＳを含むクラウドサービスとはいったい何なのか。

通常、企業がコンピュータを使うときは、サーバーが必要になる。各種のウェブサービスやメール、データのバックアップや業務基幹系のビジネスアプリケーションを使うとき、これまでは、ハードウエアであるサーバーを購入する必要があった。

しかし、このサーバーを購入するというのは、面倒な作業でもあった。サーバーの値段は数百万円から数千万円もする高価なものであるため、通常、社内でサーバーを使うためには、購入金額に見合った事業計画書や収益の見通しの資料などを作り、それを実現するためのサーバー購入の決裁を受ける。しかも、サーバーの寿命は通常4、5年であるため、そのたびに買い替えの作業が発生となる。

さらに、ハードウエア企業と値段交渉のうえ、契約書を交わし、購入に至る。その上、サーバーを置く場所を確保して設置する。購入してからサーバーが稼働するまでに、少なくとも1、2カ月はかかる。しかも、業務のピーク時に合わせた高いスペックのサーバーを買うので、平均したサーバーの稼働率は5割前後と低い。つまり、オーバースペックで持っておく必要がある。実際のサーバーを持つということは、時間と費用がかかる煩雑な作業であるだけでなく、それ自体は1円の利益も生み出さない業務だった。つまり、企業経営には必要ではあるが、非常に手間暇がかかる裏方業務なのだ。

このプロセスを、安く、早く、簡単に実現できるようにしたのがAWSのようなクラウドサービスである。

AWSを使ってサーバーを立ち上げるには、専用の画面を立ち上げて、数回クリックするだけでいい。所要時間はほんの数分。しかも、サーバーの容量は、伸縮自在であるため、不必要な余力を持たせる必要がない。また、料金は利用した時間や容量によって課金される。サーバーを購入するときのような、初期費用が不要で、電気代などの維持費用もかからない。必要なのは、AWSを使った分の使用料だけ。

AWS側は、サーバー容量を、時々の需要に合わせて使うことができることを「AWSの利点の1つはスケーラブル（scalable）だ」と表現する。たとえば、携帯電話を使って遊ぶオンラインゲームの場合、使用量が急増するのが、昼休みとなる正午から午後2時にかけて。そうしたゲーム会社の場合、通常なら2つのサーバーだけで運用できるのだが、平日の正午から午後2時の間は、サーバーの数を2倍の4つに増やすようにAWS上で設定する。午後2時以降は、サーバーの台数を通常の2台に戻す。そうした柔軟な運用ができるのがAWSを含むクラウドサービスなのだ。

雲(クラウド)から恵みの雨が

加えて、アマゾンは、AWS上にいろいろなオリジナル機能を載せている。人工知能を活用したテキスト読み上げサービスの《Amazon Polly》や画像分析をアプリケーションに簡単に追加できるようにするサービスの《Amazon Rekognition》、さらに、文字起こしなどに使える音声をテキストに変換する機能を持つアプリケーションの《Amazon Transcribe》などの新サービスや機能改善は、17年の1年間だけで1430件に上る。

クラウド(雲)サービスという呼び名は、グーグルのCEOだったエリック・シュミット(現在、親会社であるアルファベットの技術顧問)が06年に、「ブラウザの種類も、アクセス手段も、パソコンかマックか、携帯電話かも無関係です。〝雲(クラウド)〟のような、巨大なインターネットにアクセスすれば、その利益、つまり恵みの雨を受けられる時代になっています」と発言したことに由来する。

06年に誕生したAWSが、部門別の売上高を発表した最初の年が15年のことで、過去2年間さかのぼって業績を発表した。そのためAWSの業績が最初にわかるのは13年度となる。その数字は31億8000万ドル(3411億円)だった。それが直近の18年度のAWS部門の売上高は256億5

500万ドル（2兆8220億円）になっている。6年間で、AWSの売上高は8倍以上に増えている。

第5章でも書いたように、売上高以上に重要なのはAWSの利益率の高さだ。17年度のAWSの営業利益は43億ドル台で、アマゾン全体の営業利益は41億ドル台。つまり、AWSの利益がなければ、17年度のアマゾンは営業赤字に陥っていた。直近の18年度のAWSの営業利益は72億ドル台で、全体の営業利益である124億ドル台の6割近くを叩き出している。アマゾンの経営にとって、AWSとは金の卵を産むガチョウなのだ。AWSが産み出す利益があるからこそ、アマゾン・ゴーやアマゾン・エコー、アマゾンフレッシュやファッション部門などの、次に金の卵を産むガチョウを育てるための投資ができる。

クラウド市場全体からみたAWSの立ち位置とは、どのようなものであろう。

米調査会社ガートナー社によると、17年時点でクラウドコンピューティングの市場で1位のAWSは51％台という圧倒的なシェアを握る。2位がマイクロソフトの《アジュール》の13％台、3位がアリババの4％台、4位がグーグルの3％台――とつづく。上位4社で全体の7割を占める寡占市場だ。

ここで肝心な点は、アマゾンというネットの小売業者が率いるAWSが、クラウドというIT分野で、純粋なIT企業であるマイクロソフトやグーグルを引き離し、独走状態にあることだ。

AWSがこうした独り勝ちの状態にあるのは、ひとえに「先行者利益による」と、ジェフ・ベゾスは18年にこう語っている。

「同業者に比べて7年も先に手がけたビジネスですから。ITビジネスの世界では先行者利益が2年もあれば幸運な方です。（90年代に）アマゾン・ドット・コムをはじめた2年後には、バーンズ

&ノーブルがネット書店を立ち上げました。キンドルもアマゾン・エコーも2年後には類似の製品が出てきました。AWSのように同業者が真似をするのに7年もかかったビジネスというのは、動きの速いネットビジネスにおいては、信じられないことなのです」

事実関係を確認しておくと、アマゾンがAWSのサービス提供をはじめたのが06年で、2位のマイクロソフトがアジュールを開始したのが10年。その差は4年である。しかし、先に書いた通り、AWSは社内での開発を含め約3年の準備期間をかけている。ベゾスはおそらく、その3年分を足して7年の先行者利益がある、と語っているのだろう。

AWSが独走をつづけるもう1つの理由は、料金の値下げをしないというシステム業界の商慣習を打ち破りAWSが06年のサービス開始から60回以上、使用料金の値下げを行ってきたことが挙げられる。

この値下げ攻勢には、ベゾスの経営哲学が込められている。

06年にAWSの中核の仮想サーバー機能である《EC2》の料金を1時間15セントにしたいという担当者に対し、ベゾスは「10セントに引き下げるように」と命じる。その値段だと、長期にわたって赤字がつづくことになる、という担当者の言葉を「上等だ」と言って退ける。利益率をできるだけ低く抑えることで、ライバルであるマイクロソフトやIBM、グーグルなどが参入に二の足を踏む状況を作り、その間にシェアを奪い、AWSの立ち位置を確たるものにしようと考えた。そして、ベゾスの思い通りの結果となった（『ジェフ・ベゾス　果てなき野望』）。

アマゾン創業当初、書籍の最大手であったバーンズ&ノーブルや2位のボーダーズ（11年に倒産）などとの、ベストセラーの値下げ合戦で学んだ、価格を下げればより多くの顧客を獲得することができるというベゾスのビジネス上の〝マントラ〟が、10年後にクラウドビジネスに参入する際においても発揮された。

AWSを利用する企業は、全世界で数百万社を超え、その中には、NASA（米航空宇宙局）やCIA（米中央情報局）といった米政府機関に加え、初期のユーザーには、映像ストリーミング配信事業会社の《ネットフリックス》や宿泊施設のシェアリングサービス《Airbnb》や、音楽配信サービス《スポティファイ》などのスタートアップ企業が多かった。それが現在では、メガバンクのHSBCやゴールドマンサックス、ジョンソン&ジョンソンやファイザー製薬、ゼネラル・エレクトリック社など名だたる企業が利用している。

日本国内の顧客数は、10万社を超え、ファーストリテイリングやNTT東日本、NECやソニー銀行といった大手企業がユーザーとして名を連ねる。

アマゾン社内に足を踏み入れた

今回のこの書籍を執筆するうえで、一番取材しやすかったのがAWSだった。

過去のAWSサミットの講演資料は、アマゾンのウェブサイトで見つけることができる。講演の模様はYoutubeにアップされている。私自身、18年のAWSサミットには、記者として登録し3日連続で参加した。

その後、19年2月には、目黒駅近くのアマゾンのオフィスで行われた初心者向けの無料の講習会に参加するため、はじめてアマゾン社内に足を踏み入れた。その翌週には、営業のフォローアップの電話が入った。同時に、担当者の名前入りで「サービスの導入にあたり、お見積もりやサービス内容の詳細等、導入前のご相談事項が生じた際は、導入支援の担当者をお手配させていただき、可能な限りのご支援をご提供させていただければと思います」という丁重なメールまでもらい、そのメールには、「ご参考」として、《AWSクラウド無料利用枠》のURLまで貼ってあった。

もちろん、私がフリーランスのジャーナリストであることや、AWSの導入を検討していないことを伝えたうえである。名前も、ユニクロに潜入取材するときに改名した名前ではなく、《横田増生》という筆名を使っている。

その担当者の「有料の初級コースに参加しませんか」というセールストークに、私は乗ってみることにした。

すぐにでも参加しようと思ったが、週1回開かれる初級コースは20席あるが、1カ月先まで空きがないという。ようやく参加できたのは4月の初旬。目黒駅近くのアマゾン社内の24階。時間は朝9時半から午後5時半までで、参加者のほとんどは現役のエンジニアだった。コンピュータに関してからっきしダメなのは、私だけだっただろう。

AWSの男性のインストラクターの講義が中心で、その間に、コンピュータに触って《VPC（バーチャル・プライベート・クラウド）》というAWSの機能を作る実習の時間もあった。《VPC》は30以上の手順に従ってやれば完成する。しかし、自分の携帯電話の着信音の設定がわからないだけで携帯ショップに駆け込むような私には、しょせん無理な話である。周りが楽々とVPCを作っていく中で、1人で悪戦苦闘し、おそらくいくつも手順を間違えつづけ、身動きが取れなくなってしまった。

私は休憩時間に、フロアを歩き回り、木目の壁に〝Earth's Most Customer-Centric Company（地球上でもっとも顧客中心主義の会社）〟や〝It's Still Day One（まだ創業したばかり）〟、〝Diversity & Inclusivity（多様性と包括性）〟などの文字を写真に撮り、アマゾンが梱包に使う段ボールをイメージしたデザインのエレベーターのドアの写真も撮った。アマゾンの会社内を自由に歩き回れたことが、私にとっては講習会に参加した最大の収穫だった。

その日講師を務めた男性は、外資系企業のエンジニアからの転職組であると自己紹介したうえで、AWSの認定以外にも、システムに関する2つの資格を持っていることが転職に役に立った、と次のステップのコースを受講することを勧めていた。

1人の講師が話す1日の講習費は7万円（税別）。それで20人の参加者だから、1日140万円の収入である。それが毎週行われているので、月4回で、560万円が講習を開くだけでアマゾンの懐に入ってくる。しかも、私が受けたのは初級コースの第1段階で、その後には中級コース、上級コースがある。その先の専門知識のコースまで含めると全部で30講座が用意されている。全部参加すれば、1人当たり210万円かかる。さらに、その先にはいくつもの《AWS認定》という資格が待っている。それらの資格を全部取るには、どれぐらいのお金がかかるのやら、皆目見当もつかない。1つだけたしかなことは、この資格ビジネスもAWSの高収益を支えているということだ。

AWSを導入して最新のコンピュータ技術を低料金で使いたいとする企業と、技術を身につけ自分のスキルアップにつなげたいとするエンジニアと、それに乗じて商売につなげようとするアマゾンのしたたかさが三位一体となり成立する講習会だな、と実感した1日だった。

もらった資料には、こう書いてあった。

「受講が終わったら次のステップへ。〈中略〉受講後の効果測定と専門知識の実証に、AWS認定のチャレンジをおすすめします」としたあとで、「私たちと一緒に働きませんか？　テクニカルトレーナー募集！」と書いてある。ここまでくると、怪しげで、受講生からお金を搾《しぼ》り取ることを目的とした自己啓発セミナーに近い臭いもしてくる。

ＩＴ専門の人材派遣会社の担当者は、ＡＷＳ側の強気の態度についてこう説明する。

「今、ＡＷＳを使いこなせる人材のニーズは大きいですね。企業が求めるのは従来からあるオンプレ（オンプレミスの略。情報システムを自社内に設置して管理・運用すること）とＡＷＳの両方を使いこなせる人材。そうした人を雇うことで、自分たちのコンピュータの環境をオンプレからＡＷＳに移そうとしているのです。ＩＴ人材を探している企業で、マイクロソフトのアジュールやＩＢＭクラウドを使える人を探しているという求人情報は見たことがないですね。ＡＷＳを使いこなせる人なら、30代で１０００万円以上での転職話に事欠きません。エンジニアとしては、のどから手が出るほどほしいのがＡＷＳの資格なのです」

わが子の写真を探す

ＡＷＳを利用するのは、一部上場の大手企業だけではない。

東京に本社を置き、04年に創業した千株式会社は従業員約２４０人という中堅規模の企業だ。同社が手がけるインターネットを使った写真サービスの《はいチーズ！》は現在、ＡＷＳを使っている。幼稚園や保育園、小学校での運動会などで写真を撮影し、それをネット経由で販売するのが、《はいチーズ！》である。

06年にスタートしたとき、《はいチーズ！》は課題を抱えていた。通常、運動会などのイベントでは1回に1万枚以上の写真を撮るのだが、その膨大な枚数の写真を張り出すのには場所が必要だったし、手間もかかった。それ以上に、保護者がその中からわが子が写った写真を探すのに時間がかかった。これが最大の問題だった。

「共働きの家族が年々増えるにつれ、ネット上で、簡単に子どもさんの顔を識別し、探す方法はないのかというニーズが大きくなっていきました」

と同社ものづくり部マネージャーの熊谷大地は言う。

「自社でシステムを作ろうとしたり、他社のサービスを使おうとしたり、試行錯誤しましたが、どれも、技術的に不十分であったり、採算が合わなかったり、とうまくいきませんでした」

AWSが16年に《Amazon Rekognition》というAIサービスを開始した。Rekognitionにできることは、顔の表情の分析や有名人の認識、顔と顔が似ているかどうかの判定――など。この最後の顔と顔が似ているかどうかを判定できる機能が《はいチーズ!》に使える、と熊谷は判断した。

「AWSを利用した理由は3つあります。1つは、Rekognitionという新サービスがリリースされたこと。2つ目は、コストが安いこと。3つ目は、顔を認識する精度が非常に高いことです。以前使ったシステムでは50%前後だったのが、AWSだと90%以上の確率で正しい写真を拾ってきます。しかも、検索にかかる時間は1、2秒です。簡単に写真が見つかるようになったことで、保護者の購入率も高くなり、その分、当社の売上高のアップにつながっています。しかも開発のコストは数百万円もかかっていません。ほかでシステムを作る場合と比較すると、半分前後で済んでいます。また、運動会など1回のイベントを検索可能にするのには約200円しかかかりません」(熊谷)

AWSを使って写真を探すには、まずは探す子どもの写真を家庭で撮る。このとき、できるだけ正面から撮るのが望ましい。その写真を、《はいチーズ!》のウェブサイトでアップロードし、その顔写真をAWS上の《S3》に保存する。また、《はいチーズ!》が撮影した運動会のすべての写真を別の《S3》に保存する。その後、Rekognitionを使って顔写真を分析すると、各写真に写っているそれぞれの顔の中心や左右の目の位置などを示す座標や年齢、感情などの分析結果をメタデータ（付帯情報が書いてあるデータ）として作成する。《はいチーズ！》では、このメタデータの数値と、保護者がアップロードした画像のメタデータの類似度を判定することで、顔検索が実現できる。

集合写真における顔認識できる人数も大きなカベとなった。当初、Rekognitionで認識できる上限が15人までとなっていたからだ。しかし、集合写真を左右に二分割したり、左右上下に四分割したりすることで、最大で60人までの顔検索が可能となった。その後、《はいチーズ！》からの要望を受けたＡＷＳが機能のアップグレードを図った。その結果、１画像当たり１００人までの顔を認識できる《人混みモード》を追加したため、分割処理をする必要がほとんどなくなった。

同社は今後、ＡＷＳの機能を使い、幼稚園や保育園の卒園アルバムの制作も手がけたい、とする。卒園アルバムは、先生や保護者が写真を選びレイアウトを考えることが多いが、それが負担になっていた。特に、子どもたちが平等に写っているかをチェックする作業に多くの時間を取られていた。

「今まで培った顔認証のノウハウを使って、先生や保護者にかかっていたアルバム制作の負担を軽減したいですね」と熊谷は今後の抱負を語る。

ＡＩアナウンサーがデビュー

コミュニティーＦＭ局であるエフエム和歌山もＡＷＳを活用して放送している。

開局は08年で、約50万人が視聴可能なエフエム和歌山の正社員は８人。17年７月から、ＡＷＳ上の深層学習を利用して文章をリアルな音声に変換するサービスである《Amazon Polly》を使い、ニュースや天気予報の原稿を自動で読み上げる放送をはじめた。年間のコストは１０００円以下という。

システムを作ったエフエム和歌山のクロスメディア局長の山口誠二はこう話す。

「われわれは、17年4月から《Amazon Polly》を活用するAIアナウンサーの開発に取り組みました。約1カ月で開発が完了して、7月にはAIアナウンサーがデビューしました。女性のパーソナリティー名はナナコです。新聞社や通信社からニュース原稿を受け取り、われわれが独自に開発した音声読み上げシステムの《OnTimePlayer》というソフトウエアを使い、ナナコが読み上げやすいように、句読点やルビの位置を自動で修正するんです。そのうえでタイマーをセットし、定時になったら、《Amazon Polly》が文字から音に変換して、ナナコの読み上げによる自動放送が可能になるんです。1日のうち、10分のニュースを3回、3分の天気予報を7回、1時間半の音楽番組を1回かけるので、24時間のうち2時間半をナナコが担当していることになります」

エフエム和歌山で、人工音声による自動放送の導入について考えはじめたのは13年ごろからだという。その翌年に、システム業者に見積もりを作ってもらったら、開発するのに60万円かかり、月々のランニングコストに3万円ほどかかるという回答だった。それではあまりに高すぎると手が出せないでいると、16年の年末に《Amazon Polly》がリリースとなった。「渡りに船と思って飛び乗りました」と山口は言う。

これまで、「AWSを使っているのは人件費を削る目的なのか」と、山口は何度も訊かれた。

「それは全然違うんです。パーソナリティーは50人前後いるんですが、人がやるのではニュースや天気予報を流せないような時間帯に、ナナコを使っているんです」(山口)

たとえば、午前3時や6時に流すニュース。人間のアナウンサーが読むためには、2時間前からの準備が必要となる。つまり、午前1時や午前4時にアナウンサーと担当者が放送局に入らなければならない。人間のアナウンサーがニュースを読むには、原稿の作成、原稿の下読み、原稿の修正、さらに原稿の下読みなどをへて、ニュースが放送される。しかし、ナナコなら、放送の1分前に原稿をサーバーに入れるだけで準備が完了する。

朝6時にニュースを流す必要はあるのだろうか。山口はこう答える。

「ラジオのニュースは通勤時間に車の中で聞くというのが圧倒的に多いんです。6時の通勤時に、前日のニュースや当日の天気予報を知りたいというニーズは大きいのですが、それを人手でやるのは、この小さなラジオ局では無理でした。そこでナナコを活用しようとなったんです。最初のころ、ナナコの放送を聞いたリスナーの1人から、『あのへたくそなアナウンサーは辞めさせろ』という苦情の電話が入ったんです。AIでニュースを読んでいるとは気づかずに、人間が読んでいると勘違いしていたようです（笑い）。今ではかなり学習が進み、ナナコが読む技術も向上してきました」

AWSの利用でもう1つ成し遂げたいのは、災害時に24時間態勢で情報を放送しつづけることだ。

「自動音声による放送が最も使えるのが災害時だと考えています。災害時には、通常の放送を全部ストップして、災害情報や救援情報、安否情報や、どこでお風呂に入れるかなどの生活情報を流しつづけることが、FMラジオの大切な使命だと思っているからです。災害はどれぐらいつづくかわかりません。だから、人的資源に頼った放送では限界があります。そんなときに使えるようにと、AWS上で24時間連続再生できる《ダ・カーポ》というソフトウエアを作りました。18年7月に西日本を襲った豪雨のときも、同じ年の9月の台風21号のときも《ダ・カーポ》を使いました。台風21号のときは、約5時間の災害時の放送を行いました。ナナコが、和歌山市内で起こった約400 0世帯の停電の状況や台風の進路などを伝えつづけました。人間のアナウンサーだったら、町名などが延々とつながるリストをたった1人で5時間も読み通すのは、体力面から難しいと思います。

でもＡＩアナウンサーならそれが可能になるのです」（山口）

台風21号のときの放送で手応えを感じた山口はさらにつづける。

「今まで災害時には、『オイッ、テレビをつけろ！』となっていたと思うんです。テロップで災害情報を流しますからテレビの情報が一番早いんですよね。その次がスマホで、その次にやっとラジオがきました。それが《ダ・カーポ》によって変わるんじゃないか、と思っています。災害時に頼れるＦＭラジオ、それが今、僕が目指していることなんです」

山口が言うことはあながち大袈裟なことではない。すでに国内で20局以上のコミュニティーＦＭが、ナナコとダ・カーポを利用しているのだ、という。

われわれが決して目にすることはできないＡＷＳ。しかし、各企業がさまざまに使いこなすことによって、われわれの生活は大きく変わろうとしている。

その舞台裏にはアマゾンがいる。消費者向けのサービスで圧倒的な強さをみせるアマゾンが、企業や行政向けであるクラウドサービスでも圧倒的なシェアを握り独走している。

アマゾンの説明だけを聞いていると無謬《むびゅう》にも思えたＡＷＳの脆弱性が日本で露見したのは、19年8月下旬のこと。東京近郊にあるＥＣ２が、数時間にわたり、オーバーヒートのため、システムダウンを起こした。これにより、ＮＴＴドコモやユニクロ、ソフトバンク系のスマホ決済機能であるＰａｙＰａｙなど、数多くの企業の業務に支障をきたした。

調べてみると、ＡＷＳはこれまでも毎年のように、システムダウンを起こしていることがわかった。どれほど優れたシステムであろうとも、盲信してはいけないという戒めであろう。

第9章

ベゾスの
完全租税回避マニュアル

法人税や米国内の売上税を支払わないように死力を尽くすアマゾン。それはベゾスが創業前から温めてきた企業成長の〝秘策〟だった。しかし、その姿勢はアメリカや日本などの各国政府と摩擦を起こしてきた。

売上高を10分の1に圧縮

2000年に日本で業務を開始したアマゾンジャパンが、日本でいくら納税したかがわかる年が1年だけある。14年だ。

官報に、アマゾンジャパン株式会社とアマゾンジャパン・ロジスティクス株式会社の14年12月期の決算公告が発表されている。

アマゾンジャパン株式会社の売上高は316億円強で、法人税が4億5000万円強。さらに、アマゾンジャパン・ロジスティクス株式会社の売上高は582億円で、法人税が6億円強。

2社を合計すると、売上高が899億円強で、法人税が約10億8000万円——となる。

ここで、「おやっ⁉ ちょっと変だぞ」と気づいた方もいるだろう。

「アマゾンの日本での売上高が、900億円弱というのは、数字が一桁少ないんじゃないのか」と。

そう思った人は、かなりのアマゾン通である。

米アマゾンが発表する年次報告書によると、14年の日本での売上高は79億1200万ドル（8700億円）と記載されている。米アマゾンの年次報告書の記載と比べると、決算公告に記載された売上高は、ほぼ10分の1に減少している。

法人税などの税金は、売上高から販売管理費などの諸経費を引いて最後に残った税引き前利益にかかるものだから、売上高が低くなれば、その分純利益も低くなり、納税額も低くなる。

アマゾンの年次報告書によると、8700億円の売上高を上げている日本において、納税額が10億8000万円に過ぎないというのだ。

単純計算とはいえ、売上高が８７００億円となると、法人税額が、１００億円を超える可能性もある。実際、同じような売上規模の小売業者である髙島屋の法人税はこの年、１３６億円強に上る。また、日本の同業者である楽天は、同年の売上高は５９８５億円で税引き前利益が１０４２億円に対し、法人税は３３１億円を支払っている。

同業者の楽天と比べるとわかりやすい。楽天が、３３０億円を超える法人税を納税し、一方、アマゾンは10億円強の法人税を納税する。その差は３２０億円。アマゾンは、その差額を新しい事業の開発費用や、現行サービスの値引きの原資、さらには従業員の給与の支払いなどに使えるのだから、圧倒的に有利な条件で事業運営を進めることができる。

この決算公告を見て、私自身、「おやっ！」と思ったことがあった。00年に事業を開始したアマゾンジャパンが、14年の決算に「第17期決算」としていることである。00年から決算をしているのなら、第15期決算になるはずだ。そう思って、以前に取得していたアマゾンジャパンの登記簿を見返すと、アマゾンジャパン株式会社の設立は、「平成10（１９９８）年9月24日」と書いてある。業務開始は00年からだが、しかし決算は98年からはじめていたのだ。だから、同社にとって14年が「第17期」の決算となるわけだ。うっかり見逃すところだった。

アマゾンジャパンが決算公告で発表している８９９億円と、米アマゾンが年次報告書で発表している８７００億円の差異はどうやって生まれるのか。

財務省出身で、現在は東京財団で研究主幹を務める森信茂樹はこう話す。

「アメリカ本社と日本法人の間におけるアマゾンの税制のスキームは、コミッショネア契約と呼ばれていいます。コミッショネア契約とは、本来なら、アマゾン本社が行う日本国内での物流業務などの補助的な業務を日本法人が代行することに対し、アマゾン本社が日本法人に委託手数料を支払うという意味です。かりにアメリカ本社が日本法人に全売上高の10％を手数料として払っているとすると、決算公告と年次報告書の差額が説明できます。このスキームを使えば、日本法人の売上高と法人税を大きく圧縮できます」

アマゾンのような国際企業から税金を正しく徴収するには、国税庁が、その企業が各国にどのような拠点があり、どんな機能があり、その拠点や機能によってどれだけの収益を上げているのかを、正確に把握する必要がある。しかも、そうした情報を得たうえで、他国の徴税機関、この場合、アメリカのＩＲＳ（内国歳入庁）との交渉に打ち勝つ必要がある。

税金をまったく払わずに事業できる

さらに厄介なのは、アマゾンのような国際企業にとって決算数字の付け替えは、いかようにもできるという点だ。アメリカ本社に集めた日本からの知的財産の使用料を、アメリカ国内の租税回避地であるデラウェア州などで処理されれば、低額の納税で済ませることができる。

その実態は、アマゾンと各国の税務担当局のみが知り得る。その実態は守秘義務に守られ、その詳細が外部に流出することはない。

アマゾンジャパンの租税回避について、追及した国会議員が1人いる。自民党の参議院議員である三原じゅん子だ。14年3月と15年3月の参議院予算委員会で、この問題について質問している。

「（アマゾンジャパンは）日本でのシステム運営と顧客サービスを担当しているにすぎないのであって、販売を行っているわけではない、販売しているのはあくまでもアメリカ法人であるから法人税はアメリカに支払うというものです。これはアマゾンの領収書でも確認することができます。／

国税庁に伺います。アマゾンの我が国での売上げと納税額を教えてください」（14年3月19日の予算委員会議事録）

それに対する国税庁の答えは、「アマゾンの日本における売上額と納税額について御下問ありましたけれども、申し訳ありません、個別の事項についてはお答えを差し控えさせていただきたいと存じます」というものだった。

租税回避という言葉がある。

アマゾンなどの国際IT企業が、世界中に遍在するタックス・ヘイブンという低課税地域や、各国の税法の抜け穴などを巧妙に組み合わせ、納税額を少しでも減らそうとする節税手段だ。そうした国際IT企業などでは、百人前後の大人数の税制度の専門家をスタッフとして抱え、租税回避へと邁進する。

『ジェフ・ベゾス　果てなき野望』によると、米アマゾンにも80人からなる税金対策部がある。会計や法律の専門家である彼らは、その知識を駆使し、アマゾンが払う税金が少しでも安くなるように知恵を絞り、その見返りとして高額の給与を手にする。

租税回避は、違法行為である脱税とは違い、一応、法律の条件は満たしているのだが、その目的は、各国の税制に従って正しく納税するということではなく、各国の税制の抜け穴を積極的に探し、合法的に納税を逃れることに全力を尽くすことにある。

租税回避が違法でないのなら、なぜここで取り上げる必要があるのか。

租税回避と脱税とは紙一重であり、金融機関や会計事務所、コンサルタントが生み出した複雑怪奇なスキームを使って、納税額を法律の枠で認められたぎりぎり最小限に押し込める。しかし、租税回避や節税、脱税の境界はきわめてあいまいであり、所得や利益を海外にあるタックス・ヘイブンに逃がし、本来なら、納めるべき税金を払わないで済ませているのがアマゾンを含むＧＡＦＡに代表される国際企業なのだ。

そうした国際企業が応分の税金を支払うことから逃れるツケを負わされているのが、中所得や低所得の市民である。タックス・ヘイブンなどを舞台とした租税回避によって、富める企業はますます富み、貧する者はますます貧するという負の構図が生まれているからだ（志賀櫻著『タックス・ヘイブン』）。

アマゾンの租税回避を知るうえで大切なのは、この考え方が、アマゾンのＤＮＡに深く刻み込まれている、ということだ。税金によって作られる道路や上下水道、病院などの社会インフラを活用しながらも、あらゆる手を使って納税額を最小限に抑え、その分を事業発展に使うという〝フリーライダー（ただ乗り）〟のＤＮＡだ。

ベゾスが繰り返し語るアマゾン誕生物語では、ウォール街の金融機関を辞めてアマゾンを起こそうと思ったベゾスが、祖父の自宅のあったテキサス州で車を借り、マッケンジーがハンドルを握り、助手席でベゾスが事業計画書を書きながら、西へと向かった。そして、マイクロソフトなどの本社などがあるため優秀なＩＴ人材が豊富で、書籍の取次の大型倉庫にも近いという理由でワシントン州シアトルを創業の地に選んだ――ことになっている。

しかし、96年の米ネットメディア《Fast Company》でのインタビューで、創業の地をシアトルに選んだ理由を尋ねられ、ベゾスは税金対策のためだったと答えている。

私の知る限り、ベゾスがアマゾンの税金対策について率直に語った唯一の機会である。

まだ株式を上場したばかりのこのころ、後年にアマゾンの租税回避の問題が、アメリカ国内だけでなく、世界各国を巻き込んだ大問題に発展するなど、ベゾス自身も想像していなかったため、警戒感が薄く、うっかり口を滑らせてしまったのだろうか。しかし、このネット時代、過去の発言の多くは、時間をへてもネット上に残り簡単に手に入れることができる。

先のインタビューで、ベゾスはこう話している。

「奇妙に聞こえるかもしれませんが、ネット書店をどこではじめるかというのは大変重要な問題でした。〈中略〉それは、人口の少ない州でないといけませんでした。ネット通販の場合、売上税（消費税）は、本社を置いている州の住民だけにかけられるからです。人口の多い、カリフォルニアやニューヨーク州で事業をはじめるのは馬鹿げています。〈中略〉私はまた、サンフランシスコの近くにある先住民の居留地にアマゾンの本社を置くことはできないか、という可能性も探りました。そうすれば、税金をまったく払わずに事業ができるからです。けれど、不幸なことに、この計画はカリフォルニア州当局が受け入れませんでした」

この章の後半で詳述するが、アメリカの売上税とは日本の消費税にあたる。両者の最大の違いは、日本の消費税が国税であるのに対し、アメリカの売上税が州や市などに払う地方税であることだ。ネット立ち上げの90年代当時は、法律上、ネット企業が売上税を課税しなければならないのは、本社や物流センターなどがある一部の州だけでよかった。つまり、アマゾンの場合、ワシントン州民の利用者だけが、商品代金に売上税を載せた金額を支払うことになった。

ワシントン州の人口は589万人。アメリカで最も人口の多いカリフォルニア州の3387万人と比べると、5分の1の人口であり、アメリカの全人口である2億8000万人強と比べると、全体の約2％という取るに足らない数字だ。だから、ワシントン州を創業の地に選んだというのだ。

（筆者注・いずれも00年の国勢調査の数字）

ベゾスは創業時の94年7月、《カダブラ社》として、ワシントン州シアトルを本社として法人登録をする。しかし、その後で社名をアマゾン・ドット・コムと変え、96年6月に再登記するとき、アメリカの中でもタックス・ヘイブン（租税回避）の地として悪名高いデラウェア州を本社に選んでいる。会社の本社機能はワシントン州シアトルに置くが、税制などの法律で使われる本社の住所はデラウェア州となる。

本社をデラウェア州に置くなら、州の人口数の多寡は関係がなくなる。デラウェア州は今日まで、売上税を課税しなくていい数少ない州の1つなのだから。

売上税の回避の考え方以上に驚くべきことは、ベゾスがインタビューの後半で語る部分である。アマゾンを創業するのに、税金がかからないという理由で先住民居留地に本社を置こう、とベゾスは試みている。

正攻法のビジネスとは、大きくかけ離れた裏技、いや寝技である。なりふり構わぬ節税方法だ。先住民居留地のビジネスに税金がかからないのは、歴史的に差別されてきた先住民を雇うことに対する見返りだ。しかし、私の知る限り、ベゾスがアメリカ先住民だけを従業員としてアマゾンを創業するという事業計画を書いたという事実はない。だからこそ、カリフォルニア州政府がそのベゾスの提案を拒否したのだろう。

重要なことは、そんな奇策を弄《ろう》してまで、ベゾスがアマゾン設立以前から、言い換えれば今のような国際的なIT企業になるはるか前から、租税回避に心血を注いできたという事実だ。

国税庁の追徴課税に抵抗

この章では3つの角度からアマゾンの租税回避を取り上げる。1つは、日本における法人税の支払い。もう1つは、欧州における法人税の支払い。最後には、本国アメリカにおける、売上税と法人税の支払いについてだ。

日本におけるアマゾンの法人税の問題に最初に切り込んだのは、朝日新聞が09年7月5日の朝刊の一面トップで放った「アマゾンに１４０億円追徴　国税局、日本事業分に課税」という記事だった。

国税庁は、アマゾンの本社機能にあたる、恒久的施設（Permanent Establishment＝ＰＥ）がアマゾンジャパンの物流センター内にあるとして、03年12月期から05年12月期までの3年間において、数百億円の売上高を日本で計上する必要があったと認定し、その追徴課税分が１４０億円前後に上る、と報じた。アマゾンによれば、その3年間にとどまらず、06年12月期から09年12月期も税務調査の対象になる可能性がある、とした。

国税庁がアマゾンジャパンにＰＥがあるとした理由は、

「米関連会社側のパソコンや機器類がセンター内に持ち込まれて使用されていた▽センター内の配置換えなどに米側の許可が必要だった▽同じ場所に本店を置く日本法人ロジスティクスの職員が、米側からメールなどで指示を受けていた▽物流業務以外に、委託されていない米側業務の一部を担っていた」ことなどを挙げている（朝日新聞、09年7月5日付）。

複雑な国際税金問題を理解するうえで、この恒久的施設（ＰＥ）は外すことのできないポイントだ。

「ＰＥなくして課税なし」

というのが国際税法の大原則なのだ。

ＰＥとは、具体的には支店、出張所、事務所、工場などであり、それがあることによって利益が生み出される恒久的な施設を指す。各国の税務当局は、その国にＰＥがあると認定した場合、そのＰＥが生み出している事業所得に対して課税するし、その一方、ＰＥがなければ課税の対象から外れる。

この点に対するアマゾン側の基本的な考えは、物流センターはＰＥには当たらない、というもの。日本での販売は、あくまでも米アマゾンが行っている商行為であり、日本の物流センターはその業務を代行しているに過ぎない。よって、日本で納税する義務がないので、日本の国税庁の追徴課税は受け入れられない、というものだった。

さらに、アマゾンはアメリカで納税しており、日本の国税庁の指摘を不服として日米の二国間協議を申請した。日米の税務当局間で、協議するという。アマゾンジャパンは、物流センター内にはＰＥは存在せず「課税は不適切で、当局と議論を継続している」と、先の朝日新聞の記事でコメントしている。

これに対し、アマゾンジャパン社長のジャスパー・チャンは、09年、雑誌の取材で追徴課税について訊かれ、こう答えている。

「米本社が対応しており、このことについてコメントする立場にありません」（「週刊東洋経済」09年8月29日号）

アマゾンジャパンに関することではあるものの、アマゾンジャパンに発言権や決定権はなく、アメリカ本社の専権事項ということだ。アマゾン・ドット・コムという組織内における、アマゾンジャパンの存在感や影響力がどれほど小さいかを率直に認める発言だ。

01年からアマゾンジャパンを率いてきたチャン。ベゾスと同じ64年生まれである。彼の当たり障りのないコメントを読むたびに思い出すのは、《ジェフボット》というアマゾン社内の造語だ。ベゾスとそっくりな考え方をする幹部社員を嘲《あざけ》る意味合いが込められている。

ブラッド・ストーンは、『ジェフ・ベゾス　果てなき野望』でこう表現する。

「実質的なことはなにひとつ口にせず、アマゾンが持つ創意工夫の才や顧客に注ぐ驚くほどの熱意について延々と語れることに驚くばかりだ。ジェフボットは、商品に隠れているかもしれない問題や商売敵など、社外の人間と話してはならないとアマゾンでされている内容に触れるくらいなら、まずまちがいなく、シアン化合物を仕込んだ奥歯のカプセルをかみ砕くはずだ」

米アマゾンの09年の年次報告書によれば、日本の国税庁から追徴課税処分を受けた時点で、追徴課税分の金額を銀行に供託金として預けた、とある。しかし、翌10年の年次報告書には、日米間の税務当局による話し合いは、10年9月に決着がついた。「税金を支払った額は、非常に少なかった(not significant)」と記している。国税庁は、アマゾンが追徴課税分として銀行に預けた供託金の大部分を還付している。

前出の森信はこう語る。

「PEの有無に関しては、日本の国税庁が09年、アマゾンの物流センター内の機能がPEに相当すると認定した、と認識しています。また、OECD(経済協力開発機構)で15年にPE認定に関する勧告が出たのを受け、日本政府も、『倉庫の活動が相互に補完的な活動を行う場合には、各場所を一体とみなして準備的・補助的な性格か否かを判断する』という法改正を行いました。けれど、アマゾンの日本法人の売上高の分配においては、日米租税条約のもとで、日米の税務当局が話し合い決まっています。租税条約は、国内法より優先されるため、現在の日米における税制の配分を変えるには、日米租税条約を改正する必要がでてきます。日本におけるアマゾンのPE認定において、国税庁は、名をとって実を失ったと考えることができます」

先に挙げた14年12月期に10億円強の納税をしたというアマゾンジャパンの決算公告も、日本の国税に不利な二国間の取り決めが、現在でも有効であることを裏付けている。

アマゾンジャパンとアマゾンジャパン・ロジスティクスが14年12月期の決算公告を官報に発表したのは、16年3月9日のこと。国会図書館に「会社決算公告インデックス　官報版」という検索システムがある。１９４７年から今日まで官報で発表された公告を検索することができる。

それによると、アマゾンジャパンでの検索結果は4件のみ。

1件目は、16年3月9日のアマゾンジャパンの14年12月期の決算公告。

2件目は、同日のアマゾンジャパン・ロジスティクスの14年12月期の決算公告。

3件目は、同年同月25日の合併公告及び組織変更公告（アマゾンジャパン合同会社を設立し、アマゾンジャパン・ロジスティクスを解散して吸収する）。

4件目は、同年12月26日の合併公告（酒類販売のために14年に設立した《Amazon FB Japan》を解散し、アマゾンジャパン合同会社に合併する）。

すでに閉鎖されたアマゾンジャパン株式会社とアマゾンジャパン・ロジスティクス株式会社の会社登記簿には、公告する方法に、「官報に掲載する」と書いているにもかかわらず、官報に決算公告をしたのは、14年12月期だけとなっている。

企業が決算を公告することは、会社法（第４４０条第1項）で決められた義務である。この義務に違反すると、１００万円以下の過料（会社法　第９７６条第2項）を支払う必要がある。アマゾンジャパンとアマゾンジャパン・ロジスティクスは、この義務を17年間で一度しか果たしていなかった。

しかし、法務省民事局参事官室の担当者は、「法務省では個別の企業が公告義務を果たしているのかどうかのチェックは行っていない。また、統計数字も取っていない。過料を課すのは裁判所の判断になるので、個別の企業による開示情報は持っていない」と話す。

もう一歩踏み込んで、アマゾンジャパンとアマゾンジャパン・ロジスティクスが過去において、決算を1回しか公告していなかったという事実を詳細に伝えても、「その件についてお答えする情報は持っていません」という答えが返ってきただけだった。

その唯一の決算公告をした16年3月から2カ月後の同年5月、アマゾンジャパンとアマゾンジャパン・ロジスティクスは、株式会社をやめ、合同会社に組織変更した。2社を合わせてアマゾンジャパン合同会社となった。

合同会社となるメリットの1つに「決算の公告義務がない」というのがある。

アマゾンの税金問題を取材している全国紙の記者はこう話す。

「日本で唯一の決算を公告した日から約2週間後に、その決算公告の必要がなくなる合同会社に組織変更したというのは、偶然の一致とは思えません。そこには、アマゾン側の決算数字を公表したくないという意図が働いていると考えています」

消費税は払っている

日本国内のアマゾンの納税に対し、1つ誤解がある。

アマゾンの税金嫌いのイメージに加え、後述するようにアメリカ国内の多くの州で売上税を支払うことを全力で阻止しようとしたため、「アマゾンは日本で消費税を支払っていない」という誤った言説がみられる。

しかし、アマゾンジャパンは、日本で事業をはじめたころから消費税を支払っている。消費税法による課税の対象は、「国内において事業者が行った資産の譲渡等には、この法律により、消費税を課する」（消費税法　第4条第1項）となっており、ネット通販で商品を販売することは、「資産の譲渡等」に該当する。また、同法律による納税の義務を負うものは、「事業者は、国内において行った課税資産の譲渡等につき、この法律により、消費税を納める義務がある」（同法第5条第1項）となっている。よって、アマゾンには消費税を納める法的な義務がある。

さらに、01年のアマゾンの年次報告書にもこう明記されている。「われわれは、Amazon.co.jpで注文を受け、日本の国内に配送している商品に関しては、消費税を徴収している」。

ただし、これには2つの例外があった。1つ目は電子書籍であり、当初、アメリカが発信元であるという理由で、12年10月のサービス開始から15年10月までは消費税を支払っていなかった。しかし、その後、国税庁によって《国境を越えた役務の提供に係る消費税の課税の見直し等》が行われた。その際、これまで事業者が海外にいる場合、課税の対象にならなかったのを、購入する消費者が日本に居住する場合、課税の対象となるとして、その穴もふさがれ、今では電子書籍にかかる消費税も納めている。

2つ目は、マーケットプレイスで、出品者から消費者へ直接、販売する場合。以前、これにも消費税が課税されていなかった。しかしこれも、上記の法改正に伴い、課税対象となった。

つまり、現時点でアマゾンは、消費税に関しては、日本企業同様に納めているのである。

ヨーロッパの厳しい視線

日本以上に、巨大ＩＴ企業の租税回避の問題に厳しい視線を向けるのはイギリスをはじめとするヨーロッパ諸国である。

アマゾンの租税回避の体質が白日の下に晒《さら》されたのは、12年11月のこと。場所は、テレビカメラが放送する英国議会で行政監視をする公会計委員会（Public Accounts Committee）だった。議長を務める国会議員のマーガレット・ホッジが、イギリスで租税回避をしているアメリカの国際企業として、アマゾンとスターバックス、グーグルの３社のヨーロッパの代表者を委員会に呼び、各社の租税回避について、厳しく追及した。

その前提には、次のような各社の売上高と低い法人税額があった。

アマゾンは11年、イギリスにおいて33億ポンド（１ユーロ＝１５０円換算、４９５０億円）の売上高があった。アマゾンのイギリス法人が支払った法人税は１８０万ポンド（２億７０００万円）だった。売上高に対する法人税の割合は、０・０５％にとどまった。ちなみに、スターバックスは、３億９８００万ポンドの売上げに対し、赤字のため法人税は１ポンドも支払っていない。グーグルは、３億９５００万ポンドの売上高に対し、支払った法人税は６００万ポンドにとどまった。

この委員会での40分にわたるアマゾンとのやり取りの一部始終は、ＢＢＣ（英国放送協会）が生中継しており、その映像をＹｏｕＴｕｂｅで〝How Amazon avoids tax in the UK〟というタイトルで見ることができる（19年5月現在）。アマゾンからは、ヨーロッパ部門の公共政策部長という肩書のアンドリュー・セシルが、15人の国会議員の前で証言している。

私は18年、イギリスに取材に行った際、この委員会の委員長を務めたホッジに話を聞いた。

彼女はこう話してくれた。

「最初はスターバックスの租税回避について調査しようと思ったのですが、1社だけ狙い撃ちするのでは不公平になると考え、同じように売上高に比べ、納税額が極端に少ないアマゾンとグーグルも委員会に呼んだのです。スターバックスが最初のターゲットでしたが、一番対応がひどかったのはアマゾンでした。答える権限の何もない人物を委員会に送ってきて、憐れみを誘うような受け答えは、愚かしくさえありました。アマゾンが傲慢で、不誠実な企業であることがテレビを通じ、イギリス国民に広くいきわたった瞬間でした」

ホッジはつづける。

「私は公聴会を開くまで、アマゾンの常連客といっていいほど頻繁に買いものをしていました。書籍やCDだけでなく、薬缶のような日用品までアマゾンで買い物をしていました。けれど、私が払ったお金で上げた売上高や利益が、税金にはほとんど回っていないのを知って深く失望しました。公聴会は、私のその失望を激しい怒りに変えました。というのも、セシル氏が、われわれの質問に何一つ真摯な答えをしなかったからです。たとえば、アマゾンの国ごとの売上高と利益について訊けば、そういうふうには会計上の処理をしていないのでわからない、と言い、アマゾンのヨーロッパ法人における経営のトップは誰なのかと訊けば、それは会社に持ち帰って答えられるかどうか検討したい、という信じられない対応を繰り返したからです」

——公聴会でアマゾンの言い分を聞いたとき、どのような気持ちだったのでしょうか。

「アマゾンを筆頭に米系の多国籍企業がやっていることは、正しいことではありません。けれど、彼らに会計に関する社内の資料などを全部開示させ、税金を払わせる権限までは委員会にはない。

彼らの首根っこをつかんで、彼らが払うべき法人税を支払わせることができないという委員会の限界に深く失望しました。この社会は、一定のルールに基づいて運営されています。大きな売上げと利益を上げているアマゾンのような国際企業が、公平な法人税を払うことから免れていることは、納税者を裏切る行為です」

――アマゾンをはじめとする多国籍企業は、租税回避は節税の手段であって、違法な脱税ではない、と主張しています。

「それは屁理屈にすぎません。イギリスで事業を行う多国籍企業は、公的な教育機関で十分に教育を受けた人材を雇いたいはずだし、労働者にはちゃんとした健康保険が必要です。また、水道や道路など英国政府が整えたインフラも使わなければ、商売はできません。それらの公的サービスは税金で賄われているのです。それらを利用して事業をつづけるのなら、公平な税金を支払わなければならない、と信じています。加えて、英国政府が作った税制は、多国籍企業が租税回避のために悪用されることを前提にして作っているわけではありません。そのため、どうしても意図しない抜け道ができてしまう。その抜け道を、無理やり見つけて悪用するのは、本来の法の精神に反している、と考えています」

ホッジの話を聞きながら、私は日本でアマゾンなどの巨大ＩＴ企業の採る租税回避をこれだけ強烈に批判する政治家は知らないなぁ、と思っていた。このホッジが率いた委員会は、その時点で大きな結果は生み出さなかったが、のちにイギリスが《デジタル課税》に踏み切る足がかりとなっている。

デジタル課税の導入

では、アマゾンのヨーロッパ法人は、どのような税制の抜け穴を使って、租税回避を行ってきたのだろう。

アマゾンのヨーロッパにおける租税回避の手法は大変手が込んでおり、税制の素人が、その全貌を細部まで把握することは容易ではない。

重要な点は、米アマゾンは、ヨーロッパにある各現地法人から、ソフトウエアや商標などの知的財産からなる無形資産をルクセンブルクにある《アマゾン・ヨーロッパ・ホールディングス・テクノロジーズ＝ＡＥＨＴ》に移行させるという点。さらに、組織図上ではその下に位置する《アマゾン・ＥＵ・Ｓａｒｌ》が、ＡＥＨＴに巨額の無形資産の使用料を支払い、課税対象となる利益を減らす仕組みとなっている（「ニューズウィーク日本版」17年9月5日号）。

ルクセンブルクは、アイルランドと並んで欧州のタックス・ヘイブンとして広く知られる国である。

しかし、アマゾンのヨーロッパ本社が置かれ、ヨーロッパ各国の現地法人から利益を吸い上げるルクセンブルクには、商品を保管して配送するアマゾンの物流センターは1カ所もなく、従業員は５００人超に過ぎない。他方、イギリスでの従業員数は1万５０００人以上に上る。（筆者注・12年11月の委員会が開かれた当時の数字）

イギリス人のジャーナリストで、『タックスヘイブンの闇』（朝日新聞出版）の著者であるニコラス・シャクソンは、イギリスでタックス・ヘイブンに注目が集まるようになったのは、リーマンショック以降の10年ごろからだと言う。

「11年に著作を書いたとき、世界的にみると、年間に110億ドルが、タックス・ヘイブンを経由して税金逃れをしていると書きましたが、その額がその後、350億ドルにまでふくれあがっています。この問題は、アマゾンが本社を置くアメリカより、イギリスやフランスなどのヨーロッパ諸国の方が関心が高いのです。金融危機以来、税収が減って、公的サービスの多くが縮小に追い込まれ、人々がその痛みを感じたからです。

大企業が多国籍企業となる大きな理由の1つに、世界中に遍在するタックス・ヘイブンを活用できるということがあります。タックス・ヘイブンを利用できることで、そのほかの小さな企業や、街角の商店と比べ、非常に速く成長することができるのです。租税回避などで嵩上げした利益を使って、同業他社を駆逐することができるからです」

シャクソンは、アマゾンなどがやっていることを租税回避と呼ぶか、脱税と呼ぶかは大した問題ではない、としたうえでこう語る。

「外国に拠点を置く大企業だけが税金逃れをすることができるのなら、公平な競争とはなりません。腐敗した市場と呼べるでしょう。それは、民主主義を損ない、持てる者と持たざる者との経済格差を拡大させることになります。経済学的としても、過度な競争社会より格差のない社会の方が、企業も発展しやすいという論文が数多く出ています。つまり、アマゾンやグーグルがやっていることは、1社ごとにみれば意味のあることだ、と彼らは主張するかもしれませんが、しかし、社会全体で見れば、プラスよりもマイナスの効果の方がはるかに大きいのです」

先に書いたアマゾンのルクセンブルクでの租税回避の仕組みに対し、欧州連合（EU）の欧州委員会が動いたのは17年10月のこと。欧州委員会は、ルクセンブルクが03年からアマゾンに税制上の不適切な優遇措置を与えたことで、アマゾンは欧州での売上高の4分の3について、本来なら支払うべき税金を納めていなかったと指摘。ルクセンブルクに対し、アマゾンから最大で2億5000万ユーロを徴収するよう命じた。ただし、アマゾンとルクセンブルクともに、欧州委員会の指摘を不服として、裁判などで争っていく構えだ。

すでに欧州におけるアマゾンの租税回避で、結論が出たケースもある。イタリアの国税局は17年12月、課税逃れの疑いで係争していたアマゾンが1億ユーロを支払うことで合意したと発表した。ミラノ検察などが、アマゾンが11年から15年に税金が未払いだったとして調査してきた結果だ。

EU諸国は次の手も打っている。《デジタル課税》の導入だ。

欧州委員会は18年3月、アマゾンを含むGAFAを主軸とする国際的な大企業を対象とする《デジタル課税》の導入を加盟国に提案した。その前提には、欧州の伝統的な国内企業の税負担率が20%台であるのに対し、GAFAなどの国際的なデジタル企業の負担率が半分以下の8%台に過ぎない、という同委員会の試算がある。

アマゾンの例で見てきたように、経費や利益に関して、タックス・ヘイブンを使ったり、各国の税制の抜け穴を使ったりして税金がかからないように逃げまわることに対抗するのが目的だ。従来、法人税は、税引き前の利益が課税対象になってきた。しかし、その利益やそれにかかわる経費が、企業側の裁量で、税制の低い国に移されるのなら、利益の大元となる売上高の2%、あるいは3%といった一定の割合を法人税として徴収しよう、という新しい考え方だ。

たとえば、アマゾンのイギリス法人の売上高が、100万ポンドだとして、《デジタル課税》の税率が2%の場合、2万ポンドが納税額となる。

この章の冒頭に書いたアマゾンジャパンの14年12月期の納税額で見たように、米アマゾンの年次報告書では、8700億円あるとされる日本での売上高が、官報に掲載された決算公告では900億円弱と約10分の1に減り、そこから納める法人税額は10億円強という低水準にとどまった。しかし、大元の8700億円の売上高に3%の《デジタル課税》を適用するなら、261億円が日本の国税庁に入ってくる計算だ。

その差は251億円。

14年12月期の実際の納税額である10億円強と比べると、26倍の法人税額となる。

しかし、EUが《デジタル課税》を導入するには、EU加盟国の全会一致の承認が条件であったため、タックス・ヘイブンであるアイスランドやルクセンブルクなどの反対にあい、足並みをそろえることができなかった。そこで、まずはフランスが19年1月を起点とした、独自のデジタル課税を導入し、次いでイギリスも20年4月からデジタル課税に踏み切る予定だ。スペインやイタリアを含む10カ国以上のEU加盟国も英仏に追随するとみられている。

アメリカ各州政府との死闘

最後に、アマゾンの本国アメリカでの税金問題はどうなっているのかをみていこう。

アメリカにおけるアマゾンの税金の問題は2種類あり、1つは、先に挙げた売上税の問題がある。これは日本の消費税と違って地方自治体に納める税金であり、税率も5%から10%と幅がある。もう1つは連邦政府に納める法人税だ。

まずは売上税をめぐる、アマゾンと各州政府の死闘からみていこう。

アメリカ国内では92年の最高裁の判例によって、もしアマゾンが、その該当する州に恒久的施設（ＰＥ）などを持たなければ、売上税を課税することなく商品を販売することができた。少なくとも17年まで、アマゾンはその恩恵を十分に享受し、市場占有率を高めてきた。

創業から20年以上にわたり、アマゾンにとって米国内で売上税を合法的にすり抜けてきたことは、大きな競争優位の源泉になったことは間違いない。

たとえば、１０００ドル（11万円）の大型冷蔵庫を買うとき、売上税が10％なら、家電量販店で買う場合、１００ドルの売上税が上乗せされ１１００ドルとなるが、アマゾンでなら１０００ドルで買える。しかも、プライム会員なら自宅まで無料で配送してくれる。

アマゾンの場合、ほとんどの商品が、市場の最低価格に近く設定されているので、家電量販店がアマゾンにかなうはずがない。これでは同業他社と公平な競争はできない。それ以上に、売上税を納めなくていいというアマゾンの競争優位は、そのまま各州政府の税収が減ることの裏返しであり、アマゾンの事業規模が大きくなるにつれ、取り逃した売上税の金額も無視できない額に上った。そこで各州政府は徐々に売上税逃れの道をふさぐ方法を取りはじめた。

それに対し、アマゾンは全社を挙げて徹底抗戦の構えをみせた。

『ジェフ・ベゾス　果てなき野望』には、シアトル本社の社員に州ごとに色分けされたアメリカ国内の地図が配られたことが書いてある。

「カリフォルニアなどオレンジ色に塗られた州は、アマゾン社員が滞在した累計日数を法務部が把握できるように特別な許可を得る必要がある。テキサス、ニュージャージー、マサチューセッツなど赤に塗られた州は、出張前に17項目もある細かな質問票に答えなければならない。『福引きをする予定はありますか』など、売上税徴収につながりそうなすきがないかを調べる質問票だ」

アマゾンの公式ウェブサイトで、売上税を支払っている州を確認できる最も古いものは07年で、全米50州のうち、ワシントン州、ケンタッキー州、カンザス州、ノース・ダコタ州――の4州で売上税を納めていたことがわかる。

最初に動いたのはニューヨーク州だった。

ニューヨーク州政府は08年4月、ニューヨークに本社を置かず、拠点も持たないアマゾンのようなネット企業にも売上税を課す法案が可決した。ニューヨーク州は、新法が成立したことで年間5000万ドルの税収につながるとした。

しかし、アマゾン側は新法が違憲であるとして即刻、州裁判所に提訴した。新法は、先に挙げた92年に最高裁が下した判決に反する、というのがその理由。

08年の株主総会でベゾスはこう発言している。

「我々は、これらの州が提供するサービスをまったく利用していません。サービスを利用してもいない州で州税（である売上税）を集める仕事を代行しなければならないというのは、不公平だと言わざるを得ません」（『ジェフ・ベゾス　果てなき野望』）

ニューヨーク州裁判所は09年1月、アマゾンは売上税を払うべしとして、アマゾンの訴えを退けた。その理由は、個人のウェブサイトからアマゾンのサイトに誘導することで成果報酬を得ていたアフィリエイトがニューヨーク州に数多く在住し、それを代理店と位置付け、アマゾンのPEがニューヨーク州内にあると認定したからだ。アフィリエイトとは、個人のブログなどにアマゾンの商品を広告として載せ、ブログなどを経由して商品が売れると、それに対し報酬が発生するという仕組み。

ニューヨーク州での売上税の影響について、再度、『ジェフ・ベゾス　果てなき野望』から引用する。

「売上税の徴収免除は顧客にとっても大きなメリットだとベゾスは考えており、強い拒否反応を示したのは、この特典を失えば価格が上がってしまうからでもある。売上税の影響は十分心配に値するくらい大きい。アマゾンの内部事情に詳しい人物によると、ニューヨーク州でインターネット売上税法が成立したあと、ニューヨーク州における四半期売上高は10％も低下したという」

アメリカ国内で人口の多い州の上位3州は、1位・カリフォルニア州、2位・テキサス州、3位・ニューヨーク州――となる。州の人口が多いほど、売上税の額も大きくなる。よって、これらの州での、売上税をめぐる州政府とアマゾンの攻防は、おのずと熱を帯びる。

人口数で2位のテキサス州が10年、アマゾンに対し、同社が05年から09年までに納めなければならなかった2億6900万ドルの売上税を納めるように要求した。その理由は、同州のダラス・フォートワース国際空港近くのアービングにアマゾンが物流センターを持っているから、というものだった。物流センターはPEに相当するので、アマゾンはテキサス州で売上税を納める必要がある、と主張する。

アマゾンはそれに対抗し、アービングの物流センターを一時閉鎖することで売上税の納税から逃れようとした。このとき、物流センターの閉鎖で100人以上が職を失っている。

その後、紆余曲折《うよきょくせつ》をへてアマゾンは12年、先の2億ドル超の売上税の遡及《そきゅう》を免除してもらうことを条件に、テキサス州でも売上税を課税することになった。免除の見返りに、アマゾンが2億ドルを投資して、テキサス州に複数の物流センターを作り、2500人の雇用を生み出すことを約束した。

最大の人口を擁するカリフォルニア州でも同様の争いが起こる。カリフォルニア州政府は11年、ニューヨーク州の前例に従って税制の抜け穴を埋める法律を作る。カリフォルニア州に住むアマゾンのアフィリエイトは、代理店機能を持つので、アマゾンは売上税を徴収する必要があるという趣旨だ。

アマゾンの副社長であるポール・マイスナーは11年、カリフォルニアの地元紙である《オレンジカウンティ・レジストリー紙》でこう反論している。

「アマゾンは（売上税の）新しい徴収方法に関する計画に心より反対します。〈中略〉それらの計画は、違法であるだけでなく、似通ったほかの法律を呼び込むトロイの木馬となりかねないからです。〈中略〉もしそれらの計画が、実行されれば、カリフォルニア州に住む1万人以上のアフィリエイトとの契約を終了させせないとならないでしょう」

この発言を載せた記事の見出しは、「アマゾンはカリフォルニア州の売上税に対し脅しをかけた」としている。カリフォルニア州がアマゾンに売上税を課すようにすれば、同州民の1万人のアフィリエイトの収入減になる、というのだ。

アマゾンは04年から、カリフォルニア州のシリコンバレーに《Lab126》というアマゾンの英知を集結した研究所を設立し、ここからキンドルやファイアー・フォン（失敗した携帯電話端末）、アマゾン・エコーなどを生み出してきた。同じころ、シリコンバレーに《A9.com》というアマゾンの検索機能を高めることに特化した研究所も設立している。しかし、それらの研究所を収益のない完全子会社の所有物や、顧客とは直接関与しない独立した子会社とすることで、狡猾にも徴税をすり抜けてきた過去がある。

結局、ここでもアマゾンは売上税の課税に追い込まれる。カリフォルニア州では、当初の予定から1年遅れて、12年から売上税の課税をはじめた。

多くの州政府からの猛攻に膝を屈する形で、アマゾンは17年4月、全米の売上税がある全45州（売上税のないアラスカ、デラウェア、モンタナ、ニューハンプシャー、オレゴンを除く）において売上税を課税することをはじめた。

なぜここまで徹底して抵抗するのか

ベゾスは、なぜここまで徹底して税金を支払うことに抵抗するのだろうか。1つにはビジネスの戦略上で優位に立ちたいという思いがあるのはたしかだろう。しかし、それがすべてだろうか。

ここで思い出すのは、08年の株主総会で、ベゾスが語った、

「サービスを利用してもいない州で売上税を集める仕事を代行しなければならないというのは、不公平だと言わざるを得ません」

という言葉である。

新自由主義的な発言である。

新自由主義の要諦となる考え方である、市場に関する政府の関与は最小限にし、市場のことは市場に任せよ、というベゾスの本音が聞こえてきそうだ。この新自由主義的な考えは、リバタリアン（自由市場主義者）の考え方とも通底する。それは、公権力をできるだけ排除し、個人の自由の極大化をめざす立場だ。

そうした考えは、どうやってベゾスの中に芽生えたのだろう。

私は、ベゾスが繰り返し語る、子どものころ10年以上にわたり、祖父と一緒に長い夏休みを過ごしたテキサスの農場の話を思い出す。廃車寸前の大型トラクターを二束三文で買って2人で修理し

て使えるようにしたり、病気になった牛などの家畜に獣医のような手術を施したりしたことなど。ベゾスが、人生で最も影響を受けたのがこの祖父だ。そこには、自分のことは自分で完結するというフロンティア精神に通じる気質があり、それがベゾスの中の税金から全力で逃れることのバックボーンにありはしないか、と私は考える。アマゾンのことは、アマゾンで完結する。だから、税金を払う必要などない、というベゾスの声が聞こえてきそうだ。

ベゾスのそうした考えは、本当に正しいのか。

オハイオ州にある非営利団体のシンクタンクである《ポリシー・マターズ・オハイオ》は18年1月、州内のアマゾンの労働者に関する調査結果を発表した。アマゾンは14年以降、州都コロンバスに2カ所の物流センターを稼働した。オハイオでは6000人強の労働者が物流センターで働いているが、その10分の1以上にあたる700人超の労働者が、生活扶助のための食料割引切符を受け取っている、という内容だった。

オハイオ州の場合、食料割引切符の支給の対象となるのは、1人家庭で年収約1万6000ドル未満、2人家庭だと年収約2万1000ドル未満、3人家庭だと約2万7000ドル未満——となる。同州で食料割引切符を受けとるのは2人家庭が多い、という。

アマゾンの物流センターの労働者は、アマゾンから支払われる給与だけでは生活が成り立たず、社会福祉に頼らなければならない、というのだ。その食料割引切符の財源となるのは、税金である。言い換えれば、アマゾンは、税金で賃金の不足分を補助してもらって労働者を雇っている、といえる。しかも、同州のアマゾンの物流センターからは、少なくとも1日に1回、多いときは複数回、《911番(日本でいう119番)》に電話があり、センター内で起こるさまざまなケガや病気のため救急車の派遣が要請される、という。救急車に税金が使われていることは、言うまでもない。

しかも、アマゾンはオハイオ州内に多くの雇用を創出することと引き換えに、14年以降、州政府から1億2500万ドルの税制優遇や助成金を受けていた。これでは、税金を二重、三重に免除されているのと同じことになる。

オハイオでの調査を担当したザック・シラーは、同団体の報告書でこう語る。

「空腹を抱えたアメリカ人が、必要な食料を買えるように支援を受けられることはいいことです。けれど、これほど多くの労働者が、食料割引切符の支給を受けなければならないことは問題です。アマゾンが大口の雇用主として現れてから、多くの労働者が援助を必要としはじめたことは、次のような疑問に行きつきます。どうして、これほど規模が大きく、成功している企業が、自社の労働者に食料が買えるだけの十分な給与を払わないのか、という疑問です」

オハイオ州で芽生えた疑問は、その後、アメリカの他の州にも飛び火した。ニューヨークに拠点を置く非営利団体《ニュー・フード・エコノミー》は、オハイオ州以外の、4つの州（アリゾナ州、カンザス州、ワシントン州、ペンシルベニア州）でも、アマゾンの物流センターの労働者が食料割引切符を受け取っているという情報を手に入れた。一番ひどいアリゾナ州では、労働者の3人に1人が、食料割引切符を受け取っていた。その数は1800人に上る。

そうしたアマゾンの労働者の窮状をみて、1人の政治家が動きだした。

16年の大統領選挙で、最後まで民主党候補の座をヒラリー・クリントンと争った、上院議員のバーニー・サンダースだ。

サンダースは18年8月、アマゾンやウォルマートなどの労働者が生活するのに十分な給与を払っていないため、労働者が食料割引切符を受け取ったり、税金によって賄われる公営団地に住んだり、低所得者用の健康保険である《メディケイド》を利用した場合は、そうした労働者が働く企業が、税金にかかった費用を払い戻すような法案を連邦政府に提出するつもりだ、と《ワシントン・ポスト紙》が伝えている(同紙電子版、18年8月23日付)。

「立法の目的は、アマゾンのような大企業に、自社の従業員に生活するのに十分な給与を支払わせることであり、毎年、低所得者対策にかかる年間1500億ドルの税金の支出を抑制するためである」とサンダースは語っている。

同時に、サンダースは自身のウェブサイトに、アマゾンの物流センターの労働者に情報を寄せてくれるように、というページを設け、情報収集をはじめた。

これに対し、アマゾンは同年8月末にブログで反論した。アマゾンが自社への批判に反論するのは珍しいことである。

「サンダース議員が政治的駆け引きとして誤解を招く批判を繰り返している間、われわれは、実際にお金を払って熟練していない労働者のスキルアップに努力している」としたうえで、「毎日働いている実際の労働者以上にアマゾンの労働の現場をわかっている人はいないのだから、われわれは、全従業員にサンダース議員の情報収集の要求にこたえて、実際の体験を伝えるように推奨している」と書いた。

サンダースはさらに一歩踏み込み、同年9月に入って税金の払い戻しの法案を〝Stop Bad Employers by Zeroing Out Subsidies Act(国の補助金支出をゼロにすることで悪徳雇用主を阻止する法案)〟と名付け、連邦政府に提出するとした。略すると《ストップBEZOS法》となり、ベゾスの名前が入った法案となる。アマゾンをはじめとした、ウォルマートやマクドナルド、ウーバーなどの大企業の労働者が、公的給付金を受け取った場合、企業が同額を税金として納めるという法案だ。

アマゾンの時価総額は9月、1兆ドルを突破し、ベゾスの個人資産総額も1500億ドルを超え、企業としても、経営者としても儲けすぎであり、労働者に還元すべきだとの批判がアメリカ社会に渦巻いた。

八方塞がりとなったアマゾンは10月、先に見せた強気の姿勢から一転して、同社が物流センターで雇用する約35万人の労働者を対象に、11月1日から、時給をそれまでの11ドルから15ドルに引き上げる、と発表した。同時に、イギリスのロンドンでは最低賃金を8・2ポンドから10・5ポンドに引き上げる、とした。

ブログで、ベゾスは、「われわれは、アマゾンに対する批判に耳を傾け、何をするべきかを真剣に考えました。その結果、（時給15ドルを支払うことで）アメリカの産業を牽引することを決めました。われわれは時給の引き上げを大変喜んでいます。また、多くの大企業がわれわれの先例をまねてほしいと思っています」と語っている。

ベゾスのコメントが発表されたアマゾンのブログには、アマゾンの物流センターで働く4人の子どもを育てるシングルマザーが涙ながらにインタビューに答えている動画がアップされている。彼女は、「今までに、そんなにたくさんの時給をもらったことがありません。私には4人の子どもがいるので、一生懸命働いてきましたが、お金に困ることもありました。だけど、15ドルという時給には本当に満足しています。これで子どもたちのために使えるお金が増えるからです」と語っている。

税金という形での企業経営への政府の介入を心底嫌ったアマゾンが、大物政治家からのプレッシャーに屈した瞬間だった。長年の租税回避と物流センターの労働者を安くこき使ってきたという戦略がまわりまわって、労働者の最低賃金の引き上げという〝煮え湯〟を飲まされた格好となった。

どんな形であろうとも自社の経営に干渉されることを嫌うベゾスにとって、これは手痛い敗北を意味する。

ここで残念なのは、この時給15ドルの恩恵が、日本のアマゾンの物流センターで働く労働者には及ばないことだ。なぜ、アメリカとイギリスだけなのか。日本での時給に変化がないのは、日本の政治家が、これまでほとんどアマゾンに圧力をかけてこなかったことと関係があるのだろうか。時給15ドルが、日本でも適用される日はくるのだろうか。

トランプ減税の恩恵を受ける

アマゾンのアメリカ国内における租税回避を考えるうえで、もう1つ外せないのは、連邦政府に納める法人税だ。

非営利団体の税制経済政策研究所（ＩＴＥＰ）の調べによると、アマゾンは、17年と18年の2年連続で、まったく法人税を払っていない。

これはトランプ政権が17年12月に署名した企業向けの大型減税や税控除などの恩恵を受けてのこと、とみられる。

アマゾンの課税対象となる税引き前利益は17年が38億ドルで、18年が１１２億ドルだった。アメリカの法人税率は21％なので、本来なら17年が8億ドル、18年が23億ドル強の法人税を払うことになるはずなのだが、同社はトランプ減税によりその法人税を納めていない。

さらに、アマゾンは法人税を払わないだけでなく、連邦政府から還付金を受け取っている、というのだ。17年の還付金の額は１４００万ドルで、18年にはその額が1億２９００万ドルに増加している。

還付金を勘案すると、アマゾンの17年の法人税率はマイナス2・5%で、18年はマイナス1・2%と、マイナス値となる。

この調査の担当者であるマシュー・ガートナーは、《英ガーディアン紙》の取材に対し、「私がこれまで見てきた企業の中で、アマゾンは最も租税回避に心血を注いでいる企業です」と答えている（同紙電子版、19年2月16日付）。

どうしてアマゾンは法人税を免れ、その上、還付金を受け取ることができるのか。

「日経ビジネスオンライン」によると、

「最大の理由は税控除。物流倉庫の拡大、データセンターの設置、人工知能（AI）の研究など、アマゾンが設備投資と技術開発に投じた資金は、トランプ大統領の大型減税法案により税控除の対象となった。また同社は社員への給与の一部、主に幹部たちの給与を自社株で払っている。株は売る段階にならないと課税の対象とならないため、この部分だけで10億ドル以上の減税に成功している」と説明する（「日経ビジネスオンライン」、「アマゾン『所得税ゼロ還付金1億ドル』の衝撃」19年5月1日付）。

米フォーチュン誌が毎年選ぶ全米上位500社のうち、トランプ減税の恩恵を受けている企業はアマゾン以外にもあるが、なかでもアマゾンへの風当たりは強い、と同誌はつづける。

「アマゾンが多くの批判を集めているのは、〈中略〉09年から18年の間に265億ドルの利益を出しているが、この間に納めた所得税は総額7億9100万ドルで、税率にするとわずか3%とトランプ減税後の21%にも遠く及ばない」からだ、と分析する。

こうしたベゾスの経営手法に点数をつけて評価すると、どのようになるのか。

《ハーバード・ビジネス・レビュー誌》が毎年、世界のCEO100傑ランキングを発表している。

その18年版で、ベゾスは68位（ちなみに1位は、ZARAを傘下に収めるスペインのインディテックスCEOのパブロ・イスラだ）。各CEOが評価されるのは、以下の3つの側面から。1つは企業の財務指標、2つ目は事業の持続継続性（サスティナビリティ）、最後はCSR（企業の社会的な責任）だ。ベゾスは、財務指標では1位、事業継続性では829位、CSRでは824位。3つの指標を合計して68位だ。租税回避の姿勢や従業員を大切にしない経営が、事業継続性とCSRの低い順位となって表れていることは想像に難くない。財務指標では1位を取りながら、企業を運営する姿勢では800位台に落ちる。このちぐはぐな点が、アマゾンという企業の本質を表している。

租税回避に関する批判を解決する簡単な方法がある。アマゾン自身が、国別の納税額や節税方法を自ら公開し、納税額やその手法を誰にでもわかるようにすることだ。すでに、英携帯通信のボーダフォン・グループや食品・日用品大手の英蘭ユニリーバなどが、そうした取り組みをはじめている。しかし、情報開示を心底嫌うアマゾンには、この選択肢はないに等しいのだろう。

納税義務から逃れるために死力を尽くしてきたアマゾンだが、その企業規模が大きくなるにつれ、世界中から租税回避の態度に厳しい視線が向けられている。しかし、ベゾスが経営トップの座にとどまる限り、アマゾンはこれからも租税回避の道を突き進むだろう。

もし、それを阻止できる勢力があるとするなら、それは、サンダースのような政治家ではないか。20年の大統領選挙に立候補することを表明している民主党の上院議員であるエリザベス・ウォーレンは、アマゾンを含むGAFA各社の分割を大統領選挙の争点にする、と語っている。

自身のブログに「今日、（GAFAのような）大企業が過度な影響力を持っています。その影響力は、経済や社会、民主主義にまで及んでいます。彼らは、競争相手をなぎ倒し、われわれの個人情報を使って利益を上げ、われわれがお互いに反目するようにしようとしています。その過程で、彼らは（アメリカの力の源泉である）小さな企業を痛めつけ、創造性の芽を摘んでいます」とGAFAを批判する理由を書き込んでいる。

EUやアメリカ国内の議員の動きを受け、アメリカ政府がGAFAに対する規制強化に転じたのは、19年7月のこと。米司法省が、大手IT企業に対し、反トラスト法（日本の独占禁止法に相当）違反の可能性について、調査をはじめると発表した。市場を主導するオンライン・プラットフォームへの調査を開始する、とした。同省はその際、「意味ある市場競争の規律がなければ、デジタル・プラットフォームは消費者の要求に応えない形で振る舞う可能性がある〈中略〉重要な問題を検討する」と語っている（日本経済新聞、19年7月24日付）。

GAFAの分割が、20年の大統領選挙の争点の1つとなれば、その過程でアマゾンを含むIT企業の租税回避についても、話し合われる可能性がでてきた。そのとき、アマゾンはこれまでの租税回避の手法についてどのような釈明をするのだろうか。

第10章

〝デス・バイ・アマゾン〟の第一犠牲者

日本上陸以来、出版業界で成長をつづけてきたアマゾン。日本最大の〝書店〟となった同社は、取次や出版社を巻き込んで、自社の利益の最大化を図ろうとする。果たして、アマゾンの利益は、利用者の利益に直結するのか。

読者良し、著者良し、出版社良し

〝アマゾン・エフェクト〟という言葉がある。アマゾンが参入した分野で急成長を遂げたため、同業他社を駆逐するという意味で使われる。同じく、〝デス・バイ・アマゾン〟という言い方もある。米投資情報会社が12年に作った。アマゾンの台頭により窮地に陥る企業の株価を指数化したもので、その対象として、世界最大の小売企業であるウォルマートや百貨店のJCペニー、会員制量販店のコストコなどが挙げられている。

アマゾンが日本に上陸して以来、最も深刻な影響を受けてきたのは出版業界だ。現在のアマゾンジャパンにとって、書籍の売上げは全体の一部となった。しかし、書籍の市場全体が収縮する中でアマゾンだけが膨張した結果、出版業界の商習慣やその在り方までをアマゾン仕様に変えようとしている。

アマゾンは16年1月下旬、出版社を対象とした事業方針説明会を開いた。300人近い出版社のトップや営業担当者が集まった。アマゾンの狙いは、出版社を直取引に勧誘することだ。

日本の出版業界の流通は、通常、出版社から取次（卸売業者のこと）をへて、書店に届けられる。三者の間の取り分は、おおむね、出版社70％、取次8％、書店22％――とされてきた。1冊1000円の書籍を売れば、出版社には700円、取次には80円、書店には220円が入るという仕組みである。

取次とは、地味な存在ながら、出版における物流や決済を担い、3000社以上ある出版社と1万2000店ほどある書店をつないできた。年間8万タイトル前後刊行される新刊書籍を、雑誌と一緒に配本し、売れ残ったら返品を受け付けるという委託販売における扇の要《かなめ》のような役割を果たしてきた。

書店であるアマゾンは、この大正時代からつづく出版の流通慣行を壊し、取次を中抜きして出版社と直接取引をしようとしている。直取引のメリットを伝えるため、アマゾンの担当者が用いたのが「三方良し」という近江《おうみ》商人の言葉。近江商人は、「売り手良し、買い手良し、世間良し」で、売り手である近江商人だけが得をすればいいのではなく、買い手も満足し、さらに社会貢献にもつながる考えとしてこの言葉を使った。

一方、アマゾンが言う「三方良し」とは、アマゾンにとって顧客となる「読者良し、著者良し、出版社良し」を指す。アマゾンと出版社が直取引をすれば、それだけ流通のムダが減り、商品がアマゾンの物流センターに在庫されるまでのリードタイムが縮まるため、アマゾンの顧客である読者だけでなく、書籍の書き手にとっても、また、出版社にとってもメリットがある、と説く。読者には読みたい書籍が迅速に届く。書き手には、アマゾンのページでの在庫なしの表示が減る。出版社には、機会損失を減らすことができる。いいところずくめである、というのがアマゾンの言い分だ。

アマゾンは00年の事業開始以来、熱心に出版社との直取引を進めようとしてきた。そう語るのは、出版業界の専門紙「文化通信」の常務である星野渉（54）である。

「当時は、日系のハーフの担当者が、片言の日本語で『チョクやりましょう』、『チョクやりましょう』と繰り返し言っていました。チョクとは、直取引のことです」

アマゾンジャパンの創業メンバーの1人であり、現在、雑誌のネット通販会社である富士山マガジンサービス社長を務める西野伸一郎は雑誌の取材にこう話している。

「（00年の）サイト開設の数カ月前、千葉・市川市にかなり大きな倉庫を作った。そこに米国からジェフ・ベゾスCEOが視察に来た際、日本中にある書籍を1冊ずつすべて揃えよと指示した。この頃から、直取引の考えは徹底されていた」(「週刊東洋経済」17年6月24日号)

当時、まだ、どこの馬の骨ともわからないアマゾンと直取引をしようという出版社はほとんどなかった。アマゾンは当初、取次業界3位の大阪屋(現在の大阪屋栗田)経由で書籍を仕入れることで業務をスタートさせた。

業界のツートップである日本出版販売(日販)とトーハンは当初、既存の書店への配慮を優先させたため、アマゾンとの取引には応じなかった。その日販も03年から書籍をアマゾンに納入しはじめた。かつてはアマゾンに強い拒否感を抱いていたといわれるトーハンも、15年からアマゾンに雑誌の納入を開始した。現在では、書籍の主な仕入れ先は日販と大阪屋栗田となり、雑誌はトーハンから仕入れている。取次業界の上位3社がアマゾンをサポートする形となっている。

アマゾンのサイト開設から20年近くたち、出版業界におけるいくつかの変化が組み合わさり、アマゾンの直取引への追い風として吹きはじめた。1つは、96年をピークとして、出版業界の売上げ規模が落ち込みつづける出版不況がある。ピーク時には2兆6000億円以上あった書籍と雑誌を合わせた市場が、18年には1兆2800億円台にまで減った。市場が半分以下に縮小したことになる。他方、アマゾンの書籍の売上高は、01年の80億円強から、大きく売上げを伸ばした。

いまや日本最大の書店

現在のアマゾンの書籍の売上高はどれくらいだろう。

「週刊東洋経済」は17年の「アマゾン膨張」という特集で、「書籍部門の年間売上高は約1500

億円」という推計値を報じている（「週刊東洋経済」17年6月24日号）。

フリーライターの永江朗《あきら》は、17年9月の日本出版労働組合連合会（出版労連）の講演会で、「以前、アマゾンの幹部が日本文芸家協会で講演したときの話では、年商で1500億円から2000億円ぐらいとのことでした」と語っている。

前出の星野は言う。

「専門紙から見ても、アマゾンの日本国内の書籍や雑誌の正確な売上高というのは、わかりません。ざっくりとした数字で、2000億円ぐらいでしょうか。業界で売上高を公表している書店で1位はTSUTAYAの1300億円強で、2位が紀伊國屋書店の1000億円強。それより、アマゾンの方が上回っているという見立てです」

同業者であるジュンク堂書店の難波店の店長である福嶋聡《あきら》（60）は、「アマゾンが一番書籍を売っているのはたしかだと思っています。ただ、数字については、単なる想像になりますが、2000億円ぐらい売っているのかもしれません」

かりに、現在のアマゾンの売上げを2000億円とすると、事業開始以来25倍に成長したことになる。業界が半分以下に落ち込んだことを考えると、アマゾンの独り勝ちの状態だ。その間、2万3000店以上あった書店が、約1万2000店まで減った。アマゾンの出版における売上げのほとんどが雑誌を除く書籍である。書籍の業界全体の売上高が約7000億円であることからすると、アマゾンの市場占有率は30％近くを占めることになる。

アマゾンの大躍進により、業界地図が塗り替えられようとしている。それまでコンテンツ作りという点では出版社が業界の頂点にあり、流通という点では取次が頂点にあった。書店は業界の最下位に位置していた。そこから下克上が起こっている。一書店であるアマゾンが、出版社や取次の在り方に疑問を投げかけ、業界再編が起きようとしているのだ。

アマゾンが現在、業界トップであるという点で意見が一致するなか、アマゾンがその部門別の売上高を公表しないのは、情報を開示することを嫌うアマゾンらしいともいえる。しかし、事業を把握するうえでの根幹的な数字となる売上高すら、正確にわからないのでは、出版業界の全体像さえ、見えてこない。

「業界トップであるのなら、その数字を公表すべき責任がある」

と私などが言っても、軽く一蹴されるのが落ちだろう。

アマゾンは自社の売上高を対外的には公表していないものの、もちろん、アマゾン自身は自社の細かい数字まで把握している。

アマゾンが09年、ある出版社向けに用意したプレゼン資料が私の手元にある。30ページ以上ある全ページに「厳秘」と書かれている。

それによると、アマゾン経由で売れたその出版社の書籍は、07年が約20万冊で、売上高では2億6000万円強と記されている。ここでは出版社が特定されないよう、数字を丸めているが、受注冊数には1桁までの数字が書いてあるし、売上高も1円台までの数字が書いてある。そして、08年の数字として、23万冊強の冊数と、3億3000万円弱を売り上げたという数字が書いてある。前年比で25％増強。それが、翌09年には、前年比で15％増とすることを目標にしようという提案書だ。

この時点で、アマゾンが出版社への営業の武器として使ったのは、直取引ではなく、《なか見！検索》である。今では、すっかり影が薄くなったが、05年11月に開始したサービスで、サンプルページが閲覧できたり、本文での書籍検索などが可能になるサービスだ。

先のプレゼン資料には、「売上最大化を実現するために」として、「オンラインの弱点：手に取って確認できない」、「中身が分からないと不安」と書き、「なか見！　検索へのご協力をお願いします。立ち読み機能で安心購入。購買率・PV数ともに改善可能」と書いてある。

資料をめくっていくと、直取引にも触れている箇所がある。

「なか見！　検索の位置づけ」というタイトルの下には、以下のような順番で書いてある。

1・「セレクション（幅広い品揃え）」＋2・「集客」＋3・「なか見！　検索」＋4・「Amazon e託販売サービス」＝「顧客満足度UP」＝「売上貢献」。

e託とは、06年にはじめたアマゾンと出版社との直取引のサービスだった。3番目の《なか見！検索》の次に書いてあるこのe託販売こそが、アマゾンが目指す直取引だ。e託販売には、「お客様を逃がさない」、「在庫あり表示」と書いてある。しかし、この時点で推すのは時期尚早と判断し、まずは《なか見！　検索》を勧めておいて、商機が来たら本命のe託を勧めようというアマゾンの意図が透けて見える。

直取引で取り分が増える

大手出版社の中で、アマゾンとの直取引で先陣を切ったのはKADOKAWAで、15年春のことだった。

日本経済新聞はこう伝える。

「出版大手のKADOKAWA（角川）が4月からインターネット通販大手のアマゾンジャパン（東京・目黒）と紙の書籍・雑誌の直接取引を始めた。出版物を書店に届ける取次を介さないことで物流を効率化。消費者に早く商品を送り届けられるようにする。仕入れ費用を抑えられるアマゾンはポイントなどの形で消費者に収益を還元することも可能になる。〈中略〉／消費者はアマゾンのネット通販サイトを通じて欲しい書籍や雑誌を注文。アマゾン側に在庫がない場合は、角川が最短1日で商品をアマゾンに送るので、消費者の手元にも早く届くようになる。／角川は従来は主に取次大手の日本出版販売（日販）とトーハンを経由して、アマゾンに商品を卸していた。アマゾンに在庫がないとアマゾンへの配送に5～8日かかる場合もあり、物流費もかさんでいた」（日本経済新聞、15年4月22日付）

私が17年秋にアマゾンの小田原物流センターに潜入したとき、センター内にKADOKAWAの文字が印刷されたブルーのパレットが日販の黄色のパレットと並んで大量に積んである光景を見た。それは、KADOKAWAがアマゾンにパレットで納入している、つまり直取引をしている証左だった。

取次経由のリードタイムが5から8日かかるのに対し、アマゾンとの直取引の場合、最短で1日に短縮できる。それによって大きく変わるのは、KADOKAWAの書籍が、アマゾンのサイトで「在庫有り」と表示される割合である。たとえば、1週間で、アマゾンの顧客が、KADOKAWAの書籍を100万回閲覧したとき、かりに10万回「在庫有り」の表示が増えたとする。コンバージョンレートを5％とすると、5000回購入機会が増える。書籍の平均単価を1500円とするなら、月間750万円の売上げの増加につながる計算だ。

KADOKAWAにはアマゾンとの直取引について話を聞きたいと取材を申し込んだが、「ご質問内容は社外にお話しできない内容を多分に含んでおりまして、現時点では、ご取材に応じさせていただくのがどうしても難しい状況です」として断られた。

業界関係者はこう話す。

「ＫＡＤＯＫＡＷＡは13年に社名変更した際、傘下のアスキー・メディアワークスや中経出版など9社を吸収合併したため、発行点数が急速に増え、在庫も増えたんです。その在庫を５０００万冊から１０００万冊まで減らすのを機に、アマゾンと直取引をはじめたのだ、と理解しています。ＫＡＤＯＫＡＷＡはそれと並行して、10カ所以上あった物流拠点の整理統合も行っています」

ＫＡＤＯＫＡＷＡの社員はこう話す。

「アマゾンは今後、今より強くなることはあっても弱くなることはない。ＫＡＤＯＫＡＷＡに体力がある今のうちなら、アマゾンとも互角に取引ができると読んだのではないでしょうか。アマゾンを全面的に信用しているわけではないと思います。アマゾンはマウントポジションを取ると、相手をぎりぎり締め上げてくるような企業です。だからこそ、対峙するところは対峙して、早いうちからアマゾンに対する経験値を上げたいという考えがあるようです」

アマゾンとの直取引によって、出版社にメリットがあるのはわかった。出版社の売上げが上がるということは、アマゾンの売上げが上がることにもなる。しかし、アマゾンが出版社とe託を進めようとするのは、それだけが目的ではない。

e託を進める本当の狙いは、アマゾンの取り分を増やすことにある。

先に書いたように、現行の出版業界では、出版社が70％、取次が８％、書店が22％という売上高の配分が決まっている。出版社の取り分は、取次との力関係によって多少上下するが、書店の22％というのは、一部の大手チェーン店を除いては、ほとんど変わりがない。取次が、出版社と書店の間に入っている限り、書店であるアマゾンの取り分に大きな変化はない。

アマゾンのe託とは、出版社との取引から取次を除いて、アマゾンの取り分をこれまでの22％から40％に増やそうという提案なのである。アマゾンの取り分は約２倍になる代わり、出版社の取り分は70％から60％に減る。1000円の書籍を1冊売れば、出版社は600円を取り、アマゾンは400円を取る。

直取引では取次に払う8％が不要となるので、書店の取り分を8＋22＝30％にしたいというのなら理解できる。しかし、アマゾンはさらに10ポイントを上乗せし、40％を寄越せというのだ。出版社の目に強欲と映ったとしても仕方ないだろう。

ある出版関係者はこう語る。

「みんなが得する、みんなが幸せになる、というのは、アマゾンの幹部から何度も聞いた言葉です。けれど、自分たちの利益の向上を背後に隠しながら、みんなの幸福などで言いくるめようとすることには大いに違和感を抱きます」

出版社の取り分が60％になるというのは何を意味するのか。

出版社には、書籍を作るための紙代、印刷代、製本代などの製作経費に加え、著者への印税の支払いもある。もろもろあわせると、書籍代の38％前後かかる。それを70％の取り分から差し引いた出版社の粗利益は32％となる。

しかし、e託でそこから10％を持っていかれれば、出版社の粗利益は22％に落ちる。粗利益が3分の2近くに減る。

たとえば、1500円の書籍を、初版で5000部刷って、すべてをアマゾンのe託で販売したとしよう。出版社の粗利益率が32％の場合、出版社の取り分は240万円。それがe託で60％に下がり粗利益率が22％の場合、165万円。その差は75万円。こうなると、出版社の経営が一気に苦しくなる。他方、40％を取るアマゾンの取り分は、従来の165万円から300万円に膨れ上がる。

この取引で一番おいしい思いをするのはアマゾンなのだ。

ただし、先に挙げたKADOKAWAとアマゾンとの直取引は、このe託ではなく、契約書を交わした取引であり、KADOKAWAの取り分は70％を確保している、と複数の業界関係者は語る。正味（卸値）の70％という数字について、再度、KADOKAWAに問い合わせると、「アマゾンとの取引条件につきましては、守秘義務契約により公開ができかねます」という返答だった。

ターゲットは小規模の出版社

業界関係者はこう語る。

「KADOKAWAほどの発行点数を持つ出版社なら業界の力関係からいって、取次より悪い条件でアマゾンと取引をする意味はありません」

アマゾンがターゲットに絞るのは、アマゾンに逆らっては生き残りが危うくなるような経営基盤が脆弱な小規模の出版社だ。

関西地方の中堅出版社の社長は匿名を条件にこう話す。

「アマゾンから直取引しませんか、と声がかかったのは数年前のことでした。うちのような地方で後発の出版社だと、取次も厳しい条件を出してくるんです。正味は67％で、部戻し（取次への手数料）として5％引かれるので、実際、うちの取り分は62％だったんです。新刊の支払いは7カ月先でした。アマゾンは、そこらへんのことをよう勉強してきよるね。直取引で正味は68％でどうだ、とくるわけですよ。しかも、支払いは2カ月後。これに乗らん手はないよね。けど、1年後に、正味を60％に下げたい、とアマゾンから言われ、泣く泣く呑みました。アマゾンのやり方は狡賢《ずるがしこ》いねぇ」

私が、もしアマゾンから今後、正味をさらに下げたいという話が来たらどうしますか、と社長に尋ねると、

「正味60％で返本がほとんどないのなら、その条件もぎりぎり可能やけど、55％に下げると言われたら、すぐに手を引くでしょう」という答えが返ってきた。

アマゾンの手の平返しのような条件変更は、この出版社に限った話ではない。

首都圏の中堅出版社は12年、アマゾンに勧められるまま電子書籍化をはじめた。当初、電子書籍に関する出版社側の取り分は6割で、アマゾンは4割。しかし、2年後、アマゾンはその比率を逆転させたい、と提案してきた。アマゾンの取り分が6割で、出版社側が4割にしたい、と。出版社のトップが、その条件は受け入れられないと渋っていると、アマゾン側が、もし条件が呑めないなら、アマゾンの物流センターに抱えるその出版社の紙の書籍の在庫、２０００万円分を送り返す、と通告してきた。最終利益が１０００万円あるかないか、という規模の出版社だ。２０００万円もの在庫を一度に返されたのでは、首が回らなくなる。仕方なく、電子書籍における、出版社の取り分が4割という条件を呑んだ、という。

アマゾンに徹底的に逆らうと、いったいどんな結果が待ち受けているのか。

中小の出版社90社からなる出版流通対策協議会（現・日本出版者協議会）の会長（当時）であり、緑風出版の社長でもある高須次郎は14年5月、都内で「アマゾンへの自社出版物の出荷一時停止記者会見」を開いた。緑風出版と晩成書房、水声社の3社で、合わせて１６００点の出版物のアマゾンへの出荷を一時停止する、というもの。

アマゾンが、消費者に与えるポイント制度が、再販制度を壊し、業界秩序を狂わせる、というのが出荷停止の理由だった。再販制度とは、正式には再販売価格維持制度と呼ばれ、出版物の場合、

出版社が書籍・雑誌の定価を決定し、小売書店などで定価販売ができる制度を指す。高須は、特に学生向けの《アマゾン・ステューデント・プログラム》で行っていた、10%のポイントサービス（最大で15%）が再販契約に違反する大幅値引きだ、と批判している。

アマゾンとの取引を中止

この出荷一時停止の仕掛け人であり、『出版の崩壊とアマゾン』（2018年刊）を著した高須に私が話を聞きに行ったのは、19年4月のことだった。

JR水道橋駅を東京ドーム側に降り、グーグルマップを片手に、いくつかの学校に挟まれた細い道を抜けてたどり着いた雑居ビルの1階に緑風出版があった。高須とその妻が働く典型的な小規模出版社。設立は82年で、帝国データバンクによると、売上高は1億円とあった。70歳を超え、現役の編集者兼営業マン兼著者である高須は、1時間以上かけ、持論である再販制度の必要性を説き、それをなし崩しにしようとするアマゾンを批判するのに熱弁をふるった。

高須の話を要約すると、「再販制度におけるポイントによる割引は1%前後までしか認められないのに、アマゾンは平然と再販制度を無視し、出版業界を崩壊に追い込もうとしている」となる。

まず私が訊きたかったのは、アマゾンとの取引を中止したことによる緑風出版の経営への影響だった。

「当初は、売上高が8%ほど落ちたけれど、半年ほどでその落ち込みが回復してきました。僕らが、値引き販売をするアマゾンへ出荷停止していることを知っている複数の大手書店が、応援するという意味でブックフェアなどをやってくれたのがありがたかった」と高須は話す。

私が確認したかったのは、出荷停止は今でもつづいているのか、ということである。高須は、「今でも出荷停止は継続しています」と答える。

ならばなぜ、緑風出版の新刊書籍が、アマゾンのサイトで販売されているのか。

たとえば、アマゾンのサイトでは、緑風出版の『電力改革の争点』(17年6月刊)は、新刊の定価が2376円、プライム配送の対象商品で「明日中にお届け」と表示される。在庫は「残り2点(入荷予定あり)」とある。さらに、「この商品はAmazon.co.jpが販売、発送します」と明記されている。また、『ODAダムが沈めた村と森』(19年2月刊行)は新品が2592円で販売されている。在庫の「残りは1点(入荷予定あり)」と書いてある。つまり、アマゾンが仕入れ、緑風出版の新刊書籍を売っているのだ。

これは、いったいどういうことなのか。私はスマホにアマゾンの画面を映しながら尋ねた。

高須はこう答える。

「17年ぐらいから、うちの新刊がアマゾンのサイトに並ぶようになりました。業界の知人からの連絡で私はそのことに気がついたんです。うちは日販やトーハンをはじめとする取次10社と取引をしているけれど、アマゾンと直接の窓口だった日販からはアマゾンに流れていない、と考えています。先の出荷停止の申し入れをしたとき、日販がアマゾンから緑風出版の書籍の注文が入ると、自動的に弾くようにシステムを変更してくれたからです。けれど、ほかの取次から流れているとしたら、取次の販売先まで突き止めることはできません。どうしてうちの書籍がアマゾンに新品として売られているのかは、わかりませんが、アマゾンの〝エブリシング・ストア〟としてのメンツがあるんでしょうかね」

さらに、先に挙げた『電力改革の争点』には3%の66ポイントと、『ODAダムが沈めた村と森』には5％の125ポイントがついている。高須の唱える「1％前後」を大きく上回るポイントの対象となっている。

「アマゾンは、こちらが正規のルートで出荷を停止しても、勝手に調達するのをやめないし、ポイントを付与することもやめません。ゲリラ的なやり方としか言葉が見つかりません。当社の書籍についてのポイントサービスをやめてくれ、と言いたくても、現時点では、アマゾンとの取引関係がないので、それを伝えるチャンネルもないのです。結局、われわれのような中小の出版社が何を言おうとも、アマゾンには暖簾《のれん》に腕押しで効き目がないんです」（高須）

同じような話は、『ジェフ・ベゾス　果てなき野望』にも出てきた。

ドイツの刃物メーカーである《ヴォストフ》は、再三の要求にもかかわらず、アマゾンが同社の製品の値引き販売をやめなかったため、同社のトップが11年にアマゾンのシアトル本社に乗り込み、製品を引き揚げるという話をすると、アマゾンの担当者は、「そういうことならグレー市場から仕入れてみせる」と言い放ったとある。

この話はおもしろいなぁ。

アマゾンに旗幟鮮明《きしせんめい》に反旗を翻した高須の緑風出版の新刊書籍も、アマゾンは〝エブリシング・ストア〟のメンツをかけ、通常以外のルートをへてまで納入し、販売する。ならば、出版社が、アマゾンに言いたいことをすべて主張しても、出版社の業績になんの影響もないということではないか。出版社は何の遠慮もすることなく、アマゾンに主張をぶつけることができるのではないか、と思いながら、私は高須の話を興味深く聞いていた。

作品を一方的に削除

アマゾンが公然とe託の取引を出版社に提案できるようになったのは、先に挙げた16年となる。

なぜ、アマゾンは16年のタイミングで直取引を出版社に持ち掛けることができたのか。

契機となったのは、相次ぐ取次の倒産だった。まずは15年6月、取次で第4位の栗田出版販売が100億円以上の負債を抱え経営破綻した。翌16年3月、業界5位の太洋社も70億円以上の負債を抱え経営破綻した。栗田は16年4月、業界3位の大阪屋が救済する形で大阪屋栗田として再出発するが、しかしその大阪屋栗田も18年5月には、第三者増資を実施し、楽天が全株式の51％を握る筆頭株主となり、楽天の完全子会社となった。

なぜ、取次の経営は苦しくなってきたのか。業界がピーク時に比べ半分以下に縮小したことが最大の原因だが、その中でも、出版業界の利益の源泉であった雑誌の売上げの落ち込みが5割以上になったからである。これに比べると、書籍の落ち込みは3割強にとどまる。

もともと、雑誌の流通網に書籍を載せることで、本来なら一冊ずつ運ぶ書籍を雑誌ルートに混載して運んできた。長年にわたり書籍には物流費がかかってこなかった。その分、書籍の値段はほかの先進国と比べ割安に抑えられてきた。半面、店頭で頼んだ書籍が書店にいつ届くのかがわからない。よって、書籍を買いたい読者が書店から逃げていく、という状況を作りだした。

この取次の経営破綻が、アマゾンの直取引への追い風になった。

従来通りの取次頼りの出版流通は果たして持続可能なのか、という危機感が出版社の中で大きく膨らんだ。この際、取次を飛び越えて、アマゾンと直取引するのも1つの手ではないか、と。アマゾンは、それを商機ととらえ、出版社にe託を売り込んだ。00年の事業開始から、20年近く待ってようやく巡ってきたチャンスだった。

アマゾンジャパンの書籍事業本部担当バイスプレジデントの村井良二は16年、経済誌にこう話している。

「昨年はアマゾン・プライムに特化しサービスの向上を図ったことで、書籍・雑誌の売り上げが伸びた。弊社での取り扱い上位100社のうち、83の出版社が売り上げを伸ばした。（売り上げを）2割以上伸ばしたところが15社もあった。／出版社と直取引することで、画面に『在庫切れ』が表示される回数を減らせるし、出版社からすぐに補充することもできる。出版社にも読者にもメリットがある。某大手との直取引では仕入れのリードタイムが4日短くなった。／現在、アマゾンの書籍・雑誌の取り扱いのうち、20％台後半が出版社との直取引だ。在庫切れを減らすと同時に、直接取引の割合を大幅に引き上げたい」（「週刊東洋経済」16年3月5日号）

この時期、アマゾンのe託の説明を聞いたという関西の中小規模の出版社のトップはこう話す。

「アマゾンのe託は、正味が6割であるのに加え、アマゾンの物流センターへの納本作業にかかる費用もこちらが負担するので、取り分はさらに下がるのがわかり、面倒くさくって旨味がないな、と思い見送りました」

私の手元に「e託販売サービス　スタートマニュアル」というアマゾンの書籍事業本部が発行した小冊子がある。表紙から最後の37ページまで、すべてのページに「Confidential（機密）」と赤字で印刷してある。

商品搬入フローを説明するページには、アマゾンから出版社へ、納入依頼が週3回から5回送られる。出版社はそれを受け、委託先の物流企業に在庫を確認し、出荷指示を出す。その指示に従って物流企業がアマゾンのセンターへ納入する。そのアマゾンの物流センターへの納入費用が出版社の負担となるため、その分を差し引くと、出版社の取り分は6割を下回り、「旨味がない」取引となってしまう、というのが先の出版社トップの言い分である。

アマゾンはこの後も、直取引を増やす仕掛けを展開していくのだが、その前に、アマゾンと出版社との間の溝が広がる事件が起こった。

アマゾンは16年8月3日、書籍の読み放題サービス《Kindle Unlimited（キンドル・アンリミテッド）》を開始した。月額980円（税込み）で和書12万冊以上、洋書120万冊以上が読み放題になるという鳴り物入りの新サービスだった。当時、アマゾンのサイトには、「いつでもどこでも、思う存分本が読める。月額¥980で、豊富な本、コミック、雑誌および洋書を読みたい放題でお楽しみいただけます」という景気のいい惹句が並んだ。参加した出版社は、小学館や講談社、文藝春秋、幻冬舎、光文社、ダイヤモンド社、東洋経済新報、PHPなど「数百社」に上った。

しかし、キンドル・アンリミテッドは最初から大きくつまずく。サービス開始後の1週間で、アマゾンは、出版社に何の通告もなく一部の作品を読み放題の対象から外した。講談社の写真集である『中島知子写真集　幕間　MAKUAI』『今井メロ写真集　Mellow Style』などが、このときに外されている。

朝日新聞はこう伝える。

「複数の出版社によると、アマゾンは一部の出版社を対象に、年内に限って規定の配分に上乗せして利用料を支払う契約を結び、書籍の提供を促したという。／ところが、サービス開始から1週間ほどで漫画やグラビア系の写真集など人気の高い本が読み放題サービスのラインアップから外れ始め、アマゾン側から『想定以上のダウンロードがあり、出版社に支払う予算が不足した』『このま

までは ビジネスの継続が困難』などの説明があったとしている」（朝日新聞、16年8月31日付）

「なぜ一部の作品を一方的に削除したのか」と、講談社は8月中旬以来、アマゾンに問い合わせるとともに、一方的に削除された作品の復活を求めてきた。しかし、交渉途中であるにもかかわらず、アマゾンは9月30日に、講談社が提供した1000を超す作品を削除した。講談社以外でも、小学館、光文社、朝日新聞出版、三笠書房、東京書籍、白泉社、芳文社、フランス書院などの全作品が削除され、一時は20社前後に及んだとみられる（「東洋経済オンライン」16年10月7日付）。

講談社は10月3日、「アマゾン『キンドル アンリミテッド』サービスにおける講談社作品の配信停止につきまして」というプレスリリースを発表する。1000タイトルを超える書籍や雑誌を提供してきたにもかかわらず、同社に「何らの連絡もなく、配信が停止されるという事態が発生しておりました。〈中略〉これまでアマゾン社に強く抗議をし、また、同時に同サービスにおける配信の原状への復帰を求めてきました。／しかしながら事態は好転いたしませんでした。〈中略〉書目を提供してきた出版社として大変困惑し、憤っております」と書く。

通常、ビジネスの世界では、個別の商取引の細部に関しては公にしないという暗黙のルールがある。しかも、何事にも保守的な出版業界ならなおさらである。講談社が公表した激しい抗議文は異例ともいえる。

キンドル・アンリミテッドについて事の行方を見守ってきた業界関係者はこう話す。

「やっぱりアマゾンはこんなやり方をするんだ、と驚く気持ちより、納得する気持ちの方が強かったですね。書籍や雑誌を提供した出版社に、何の相談も、通告もなく、勝手に変更するのが彼らのやり方なんだと思いました。いつもは、三方良しなど、耳あたりのいいことを言いながら、結局、読者のことも、著者のことも、出版社のことも考えず、自分たちの都合だけを優先させる。それに対する十分な説明もしない。一連の騒動を見ていて、私からすると、馬脚を現したな、と思いました。アマゾンの掲げる顧客第一主義は、自社の利益に反しない限りという条件がつくんだな、と」

アマゾンは、この件に関し、ほとんど説明していない。日本経済新聞は「『読み放題』配信停止、アマゾンだんまり」という見出しで、次のように報じている。

「アマゾン・ジャパン（東京・目黒）は（10月）17日、都内で電子書籍端末の新製品に関する説明会を開いた。担当者は『端末や関連サービスを通じ、電子書籍サービスなどを楽しんでもらえるようにする』と話した。対象作品をアマゾンが断りなく外したとして出版社が反発している読み放題サービスについては言及しなかった」（日本経済新聞、16年10月17日付）

自ら失策を起こしておきながら、沈黙を貫き通すのは、危機管理能力の低さの表れである。その失策は、取引相手に損害をもたらした。予定していた印税収入が、アマゾンのハシゴ外しで入って来なくなった。

下請け業者の独自決定という説明

漫画家の佐藤秀峰が率いる《佐藤漫画製作所》が17年1月、キンドル・アンリミテッドの突然の中止は契約違反だとして、アマゾン（正式には、《アマゾン・サービシズ・インターナショナル・インク》）を2億円超の損害賠償で訴えた。

佐藤自身は、『ブラックジャックによろしく』や『海猿』などのヒット作品を持つ漫画家である。その佐藤がトップを務める佐藤漫画製作所は、佐藤がほかの漫画家から預かった作品を配信する電子書籍取次会社である。キンドル・アンリミテッドには、自分の作品を含め約２００冊のコンテンツを提供していた。それが、契約通り配信されていたのなら、2億円の収入があったと推測されるとして、その損害賠償を求める民事裁判を起こした。

佐藤は、キンドル・アンリミテッドが中止になった経緯を、自身のブログにこう書いている。

8月3日のキンドル・アンリミテッドのサービス開始の段階では、同日から12月31日の期間、特別条件にてロイヤリティが支払われることが約束されていた。8月10日ごろから、一部人気コミックや写真集がサービスラインアップから削除されはじめる。同月31日に、佐藤漫画製作所とアマゾンの間に入った取次A社の担当者が来社して、「アマゾン社から『Kindle unlimitedの支払い方式を変更したい』との要望があった」と説明を受けるが、佐藤漫画事務所は「一方的な支払い条件変更には同意できない」と回答。翌9月1日、「作品が一斉に削除」された。

その後、アマゾンに損害賠償を求める内容証明郵便を送ると、10月5日にアマゾンから回答があった。回答は3点。「アマゾン社は提供されたコンテンツを自由に配信、停止する裁量権を有している」、「配信停止の際、取次、出版社に事前通知し、承諾を得る義務はない」、「よって賠償義務はない」――というもの。

裁判資料を閲覧すると、被告が《アマゾンジャパン》ではなく、《アマゾン・サービシズ・インターナショナル・インク》という社名となっている点が目を引く。《Amazon Services International, Inc.》とは、アマゾンジャパンで商品を購入したとき、以前商品と一緒に同封されてくる納品書のお支払い額残高の下に印刷してあった社名だ。住所は、《410 Terry Avenue North, Seattle, WA 98109-5210, USA》である。

アマゾンジャパンの日本における法人税の租税回避を論じる際、アマゾン側の主張する、あくまでも販売してるのはシアトルのアマゾン本社であり、アマゾンジャパンはその一部を代行しているのに過ぎない。だから、アマゾンは、日本の全部の売上高に対し法人税を納める必要はない、という理屈に使われる仕掛けだ。

しかし、私がこれまで見てきたアマゾンが訴えられた裁判資料では、いつも《アマゾンジャパン》が被告となっていた。「発信者情報開示請求事件　原告：ルアンジュ　被告：アマゾンジャパン」や「地位確認等請求事件　原告：●●●●　被告：アマゾンジャパン」、「損害賠償請求事件　原告■■■■（筆者注・いずれも市井の個人名のため伏字とした）　被告：アマゾンジャパン」——というように。

しかし、キンドル・アンリミテッドに関する件は、日本で納める法人税と同じでシアトルの本社案件なのだ。

本社が決定したことなので、アマゾンジャパンは何も言う権限がなかったということなのか。先にも書いたが、何を発言するのか、しないのか、を決めるのはアメリカ本社である。それがたとえ、アマゾンの日本国内の売上高であっても、アマゾンジャパン自身には、数字を発表する権限がない。新聞の見出しにあった「だんまりを決めた」というより、「話したくても、本社の許可がないので話すことができなかった」の方が正解に近いのか。

しかし、アマゾン・サービシズ・インターナショナル・インク側が裁判所に提出した準備書面では、先に佐藤に伝えたことと主張を大きく変える。

「KU（キンドル・アンリミテッド）プログラムに関しては、原告（筆者注・佐藤漫画製作所）と被告（同・アマゾン・サービシズ・インターナショナル・インク）との間には、いかなる契約関係も存在していない。また、被告は原告・訴外機関の契約、その他の取引に関与しておらず、被告は、原告・訴外機関でいかなる契約が締結されているのか、一切知らない。他方で、訴外機関は、被告からは独立した立場で、自らの意思に基づいて契約を締結し、また、これを履行していた。よって、KUプログラムに関しては、原告・被告間にいかなる『合意』も成立し得ないというべきである」

わかりにくい裁判文書である。

つまり、アマゾンと佐藤漫画製作所の間に、直接契約はなく、両者の間に、外部の電子書籍専門の取次が入っているので（それが「訴外機関」を指す）、アマゾンと佐藤漫画製作所の間には合意はなく、損害賠償は成立しない、という。

さらに裁判資料を読み進めると、今回の問題は、訴外機関である外部の取次が独自の判断で、キンドル・アンリミテッドの配信中止を引き起こしたのであり、その賠償をアマゾンが負うのは筋が違う、と主張する。その外部の取次というのは、《ビットウェイ》と《出版デジタル機構》（いずれも現在は、《メディアドゥ》）という大日本印刷や凸版印刷などが主な株主になっている電子書籍の取次会社だ。

裁判についてメディアドゥに問い合わせると、「当社は訴訟当事者ではありませんし係争中の事案でもありますので、コメントは差し控えさせていただきます」という答えが返ってきた。

そうした、アマゾンの下請け業者が、アマゾンの指示なしに、キンドル・アンリミテッドの配信を中止したというのはにわかには信じがたい。下請け業者の独自の決定が、キンドル・アンリミテッドにおける失敗の理由だとするアマゾン側の説明を、鵜呑みにすることは難しい。

それより、アマゾンからの明確な指示があり、下請けである取次業者は、それに従って動いたと考える方が、よっぽど理にかなっている。こんな説明で、裁判を乗り切ることはできるのか。訴訟に関しては素人ながら、頭の中に疑問符が飛び交うアマゾンの説明だった。

どんな係争事であっても、訴状や双方からの書面などを読み進めていくと、だいたいの輪郭がつかめてくるのだが、キンドル・アンリミテッドに関する裁判は、資料を読んでも謎が深まるばかりだった。アマゾンが提出した複数の裁判資料さえも、アマゾンが閲覧制限をかけて塗りつぶした箇所が何カ所もあるのも、秘密主義のアマゾンらしい。原稿を書いている19年5月時点、裁判はまだ係争中で、判決は出ていない。

キンドル・アンリミテッドの支払いには謎が多い。

私自身、「週刊文春」に連載した雑誌記事を『アマゾン潜入一年』として、キンドル・アンリミテッドで販売した（同じタイトルながら、書籍の『アマゾン潜入一年』とは異なる）。17年3月から10月までの、UU（ユニークユーザー数＝アクセス数）は、7564回で、印税は4万3294円となった。単純に割り算すれば、1回のアクセスにつき、6円弱の印税が支払われていることになる。

通常、紙の書籍なら、印刷した部数の売上高の10％が印税となる。電子書籍の場合、25％から30％となる。書籍『アマゾン潜入一年』のキンドルでの印税は30％だ。

キンドル・アンリミテッドの場合、アマゾンが支払い総額を決めている。アクセス数によって、支払い総額から、各出版物に印税が分配される。しかし、その大元となる支払い総額がいくらであるのかは、出版社にも伝えられていない。ということは、キンドル・アンリミテッドで受け取る印税が正しいのかどうかを判断する手段が、出版社側にも著者側にもないという不可解な状態だ。

果たして、これはまともな商取引と呼べるのか。

書店から直接注文を受ける出版社

私は、出版社と書店の直取引すべてに反対しているわけではない。直取引は、アマゾンだけが思い描く戦略でもない。やり方によっては、直取引が現在の出版流通が抱える閉塞感を打ち破る可能性があると考えている。

都内にトランスビューという出版社がある。

創業は01年。出版社というより、その倉庫のように書籍が山積みになった本社が人形町にあった。トランスビューは、創業時から取次を使った配本は行わず、書店から直接注文を受けて、発送してきた。業界では、〝トランスビュー方式〟と呼ばれた。その狙いの1つは、書店の取り分をこれまでの22％から30％に引き上げることで、書籍の最も太い販路である街の書店を生き返らせることだった。その書店の取り分も現在では、32％までに引き上げた。裏を返せば、これまでの書店の22％という取り分は少なすぎ、そのために多くの書店の経営が行き詰まっているという危機感があった。

社長の工藤秀之（47）は、書籍の取材にこう話している。

「たとえば、月に100万円を売る、ひとりでやっていらっしゃる小さな書店があったとします。利益率が業界平均の22パーセントであれば実収入は22万円。30パーセントなら30万円です。8万円あれば、アルバイトを1人雇う、数十人の得意先に手紙を書くといったことができる。7掛けという設定は、その書店さんが店の経営のために新しく何かをできるだけの金額を生みだすと考えました」（石橋毅史著『まっ直ぐに本を売る』）

返品可能な委託販売で、注文は1冊から受け付けて、満数出荷（注文した冊数全部を出荷）する。当日の夕方5時半までに入った注文は、翌日の午前中までに届ける（宅配便が1日で届く地域への配達日数）。配送費用は出版社持ちとなるため、出版社の取り分は68％から配送料を引いた分の60％前半となる。宅配便のコストは一定のため、書籍の代金が大きい方が、出版社の利益率が高くなる傾向がある。

トランスビューはアマゾンからも注文があれば配本する。条件は同じ68％。アマゾンとの取引では、取次の大阪屋栗田経由で書籍を送る。

そのトランスビューは13年、自社だけでなく、ほかの出版社の書籍も、トランスビュー方式で書店に配送することをはじめた。取扱業の第一号となったのは都内に本社を構える《ころから》である。

《ころから》の社長の木瀬貴吉（52）は、13年の会社立ち上げ当初、取次経由との取引も模索したが、日販とトーハンからは「体よく断られ」、大阪屋栗田からは、正味67％の部戻し5％で、実際は62％となり、支払いは半年後という厳しい条件だったため、「こちらから断った」と木瀬は言う。そして、外部の出版社として、トランスビュー方式の第一号となることを選んだ。

木瀬はこう話す。

「出版社を立ち上げる前年から、僕は工藤さんと話し合いを重ねました。書店の粗利率を改善するのに一緒にやってくれないか、という工藤さんの熱意に賛同しました。ただ、それまでトランスビュー方式が出版業界では成功例といわれてきたなか、外部の第一弾となるわが社が失敗したら、トランスビュー方式自体が失敗とみなされかねない。そんな重責を感じました」

木瀬の心配をよそに、トランスビュー方式に委託した書籍の流通は順調に伸びていった。

木瀬はトランスビューに委託するのと並行して、アマゾンのe託も使っていた。

「別に深い考えやe託に関する知識があったわけではないんです。e託の画面で、本社の住所や代表者、支払い方法などの基本条件をポチポチっと入力していったら、何の審査もなく、あっという間にe託の登録が完了し、取引ができる状態になったんです。取次と比べると正味が60％という条件は良くなかったのですが、そのいたって簡単な登録作業にすがすがしさを覚え、e託を使いはじめました」（木瀬）

《ころから》が14年3月に出版した『九月、東京の路上で』（税抜き1800円）という書籍が、アマゾンのe託経由で約3000冊売れたとき、e託で売る場合と、トランスビュー経由で売る場合を比べると、手元に残るお金が数十万円違ってくることに気づいた。はじめたばかりの出版社には大きな金額である。木瀬はいったん、e託から手を引き、トランスビュー一本に絞る。

その後、時折、アマゾンでの在庫切れが起こるようになる。木瀬はそれほど気にしていなかったが、ある書籍が1カ月ほどアマゾンで在庫切れを起こしたとき、「著者とのバトル」がはじまった。著者は「アマゾンで売っていないのは、本がないのも同然だ」と言い張り、木瀬は「ほかのネット書店や紀伊國屋や丸善ではちゃんと売っている」と反論する。

「そんなことを著者と言い合いしても、書籍が1冊も売れるわけじゃない。その疲弊感、徒労感のため、著者対策として、e託を再開しました」と木瀬は話す。16年夏のことである。「正味は最初の60％より少し上げてもらえました。理由ですか？　それは教えてもらってないですね」。

e託において木瀬が心配しているのは、e託がアマゾンが決めた規約を利用者である出版社が守るという規約ビジネスであることだ。「お互いが契約を交わした取引ではないため、アマゾンが規約をどのようにも変更できるという点です。正味を現在の60％から40％に変えることだって可能なんです。アマゾンが、e託の規約で縛ることは、アマゾンと出版社との間に上下関係を作ることだと危惧しています。事業規模の大小はあっても、契約上は対等であるのが本来の商取引だと考えています」（木瀬）

《ころから》からはじまったトランスビュー方式の外販の対象となる出版社は、その後も増えつづけ、19年4月現在で、94社がトランスビューに書籍の流通を委託している。18年の1年間に発送した書籍は約8万5000冊に上る。その出版社数は、1年後にはさらに130社前後に増えると、工藤は予想している。取引のある書店は2千数百社というから、全体の書店の5分の1近くとなる。

工藤はこう話す。

「トランスビュー方式の狙いの1つには、アマゾンのようなネット書店に対抗できる手段を作ろうという意図もありました。トランスビューに注文すれば、書店は1冊から注文でき、ほとんどの地域で翌日に届けられ、利益率も従来と比べ10％高い。これならお客さんが読みたい本を書店で翌日に受け取れるわけでしょう」

トランスビュー方式を広めることは、トランスビューの本業である書籍の値付けにも有利に働く。工藤は、トランスビューが19年4月に出版した『物語として読む　全訳論語　決定版』（山田史生著）という592ページの書籍を私に見せてくれた。税抜き価格は2200円。

「この本は、多くの出版社の書籍と混載で書店に送ることで物流費用が安く抑えられるので、2200円としましたが、うち1社だけなら、価格は2600円にしなければならなかったでしょう」（工藤）

トランスビューにもメリットがあり、ほかの出版社にも利点があり、書店の利益率も上がる。これこそ、三方良しという言葉が当てはまりそうだ。

書店のセレクトショップ

京都御所と鴨川に挟まれ、大通りから一本入った静かな通りに誠光社《せいこうしゃ》という小さな書店がある。15年11月に堀部篤史（41）が妻と2人で開いた。堀部は、大学時代から京都の老舗書店である恵文社一乗寺店で働き、その後に店長となった。書店員がこだわって書籍を仕入れた同店は〝セレクトショップ〟とも呼ばれ、観光スポットとしても有名だった。

その堀部が独立したのは、書籍の販売だけで書店を経営するためだった。恵文社のときは、取次経由だったため、書店の取り分だけでは、人件費や家賃を払えなかった。書店内には次第に粗利の高い雑貨を置くスペースが増え、それがストレスとなった。一体、自分たちの本業は何なのか、と。

書籍だけを売って経営が成り立つためには、どうすればいいのか。答えは2つの手段を組み合わせることだった。小さな書店とすることと、出版社との直取引で書店の取り分を30％に上げることだった。

取材の約束の時間より早めに誠光社に到着した私は、レジ兼カウンターで、堀部の奥さんが淹れてくれたコーヒーを飲んでいた。カウンター内には、懐かしいレコード・プレイヤーがあり、アメリカのシンガーソングライターであるジェームス・テイラーのLPから曲が流れていた。

立ち上げ当初から、堀部は出版社1社ずつと直取引の交渉をしてきた。誠光社と直取引をしている出版社は現在、２００社以上ある。ウェブサイトには、文藝春秋や新潮社、みすず書房や河出書房新社などの名前が並ぶ。取引条件は、各社ごとに若干の違いはあるものの、堀部が目指しているのは、直取引で書店の取り分が30％となることだ。

「こちらが提示する条件は、1回につき3万円以上の仕入れで、送料は版元負担ということでお願いしています。返品なしの買い取りです。快く応じてくれる出版社もあれば、立ち上げから4年たった今でも直取引に応じていただけないところもあります。相手のあることなので、粘り強くお願いしていくしかありません。まだ直取引に応じてもらえない出版社の書籍は、児童書専門の取次を経由して納入しています」

堀部が見せてくれた取次経由の納品書には、書籍ごとの正味が書いてあり、83・5%から70・0%までの数字が並んでいた。

書店の取り分が、22%であるのと、取次を中抜きして30%となるのとでは、どう違うのだろう。

「書店経営の分母が小さいほど、その影響が大きくなります。うちのように月商が約300万円だと、書店の取り分は66万円から90万円に上がります。100坪ほどあった恵文社時代の経験から、書店として成立するためには、分母を小さくするしかないという結論に達しました。うちの売り場面積は20坪足らずで、在庫は約5000冊。働いているのは基本的に妻と私だけです。1階を店舗にして、2階を住居とすることで、支出をぎりぎりまで落としています。加えて、出版社との直取引で書店の取り分を30%とすることで書籍だけの販売で店舗運営ができるんです。これで家族を養い、夜になると飲みに行くお金もあるぐらいです」

店舗にある書籍全部を、堀部が選択して注文しているのだという。「お客さんが次に来たときに新しい本が並んでいるようにと、ほぼ毎日注文しています」と堀部は言う。日本では年間、7万タイトルの新刊が出版される。その全部に目を通すことができるのか。

「目録などで目を通すのは5000タイトルぐらいですね。岩波文庫や講談社文芸文庫など、押さえる勘所は、前職で20年働いている間に培ってきました」

堀部が目指すのは、アマゾンのような書名を検索して購入するインデックス型の書店ではなく、編集された書棚を作ることで、偶然の出会いが広がる書店だ。料理本の棚に、レシピ本に交じって、漫画『孤独のグルメ』や池波正太郎が書いた食に関するエッセイを挟み込む。レシピ本を探して来店した客が、ついでに漫画や池波のエッセイも買っていくような書店だ。新刊本の間に、わずかながら中古本も並べることで、書棚にアクセントをつけるという工夫も施す。

私が堀部の店で購入したのは、『塩を食う女たち　聞書・北米の黒人女性』（岩波現代文庫）、『フォークナー、ミシシッピ』（インスクリプト）、『ナチスの楽園』（新潮社）——という硬派なラインアップの3冊だった。購入金額は、7754円。そのうち3割が誠光社の取り分とすると、2326円が収入となる。

最後に、堀部と同じ直取引であるアマゾンのe託の正味が6割という点について尋ねてみた。

「いきなり、出版社に正味6割を突きつけたのなら、準備ができていない出版社は決して幸せにはならないと思います。力関係でそのやり方を押し切るのなら、ある種の〝搾取〟ともなりかねません」という厳しい言葉が返ってきた。

劇薬を飲ませるための甘言

アマゾンは17年に入り、さらに直取引を進めるための布石を打ってきた。

アマゾンは同年4月下旬、6月末をもって〝バックオーダー〟を廃止する、と各出版社に通告してきた。日販からアマゾンに書籍を納入する際、2つの方法がある。1つは日販に在庫がある《スタンダード発注》で、もう1つはアマゾンが発注した時点で日販には在庫がないので、出版社から取り寄せてアマゾンに納入する《バックオーダー発注》だ。アマゾンは、その取り寄せ分の《バックオーダー》をやめる、という。

アマゾンが、バックオーダーをやめるとどうなるのか。アマゾンが注文して、日販に在庫がない場合、その書籍に関しては在庫なしの状況がつづくこととなる。もし、出版社が、アマゾンでの在庫切れを防ごうと思ったら、e託でアマゾンに直接納入するしかない。

この点については、アマゾンと日販で見解が真っ向から異なった。両陣営は、出版業界の専門紙でそれぞれの立場を表明している。

アマゾンは「文化通信」で、前出の村井と、同部門のNo．2である種茂正彦の二人が話している。

村井はバックオーダーを廃止するに至った経緯をこう話す。

「バックオーダーを停止すれば、短期的には当社の売り上げもかなり毀損する覚悟が必要であり、そうしてまで踏み切るのか、内部で相当揉めた。〈中略〉（それでも決断した理由は）バックオーダーの比率が増えて、お客様に届く日数がどんどん長くなるのは死に近づくことを意味する。ここは覚悟を決めてバックオーダーを停止し、日販にはできるだけスタンダード発注の引当率を上げていただき、それでも調達できないものは出版社との直接取引で調達する二段構えにして、お客様に早く届けるメカニズムをつくりたい」（「文化通信」17年5月29日付）

e託においても再販制度を維持することが規約（第7条）に盛り込まれているとし、e託以外の直取引でも「出版社から再販契約を結びたいと言われたら全て応じている」。正味については、「一度合意したら半永久的に続くとは約束できないが、出版業界で簡単に正味が変わることがないことは認識している」と話す（いずれも種茂の発言）。

つまり、e託でいったん正味が決まれば、それを容易に変えることはない、というのだ。わざわざ、そう説明しなければならないのは、出版社が抱いているアマゾンへの不信感を認めているようなものだ。

e託の規約の第7条に再販維持があると知らなかった私は、ネットで検索してみた。アマゾンのウェブサイトにこんな文面が出てきた。

「乙（筆者注・出版社を指す）は、再販売価格維持契約に基づく定価に服する本その他の出版物を本プログラムに登録する場合には、甲（同・アマゾンを指す）に対しタイトルの申請に際し当該事実及び定価（税抜）を届け出る義務があります」（e託会員規約の第7条2項）

しかし、これも《ころから》の木瀬の指摘するように、アマゾンが作る規約であって、互いに交わす契約書ではない。アマゾンが明日から変えようと思えば、変えることは可能だ。

アマゾンは、完全に再販制度を壊すというより、時限再販のように、期間を限って書籍の価格を変動させることによって、アマゾンの売上高がより大きくならないか、と目論んでいた節がある。

そのことは、この1年後に明らかになる。

日販との契約は1年ごとの更新となっている。そのメインの取次である日販のアマゾンへのスタンダード発注における引当率が、この数年落ちてきている。アマゾンの内部資料によると、15年が6割台、16年が5割台、17年が4割台。これは日販の供給力が落ちたというより、アマゾンの売上高の上昇に日販の供給力の補強がついていっていないことが原因とみられる。

在庫が引き当てられないものについては、バックオーダーに回る。

ここで問題になるのは納入までのリードタイム。日販に在庫があるスタンダード発注なら、1日から3日で納入されるが、バックオーダーとなると1週間から2週間かかる。取り寄せに時間がかかるバックオーダーが多くなると、顧客が逃げ機会損失となる。それが、村井が語った「お客様に届く日数がどんどん長くなることは死に近づく」の意味であろう。

これに対し、日販の常務でアマゾンを担当する大河内充（18年6月退任）は、もう1つの出版業界の専門紙である「新文化」にこう反論している。まずはバックオーダーの比率が4割あるというアマゾンの主張に対して、

「アマゾンに限らず、ネット全体でもバックオーダーの割合は15％程度です。／当社で在庫の引当てができなかった場合、アマゾンから同一銘柄の注文が繰り返し行われます。この部分が分母に入ると、アマゾンが指摘する引当率は実態とはかけ離れたものになると考えています」（「新文化」17年6月22日付）

さらに大河内は、こうも述べている。

「今回の件については、とても困惑しています。アマゾンによると、出版社へのバックオーダー発注の取り寄せが、本以外の商材に比べて、未知な部分が多い。すなわち入荷するのか、しないのか分からないという指摘されていました。／そうしたことから納期を確約したうえ、スピードを上げていくよう昨年から大手出版社を中心に改善の取組みを進めていました。それにはアマゾンも一定の評価をしてくれていました。今後、出版社の裾野を広げていこうと動き始めた時に、バックオーダー発注終了の通告があったのです／〈中略〉（バックオーダーの）一切を終了するということに違和感があります。困惑しているとはそういう意味です」（同前）

アマゾンと日販。対立する両者の言い分を、別々の専門紙を使って主張する。私も物流業界の専門紙で働いていた経験があるが、取引先が、専門紙を挟んで、お互いの主張をぶつけ合うという状態は、経験したことがなかったし、その後も、物流業界で似たようなことが起こったとも聞いてい

ない。これも、アマゾンという企業のなせる業《ごう》なのだろうか。つくづく不可思議な企業だ。

このバックオーダー問題で、出版業界に激震が走っている時期と相前後して、社長のジャスパー・チャンが、日本記者クラブで講演し、直取引に言及している。17年2月下旬のことだ。

「2000年にアマゾン（ジャパン）がオープンして以来、私たちは、書籍を特に大切にしています。お客様にさらなる書籍の品ぞろえを提供するために、直接取引を行うことによって、流通の最適化を実現し、在庫切れを改善することができました。出版社から書籍が（アマゾンに）直接納品されることによって、品ぞろえを増やし、配送スピードを速めることができました。このように、私たちは、お客様、出版社様、そして作家の皆様のために、品ぞろえの強化、利便性の向上を実現できました。〈中略〉より多くの読者のお客様に、ほしい本を素早く、ほしいときに提供できるよう、直接取引をこれからも展開していきたい、と思います」

すでに3分の2が直取引

アマゾンと直取引をしている出版社は何社あるのか。バックオーダー廃止を発表する前の17年2月に出版社向けに開いた方針説明会では、17年に直取引をはじめた出版社のうち、売上高が年間1億円以上の出版社が55社あり、累計では141社となった。売上高が1億円未満で直取引をはじめたのは605社で、累計では2188社になった。両者を合計すると2329社となる（「新文化」18年2月8日付）。

出版社の数が3000社とすると、その3分の2以上がアマゾンと直取引をしていることになる。しかし、この数字の読み方には注意が必要だ、と言うのは業界関係者である。

「ＫＡＤＯＫＡＷＡのように、アマゾンに書籍のラインアップ全部を任せる完全直取引があります。それと、アマゾンの直取引と取次を両方使いながらも、取次の方がメインという出版社もあります。それとは別に、1回だけや、何回かだけ取引をしただけのスポット直取引というのがあります。一口に直取引といっても、アマゾンとの付き合いにはかなりの濃淡があるのですが、アマゾンはその濃淡を取っ払って、自分たちの都合のいいように数字を発表しているように見えます。２３００以上の出版社すべてが、アマゾンの直取引を主な販路にしていると考えては全体像を見誤る危険性があります」

たとえば、スポット取引とは、次に挙げる準大手の出版社を指すのだろう。その準大手出版社の関係者はこう語る。

「当社では以前、アマゾンとスポットでの直取引をやっていました。ゴールデンウィークやお盆、お正月のように、自社の倉庫も休みに入り、日販の動きも遅くなるときに限って、アマゾンと直接に取引をする。といっても、宅配便の段ボールで数箱送る程度でした。けれど、アマゾンがバックオーダーを廃止すると言い出したとき、当社はアマゾンとの直取引には乗りませんでした。理由は、アマゾンが提示してきた正味が63％から64％の間と非常に低かったからです。当社は、もともと準大手の中でも、取次との正味が若干低い水準に甘んじてきました。当社の目論見としては、アマゾンとの正味が、ＫＡＤＯＫＡＷＡ並みに70％に乗れば、それを取次との正味の見直しの武器にしようと思っていました。けれど、こちらの思い描く数字からは相当低い数字を提示されたので、直取引には応じませんでした。同じように準大手と言われる数社も、直取引には応じなかった、と聞いています。バックオーダー廃止後も、当社の書籍がアマゾンのサイトで在庫切れがつづくようなこともなく、順調に進んでいます」

中小の出版社にはある程度、浸透したようにも聞こえる直取引ではあるが、大手出版社の対応はつれない。ある大手出版社の関係者はこう話す。

「講談社や小学館、集英社もこのとき、アマゾンの直取引の誘いには乗っていません。大手出版社にとって何が嫌かと言えば、自分たちの倉庫とアマゾンがＥＤＩ（電子データ交換）でつながったら、こちらの倉庫の内部をアマゾンに全部見せることになります。倉庫の中身が丸見えになるということは、こちらの経営状況が筒抜けになるのも同然です。それは、アマゾンに生命線を握られることにもつながりかねません。だからアマゾンとの直取引は受けられないのです」

先の準大手と大手出版社ともに、アマゾンではなく、取次経由で書籍を書店に運ぶという流通形態を選んだ。

しかし、その翌年、日販のトップから取次事業が破綻している、という言葉が飛び出した。

発言の呼び水となったのは、「文化通信」が18年3月に掲載した「出版社に条件変更求める」という見出しのついた日販社長の平林彰へのインタビュー記事だ。記事では、平林が今後、出版社に対し、雑誌については長年据え置かれてきた運賃協力金の値上げと、書籍の正味引き下げを求めていく、と語っている（「文化通信」18年3月19日付）。

同年6月の株主総会では、角川春樹事務所の社長である角川春樹が、「文化通信」の記事の内容は正しいのかどうかを確認したうえで、「流通問題に関して、今回の依頼は、優越的地位の濫用ではないのか」と質問した。

それに対し、平林はこう答えた。

「既に我々の行っている取次事業は、破綻と考えた。早晩、取次事業を廃業することも当然のことながら出てくるのではないかと思います（後略）」

取次業界のトップ企業の社長が、取次事業は破綻している、と発言するところに、出版業界の抱える病巣の深さが表れている。

そうした発言は、決算数字にも表れている。

日販は18年3月期の決算で、本業の取次部門単体で創業以来はじめての赤字となる6億円超を計上し、19年3月期にはその赤字の額が7億円台に増えている。同社の18年の決算報告によると、15年以降の急速な支払い運賃の値上げが、赤字の一因となっていることが読み取れる。

トーハンの18年3月期の決算を見ると、数字上は黒字となっているが、トーハンが営業外費用としている《売上割引》と呼ばれる書店への報奨金を差し引いて計算すると、取次部門単体では5億円を超す赤字で、19年3月期も12億円を超す赤字となっている。

どちらの企業も本業の取次業の赤字を、本業以外の事業から上がる利益や資産の売却で埋め合わせているのが現状だ。

「文化通信」の星野はこう語る。

「日販とトーハンが今後、仕掛けてくるのは出版社との条件交渉です。具体的には書籍の正味の引き下げと、書籍の運賃収受です。それによって、長年のお荷物となってきた書籍部門の赤字を解消しようと考えています。また、物流事業でもこの2社が協業に入ります。2020年以降、新刊書籍の発送業務や書籍や雑誌の返品の物流業務を共同で行う予定です。もともと距離の遠かった2社が、物流業務で協業するなどとは、数年前までは考えられなかったことです。あとは、書店事業への取り組み強化もあり得ると考えています。両社ともに、300社前後の書店を傘下に持っていますので、取次業と書店の一本化を強化していけば経営の柱になる可能性があります。最後に、雑貨や文具の販売や、飲食店の経営、介護ビジネスへの参入、フィットネスクラブの経営など多角化を図って、収入を増やすという道も考えています」

アマゾンからすれば、取次トップ自らが「破綻」と発言する状態は、攻め込む絶好の好機となる。

アマゾンは、19年2月に開いた出版社を集めた事業方針説明会で、書籍の買い切りを検討していると発表した。買い切りの場合、出版社に対し、正味の引き下げを求める考えだ。売れ残った書籍については、「出版社と売り方を相談する」と述べており、値下げ販売も視野に入れている（日本経済新聞、19年2月1日付）。

アマゾンがとうとう再販制度の見直しにまで踏み込んできた。

アマゾンが今後、日本でもアメリカでのように、ベストセラーの叩き売りのような、大幅割引で販売するのかどうかは議論がわかれる。ある関係者は「アマゾンの幹部から、海外法人の中でも、日本法人が最初に黒字になったのは、書籍の価格が再販制度で守られていたからだ」という言葉を引いて、今後も、自らの利益を守るために値引き販売には消極的な姿勢をとるのではないか、と推論する向きもある。また別の関係者は、「発売から2、3年たった書籍の値段を引き下げて、注目を集めて売ろうとする戦略をとるのではないか」と言う関係者もいる。

アマゾンの動きを時系列に並べてみていくと、直取引への強いこだわりは日本での事業当初から一貫して持っていたことがわかる。出版社と直接つながれば、個々の交渉で再販制度を外そう、という話が出てきても何の不思議もない。

しかし、そうなった場合、現在、1500円前後に収まっているような売れ筋の新刊書籍の値段が、2000円台、あるいは3000円台に上がる可能性もある。出版社がアマゾンによる値下げ交渉だけを呑みつづけていれば、明日はないからだ。アマゾンが正味の値下げ交渉をはじめれば、自然と書籍の価格は上昇をはじめる。アマゾンにとっては書籍部門での利益向上につながるが、果たして、それは高い書籍を買うことになる消費者にとって得なことなのだろうか。

たしかなことは、市場が機能するには、公正な競争が不可欠となる。7000億円の書籍市場のうち、2000億円を売り上げるといわれる強者アマゾンが、その購買力に物を言わせ、中小出版社から利益を吸い取っていくのなら、そこに出版業界の明るい未来を描くことは難しい。

おわりに

アマゾン・ドット・コムは、万華鏡のように常に変化しながら、利用者を魅了しつづける企業だ。次々に新しいサービスを繰り出し、利用者を飽きさせない。ますます、そのサービスの虜《とりこ》になるような仕掛けが施されている。

メディアもそのアマゾンの一挙手一投足を報じる。

米アマゾンは4月下旬の決算発表会で、アメリカにおける翌日無料配送のエリアを拡大することを打ち出した。日本では翌日配送がスタンダードだが、国土の広いアメリカでは翌々日配送が標準サービスだった。ベゾスが、元妻のマッケンジーとテキサスからシアトルに向かう車中で書いた事業計画書には、利便性とセレクション、価格の3つの柱があり、利便性とは商品配送のスピードを指すことはすでに書いた。19年には大規模な投資を行い、アメリカでその配送スピードを翌々日から翌日に縮めようというのだ。

6月に開かれた《Re：MARS》という同社の事業発表会の冒頭で、アマゾン社内で〝もう1人のジェフ〟として知られるワールドワイド・コンシューマー担当CEOであり、副社長でもあるジェフ・ウィルケが、ドローン（小型無人機）を使って30分以内に顧客に配送することを年内にははじめる、と語った。5ポンド（約2キロ）以下の商品を15マイル（約24キロ）以内の飛行距離で届けることが可能だ、と語っている。

アメリカで先行して行われた事業のほとんどは、その後、日本でも行われることを考えれば、日本におけるドローンによる配送で、アマゾンが先陣を切ることも考えられる。

アメリカで先行しているサービスといえば、書籍専門の実店舗である《アマゾン・ブックス》、キャッシュレスコンビニの《アマゾン・ゴー》、同社のサイト上で五つ星のうち四つ星以上の評価を獲得した商品の約2000点を取り扱う《アマゾン・4スター》も早晩、日本に上陸してくるだろう。同社が銀行業務へ進出するということも、この2、3年言われてきたことだ。

これらは、ベゾスの言うように、数年前から種をまき、育ててきた業態であり、実際のサービス開始までには、何年もの研究期間や試行錯誤をへてきた。そのうちのどれが、ベゾスの言う、1打席で1000点や10000点を生み出すドル箱商品になるのかはわからない。しかし、そうした事業から利益を上げてアマゾンという企業は変化をつづけていくのである。

では、現在、アマゾンが注力している事業は何だろう。

先に挙げた《Re：MARS》に登壇したベゾスは、〝ベゾス節〟全開で、今後の事業投資についてこう語っている。まず、ベゾスが進めたい投資案件に、周囲が反対した場合、どうするのかと司会者から問われると、ベゾスはこう答えている。

「そういうときのための決めゼリフがあるんです。この件に関して、私と一緒に賭けに出てみようよ、と言うのです。だれも、将来のことについて正確に見通せるわけではありません。私も、将来のことが完全にわかっているわけではありませんから。だから、一緒に賭けにでよう、と。逆に、私の方が、周りに説得されて、新しい案件への投資にGOサインを出すこともあります。けれど、いったん決めたなら、あれこれ粗を探すようなことはしません。わかった、みんなで決めたことだから一緒に成功させよう、と言うのです」

司会者から、アマゾンが最近行った一番大きな賭けは何だったのでしょう、と問われると、ベゾスは《プロジェクト・カイパー》だ、と答えた。これは、現在進行中のブロードバンド通信サービスへの参入事業で、3000基を超える通信衛星を打ち上げ地球全域をカバーする計画で、アマゾンが4月にその概要を公表している。書籍の出版からはじまったアマゾンが、衛星を使ったブロードバンド事業に乗り出すというのだ。

ベゾスはこう語る。

「これは、低軌道による回収衛星を使ったサービスで、世界中の人々が、ブロードバンドに等しく接続できるようになることを狙っています。片田舎であれ、人口の少ない地域であれ、現在、ブロードバンドへの接続は、だれもが等しく必要とするサービスになっているからです」

すでに、この分野ではソフトバンクグループが出資するアメリカのベンチャー企業やフェイスブックも参入の準備を進めていることから、実用がはじまれば苛烈な競争となることが予想されるが、事業が軌道に乗れば、アマゾンの新たな収益源の柱となる可能性もある。

GAFAの中でも、現時点では、アマゾンの注目度が高い。それは、利益のほとんどを新サービスや新商品の開発費用に充ててきた結果だ。その代わり、株主への配当は一度も行っていない。株主に報いる一番の方法は、次々と新しいサービスや商品を投入することで、アマゾン自身が巨大化することにある、と考えるからだ。これは株式市場では、異端ともいえる考え方だ。

しかし、〝オマハの賢人〟の異名を持つ、著名投資家のウォーレン・バフェットは5月、同氏が率いる《バークシャー・ハサウェイ》の株主総会に先立ち、「アマゾンの株をこれまで買わなかったことは愚かだった」として、同社がはじめてアマゾンの株式を購入したことを認めた。それまでアマゾンと距離を置いてきた〝賢人〟バフェットまでもがアマゾンの株を購入したというニュースが、アマゾンの株価をさらに押し上げた。

利用者にとってアマゾンとはどんな存在なのか。

アマゾンの次々に改善されるサービス、相次いで打ち出される新サービスの、あまりの心地よさに利用者であるわれわれは我を忘れ、ともすれば思考停止に陥りそうになる。

私自身、書籍やＤＶＤのみならず、医薬品やワイン、衣料品までもアマゾンで注文し、自宅で受け取っている。アマゾンで買わないのは生鮮食品ぐらいか、と思っていると、そうした私の心理を読んでいるかのように、アマゾンジャパンがスーパー大手のライフコーポレーションと組んで実店舗から生鮮品や総菜の配送を年内にもはじめる、と経済紙は報じた（日本経済新聞、19年5月30日付）。

しかし、消費者はアマゾンに全幅の信頼を寄せ、また依存していいのか。

マーケットプレイスの出品者や直取引に踏み切った出版社が、アマゾンの集客力や販売力に抗しがたく吸い寄せられ、アマゾンの敷いた線路の上を歩きはじめると手のひら返しに遭い痛い目をみた話のように、消費者がしっぺ返しを受けることはないのか。

便利さを享受するためアマゾンを重宝する間に、シャッター通りに拍車がかかり、町の書店はさらに減っていく。

当面の利益を追わず、シェアを取りその後で利益を上げるのがアマゾンのやり方なら、周囲にアマゾンに伍する商売敵《しょうばいがたき》がいなくなれば、そのときは、消費者から貪欲に利益を吸い上げる好機となるのではないか。

アマゾンジャパンは４月、プライム会員の年会費を従来の３９００円から４９００円に値上げした。それでも、アメリカの１１９ドル（約1万３０００円）と比べると安いという声もある。値上げが嫌なら会員をやめればいい、という意見もあるだろう。しかし、じっくり時間をかけて利用者をアマゾン中毒にして抜け出せなくしていくのがアマゾン商法なのである。アマゾンのヘビーユーザーが、アマゾンでの買い物を一切絶って生活していくのは、相当な困難を伴う。

果たして、そうした依存体質に陥って大丈夫なのか。

自社の利益を優先するアマゾンが、日本市場の過半を握る日がきても、利用者であるあなたや私は、後悔しないのか。もう一度、立ち止まって、アマゾンの情報を多角的に集め、分析し、判断することが求められている。

アマゾンを世界の〝勝ち組企業〟として礼賛する情報があふれる現状で、少しでも違う見方ができるような視点を心がけ、この書籍を書いた。

勝ち組企業というわかりやすい表の顔だけでなく、ベゾスという経営者の人間像、労働者や組合活動を敵視する経営実態、税金の義務から死力を尽くして逃れようとする企業体質、ある市場でマウントポジションをとったら取引企業をギリギリと締め上げていく弱肉強食的な気質、決算公告の義務を平気で無視する秘密主義——。そうした全体像から、アマゾンという企業を消費者として冷静に再評価することが今、求められている。

2019年8月吉日

横田増生

主要文献

■日本語の書籍

『アマゾン・ドット・コム』 ロバート・スペクター 00年7月

『アマゾン・ドットコム』 レベッカ・ソンダーズ 三修社 03年2月

『アマゾンの秘密』 松本晃一 ダイヤモンド社 05年1月

『大金持ちも驚いた105円という大金』 吉本康永 三五館 09年5月

『潜入ルポ アマゾン・ドット・コム』 横田増生 朝日新聞出版 10年12月

『漫画貧乏』 佐藤秀峰 佐藤漫画製作所 12年4月

『タックスヘイブンの闇』 ニコラス・シャクソン 朝日新聞出版 12年2月

『タックス・ヘイブン』 志賀櫻 岩波新書 13年3月

『街を変える小さな店』 堀部篤史 京阪神エルマガジン 13年11月

『ジェフ・ベゾス 果てなき野望』 ブラッド・ストーン 日経BP 14年1月

『タックス・イーター』 志賀櫻 岩波新書 14年12月

『ジェフ・ベゾス ライバルを潰す仕事術』 桑原晃弥 経済界新書 15年3月

『書店と民主主義』 福嶋聡 人文書院 16年6月

『まっ直ぐに本を売る』 石橋毅史 苦楽堂 16年6月

『ドッグファイト』 楡修平 KADOKAWA 16年7月

『この一冊で全部わかる クラウドの基本』 林雅之 SBクリエイティブ 16年8月

『アマゾンと物流大戦争』 角井亮一 NHK出版新書 16年9月

『小さな出版社のつくり方』 永江朗 猿江商會 16年9月

『アマゾンが描く2022年の世界』 田中道昭 PHPビジネス新書 17年12月

『物流大激突』 角井亮一 SB新書 17年6月

『ヤマト正伝』 日経ビジネス編 日経BP 17年7月

『宅配クライシス』 日本経済新聞編 日本経済新聞出版社 17年10月

『なぜアマゾンは「今日中」にモノが届くのか』 林部健二 プチ・レトル 17年12月

『アマゾンエフェクト!』 鈴木康弘 プレジデント社 18年4月

『AMAZON アマゾンがわかる』 GAFAリサーチ・ジャパン ソシム 18年5月

『アマゾンのすごいルール』 佐藤将之 宝島社 18年4月

『出版状況クロニクルV』 小田光雄 論創社 18年5月

『amazon 世界最先端の戦略がわかる』 成毛眞 ダイヤモンド社 18年8月

『the four GAFA』 スコット・ギャロウェイ 東洋経済新報社 18年8月

『デス・バイ・アマゾン』 城田真琴 日本経済新聞出版社 18年8月

『アマゾンのスピード仕事術』 佐藤将之 KADOKAWA 18年9月

『仁義なき宅配』 横田増生 小学館文庫 18年11月

『出版の崩壊とアマゾン』 高須次郎 論創社 18年11月

『アマゾンの倉庫で絶望し、ウーバーの車で発狂した』 ジェームズ・ブラッドワース 光文社 19年3月

『デジタル経済と税』 森信茂樹 日本経済新聞出版社 19年4月

■英語の書籍

〝Called to Account〟 Margaret Hodge Little, Brown 16年9月

〝Hired: Six Months Undercover in Low-Wage Britain〟 James Bloodworth Atlantic Books 18年6月

■**映像資料**（検索しやすさを考慮して、できるだけＹｏｕＴｕｂｅのタイトルを使った）

〝Jeff Bezos 1997 Interview〟 97年
〝The Jeff Bezos of 1999 Nerd of the Amazon〟 60 minutes 99年7月
〝How Did Jeff Bezos Start Amazon with Stephen Shepard Businessweek editor-in-chief〟 01年4月11日
〝Jeff Bezos 2001〟 01年5月4日
〝The Amazing Amazon Story - Jeff Bezos〟 01年
〝Taking on the Challenge: Jeffrey Bezos Amazon〟 Entrepreneurship Conference 05年2月12日
〝Founder Jeff Bezos discusses the All-New Kindle〟 07年11月19日
〝Jeff Bezos at Startup School 08〟 08年4月19日
〝Jeff Bezos on Amazon, Innovation, Customer Service, Kindle, eBooks, and Marketing〟 BookExpo America 08年5月30日
〝Amazon Kindle and Kindle Fire Press Event〟 Amazon Web Services 12年9月6日
〝How Amazon avoids tax in the UK〟 BBC Parliament 12年11月12日
〝2012 re:Invent Day 2 Fireside Chat with Jeff Bezos & Werner Vogels〟 Amazon.com 12年11月29日
〝Amazon: The Truth Behind the Click〟 BBC Panorama 13年11月29日
〝Amazons Retail Revolution Business Boomers〟 BBC 14年5月28日
〝Jeff Bezos introduces Fire phone, the first smartphone designed by Amazon〟 Amazon Press Conference 14年6月18日
〝Amazon Rising〟 CNBC Originals 14年6月30日
〝Interview Amazon CEO, Jeff Bezos, sat down with Henry Blodget at Business Insider's Ignition〟 14年12月15日
〝The Power of Jeff Bezos - Interview October 2016 with Walter Isaacson〟 16年10月
〝Jeff Bezos speaks at the George W. Bush Presidential Center's Forum on Leadership, in Dallas〟 18年4月20日
〝Gala 2017: Jeff Bezos Fireside Chat〟 17年5月
〝Amazon's Jassy on Growth, the Cloud Alexa Strategy〟 17年10月12日
〝Amazon CEO Jeff Bezos and brother Mark give a rare interview about growing up and secrets to success〟 Los Angeles' Summit 17年11月4日
〝Amazon Web Services CEO Andy Jassy On How He Snagged His Dream Job〟 CNBC 17年12月
〝Jeff Bezos Talks Amazon, Blue Origin, Family, And Wealth〟 Business Insider 18年4月24日

新聞記事に関しては「日本経済新聞」や「朝日新聞」、「読売新聞」などに加え、アメリカやイギリスを中心とした海外の新聞記事も参照し、雑誌記事に関しては「週刊東洋経済」や「日経ビジネス」、「週刊ダイヤモンド」、「ニューズウィーク日本版」、「ダイヤモンド・チェーンストア」などのほか、英語の雑誌記事なども多数参照した。記事の引用については、極力文中に出典を明記するように心がけた。

横田増生（よこた・ますお）
1965年福岡県生まれ。関西学院大学を卒業後、予備校講師を経て、アメリカ・アイオワ大学ジャーナリズム学部で修士号を取得。93年に帰国後、物流業界紙『輸送経済』の記者、編集長を務める。99年よりフリーランスとして活躍。主な著書に、『潜入ルポ　アマゾン・ドット・コム』『仁義なき宅配』『ユニクロ潜入一年』『評伝　ナンシー関』など。

編集　酒井裕玄
装幀　竹内雄二

潜入ルポamazon帝国
二〇一九年九月二二日　初版第一刷発行

著者　横田増生
発行者　鈴木崇司
発行所　株式会社小学館
〒一〇一－八〇〇一　東京都千代田区一ツ橋二－三－一
編集　〇三－三二三〇－五七二〇　販売　〇三－五二八一－三五五五
DTP　株式会社昭和ブライト
印刷所　凸版印刷株式会社
製本所　株式会社若林製本工場

造本には十分注意しておりますが、印刷、製本など製造上の不備がございましたら「制作局コールセンター」（フリーダイヤル〇一二〇－三三六－三四〇）にご連絡ください。
（電話受付は、土・日・祝休日を除く九時三十分～十七時三十分）

ISBN 978-4-09-380110-2